岡田 哲 著

［改訂新版］

食文化入門

百問
百答

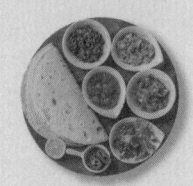

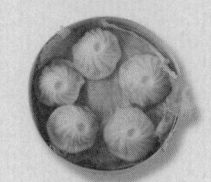

東京堂出版

JN222149

はじめに

　21世紀の潮流は、モノ（物質的）よりも、ココロ（精神的）の豊かさを求める時代になってきました。現在、私たちの住む小さな地球上では、世界の至る所で、つぎつぎに難問が山積しています。紛争や飢餓や環境破壊など、一難が去ると、二難がやってくるという有様です。同じように、日本も一昔前の高度成長期で体験した、使い捨ての悪夢から目覚めるときがきました。それどころか、低成長期のニューメディア時代が永く続き、景気回復のために、さまざまな政策の抜本的な方向転換が迫られています。このような時代になりますと、人々は、健康や人間関係やココロの充実を図りながら、家族が満足できる生活を求めようとします。こうして、生活のリズムや価値観が大きく変わろうとしています。そうした変革は、食の世界にも顕著に現れています。

　日常の食について眺めてみましょう。例えば、新聞や雑誌、テレビやラジオ、インターネットなどで、「食文化」とか「食材」とかいう言葉が頻繁に使われています。なぜでしょうか。このような時代にこそ、私たちは、美味しいものを食べ、ココロを癒し楽しむ生活に憧れているのです。まさしく、モノよりもココロの時代に突入しているということです。

　こうして今、食文化の情報はさまざまな話題になっています。ところで、「食文化」という言葉はいつ頃、誰によって提唱されたのでしょう。その答えは、本文のＱ２にあります。ここでは結論を急ぎますが、この言葉の発祥はごく最近で、昭和50年代（1975〜）のことです。それまでは、このような便利な表現は存在しませんでした。これまでの食べ物に関わる資料の標題をみますと、「食物文化」「食事文化」「食事史」「食物史」「食生活史」「食物の歴史」「食の文化誌」「食物誌」「食の文化史」「食物伝来史」「食生活の歴史」「食べる日本史」「食生活世相史」

「たべもの文化誌」「食の文化考」などなど、さまざまな言葉が工夫され創作されていることがわかります。

　筆者は、似たようなことを思い出しました。室町後期から江戸初期にかけて、ポルトガル船やオランダ船が来航し、南蛮菓子のカステラが伝えられます。当時の先人たちは、初めてみる奇妙な西洋菓子にびっくりし、暗中模索や見様見真似で、作り方を学び工夫を加えながら、日本の代表的な和菓子のカステラを作り上げます。そして、400年後の今日も、長崎カステラの伝統と技術が守り続けられています。その先人たちの執念は、とても凄まじいものでした。例えば、「粕貞羅」「粕亭羅」「粕底羅」「粕ていら」「粕貞良」「加須底羅」「加寿天以羅」「家主貞良」「角寺鉄異老」「カステイリヤ」「カステイラ」「カステーラ」「カステラ」などの表現に凝縮されているようです。

　話が横道にそれましたが、このように、食に対する日本人の執念と情熱は、昔も今も変わりありません。天武天皇の675年に殺生禁断令が発布され、明治5年（1872）に明治天皇自ら肉食を奨励するまで、1200年にわたり、肉食を忌み嫌ってきた私たち日本人は、きわめて短期間のうちに世界中の料理を享受する不思議な国に変身します。世界中の本格的な料理が、どこの街にも溢れています。このような国は、他には類例がありません。

　そして、その同じ国で、今や食文化に対する関心は年ごとに高まりつつあります。例えば、大学院の比較文化論で取り上げられたり、調理師試験のなかに食文化概論が採用されたり、集団給食のなかでも重要なテーマの一つとして注目されています。私たちの日常の食卓でもしばしば話題になり、新聞やテレビが取り上げています。

　ところが、食文化を解説した入門書はあまり多くありません。その大きな理由の一つに、食文化を学ぼうとしても決まった学問体系があるわけではなく、自然科学や人文科学の広範多岐にわたる多くの情報が必要になることがあげられます。ですから、これらを一通り理解するのはなかなか大変なことです。食文化の学習は、なかなか厄介ともいえます。

難しく書くことはできても、やさしく書くことは難しいのです。

　筆者は、『食の文化を知る事典』（東京堂出版）を出版したときに、もう少し読みやすい食文化の入門書ができないかと模索を続けました。そして、本書『食文化入門——百問百答』をまとめました。全般の内容は前作に基づいておりますが、食文化の世界を100の質問にして、その答えを書く形式にしました。読者の皆さんは、興味のあるところだけをピックアップして読み進めることができます。また、前後の選択も自由です。どこで始まり、どこで終わってもよいのです。しかし、全体は20章から構成されていて、通読することにより食文化入門編としての全体像を眺めることができます。項目を列記してみますと、「今、なぜ、食文化なのか」「主食の確保と食べ方」「集まって食べると、なぜ美味しい」「民族による食べ方の違い」「各国料理の歴史と特長」「調理器具と、食器の多様化」「料理様式と献立」「エスニック料理」「美味しさの秘密を探る」「食卓の演出と食事作法」「異文化の食べ物を理解する」「宗教による食べ物の禁忌」「人の移動による新しい食の創造」「日本の食の生い立ち」「嗜好飲料と菓子」「微生物を利用する知恵」「変貌を続ける家庭の台所空間」「どうなる食のライフスタイル」「21世紀の調理文化の展望」「どこまで続く飽食の時代」となります。前作のダイジェスト版ですので、さらに学習したい読者の方には、『食の文化を知る事典』をお勧めします。この小冊子により、食の世界の見方が今までと異なってくるかも知れません。そして、21世紀に展開される食文化への理解が深まり、読者の皆さんの明日の食生活がより豊かなものになることを願っております。平成17年（2005）に『食育基本法』が施行され、21世紀の食は新たな展開を始めようとしています。

　何分にも身分不相応な大テーマと取り組むことになり、記述内容やまとめ方の齟齬などを案じております。諸先輩や読者の皆様方からの温かいご叱責、ご教示をお待ちしております。末筆になりましたが、『日本の味探究事典』『世界の味探究事典』『食の文化を知る事典』『コムギ粉

料理探究事典』『コムギの食文化を知る事典』『たべもの起源事典』に引き続きまして、このような出版を快く引き受けてくださいました東京堂出版の方々には、心からの御礼を申し上げます。

　　　平成15年10月

　　　　　　　　　　　　　　　　　　　　　　　　　岡田　哲

第16章 微生物を利用する知恵 200

第17章 変貌を続ける家庭の台所空間 212

第18章 どうなる食のライフスタイル 223

第1章
今、なぜ食文化なのか

Q1　食べることが、なぜ文化なのでしょう?

　いきなり、「食べることは文化である」といわれても、頭のなかはスッキリしません。難しくて分からないよ、が当然の答えだと思います。それでは、食べることが、なぜ文化なのでしょうか。

　少しばかり回り道をしながら、答えを探っていくことにしましょう。まずは「食文化」という言葉の意味から調べていきます。一昔前までは、美味しいものを食べ歩いたり、日常の食卓には全くなじみのない昆虫などの食べ物を興味本位に取り上げることが、食文化だと勘違いしている人がおりました。テレビ番組や雑誌などでも、そのような内容の紹介がありました。しかし、近年、「食文化」という言葉はさまざまな分野で取り上げられています。なぜでしょうか。食文化とは、食についての文化だからです。しかし、これでは振出しに戻ってしまい、堂々巡りみたいになりました。そこで、手元の昔の国語事（辞）典などで調べてみましたが、そもそも「食文化」という項目がありません。図書館で調べても同じでした。ところが近年は事（辞）典にも載るようになりました。例えば、『調理用語辞典』（調理栄養教育公社）には、つぎのようにあります。

　　世界中の諸民族には、それぞれの風土、気候にあった食料を選択、
　　それを獲得、生産するための技術や合理的な調理・加工・保存法・

調理器具や食器・食べかたなどを発達させ、食事作法、食事禁忌など、食に関するさまざまな慣習を生み出し、生活全体を豊かにしてきた。このような所産の総体が「食文化」と称されるものである。このようにして作り出された「食文化」は多様かつ多岐にわたり、その研究も調理・食品・栄養などの自然科学と歴史・民俗・社会・経済などの人文・社会科学の両面から行われ、さまざまな視点で食文化論が論じられている。

「食文化」には、かなり深い意味がありそうだということ、食べ歩きだけではないということがお分かり頂ければOKです。一歩前進しました。私たちは、日常の会話で気軽に「食文化」という言葉を使っています。しかし、食文化には、気候風土・食料の確保・調理加工・保存・調理器具・食器・食べ方・食事作法・食事のタブーなど、実にさまざまな関わりがあるようです。そのなかには、調理・食品・栄養などの自然科学の分野と、歴史・民俗・社会・経済などの人文社会科学の分野があります。ですから、食文化を学習することは、なかなか大変なことです。

図1-1　かつて日本では和食の朝ごはんが定番でした

いいかえれば、一つの決まった学問体系があるわけではありません。自然科学や人文科学の多岐にわたる情報や知識が必要になります。

　しかし、これでは、「食文化」の意味が、ますます難しくなってしまいそうです。そこで、こんな実例をあげてみましょう。今、食卓に美味しそうな握り鮨がのっています。お腹がすいていると、早く食べたいという欲求が沸いてきます。そして、握り鮨を、単なる空腹を満たす餌（モノ）として、無我夢中で食べてしまうとします。これでは、ハトにマメを与えるように、空腹を満たすだけで、食文化どころではありません。しかし、鮨種には、マグロ・ハマチ・タイ・エビ・卵・海苔など、さまざまな素材が使われています。「米の原産地は、どこだろう」「米の炊き方は、今も昔も変わらないのだろうか」「醬油は、いつ頃誰が作ったのだろう」「手で食べると、なぜ美味しいのだろうか」。つぎつぎに、そうした疑問やら興味が湧いてきて、ご先祖さまのお陰で、こんな美味しい鮨が食べられると感謝の気持ちを覚えたとします。このときに、私たちは食文化を意識したことになるのです。食べながら理屈っぽく考えなさい、とは申しません。食べるときには、楽しく美味しくですね。

　しかし、ここで分かったことは、食文化とは、**食べものと人（ヒト）との関わりのすべて**であり、将来の**食生活を豊かにする知恵の宝庫**だということです。

　もう一つ、別の例として「人は何のために食べるのか」について考えてみます。昔の栄養学者は、食べる目的を二つの段階に分けて、①空腹や飢えから逃れるため、②健康を保持するため、としました。しかし、今日の私たちは、もっと、もっと、別の意識で食事を楽しんでいます。『文化人類学事典』（弘文堂）に、つぎのようにあります。

　　人間は、祝うために、弔うために、また人と人、集団と集団を結びつけるために、実にさまざまな理由、目的から食べるのである。（中略）食事は、宗教・価値観・歴史・世界観・社会組織など、他の諸種の文化的側面との関係の中で捉えるべきである。

原始社会の人たちは、空腹を満たすために食べ物を探し求めました。今日の私たちは、人と人とのお付き合いに、冠婚葬祭の集まりに、嬉しいときにも、悲しいときにも、食べることでココロを癒し、ヒトとヒトの結び付きを強くしています。ですから、**食べることは文化である**となります。そして、「食文化」という言葉が誕生しました。

Q2　いつ頃から、食べることが文化に？

　「食べることは、文化である」という理解が得られました。それでは、それはいつ頃からでしょうか。その時代の特定をしていきましょう。驚くなかれ、ほんの最近のことなのです。

　昭和30〜40年代（1955〜1965）の前半頃まで、日本は空前の高度経済成長期に沸き返ります。所得倍増計画が軌道にのり、私たちの生活は、年を追うごとに楽になりました。食べ物は豊富になり、使い捨てに慣れ、モノを大切にしない時代でした。しかし、こんな安易な生活は長続きするものではありません。昭和45年（1970）に、大阪で開かれた万国博覧会は成功裡に終わりますが、この頃から、ドルショック・ロッキード事件・オイルショックなどの忌まわしい事件が連続します。バブルと騒がれた時代も崩壊すると、低成長期に向かって、景気はしだいに傾斜し始めます。今日の不況につながる時代に突入したのです。

　ところが、このような時代にこそ、人々はモノよりもヒトを大切にすることに関心を高めていきます。とくに、昭和50年代（1975〜）になりますと、さまざまな形で行動計画が打ち出されます。年表風に記しますと、大阪で食事の文化ゼミナール開催（昭和53）、大平正芳首相が文化の時代を提唱（昭和54）、農政審議会が「日本型食生活」を提唱（昭和55）、食生活懇談会が「私達の望ましい食生活」を発表（昭和58）しました。

　このような時代背景のなかで、私たちの生活の中心は、モノ（物質的）からヒト（精神的）へと、急速に変化しています。食べ物の世界にも、

図1-2　典型的な和風の朝食の一例

新しい動きが起こります。

　ところで、日本にはたくさんの食品関連企業がありますが、味の素（㈱）という会社は、「食文化をつくり、それを育てていく過程で、企業文化を身につけた」といわれています。昭和40〜50年代にかけて、食の文化センターの設置、シンポジウムやフォーラムの開催など、食べ物への関心を高める積極的な活動を推進しました。このような一連の動きを、当初は、**食の文化**と称していました。そして、昭和57年（1982）に、『食文化に関する用語集』が作成される頃から、**食文化**という言葉が一般化してきて、急速に普及し始めます。**食材**という呼び名まで登場します。

Q3　今、なぜ食文化なのでしょう？

　今、なぜ食文化なのか。すでにＱ２のところでかなり触れています。ここでは、江戸時代にも、似たようなことがあったという挿話を、まず

はご紹介します。木村尚三郎（東京大学名誉教授）の『「耕す文化」の時代』（ダイヤモンド社）のなかのお話です。

　江戸中期に、八代将軍・徳川吉宗（よしむね）（在位1716〜45）が登場します。これより少し前の華やかな元禄年間（1688〜1704）には、頽廃や奢侈逸楽（たいはい　しゃし　いつらく）が充満し、庶民のココロは弛緩（しかん）し、幕府の財政は窮乏（きゅうぼう）し、そこに、度重なる飢饉（ききん）が襲（おそ）いかかります。幕府は、崩壊（ほうかい）の危機に瀕（ひん）しました。今日の言葉でいえば、末期的な低成長時代に突入したのです。

　ところが、庶民の間では、不思議なことがつぎつぎに起こります。刺身・天ぷら・すしなどの食べ物に人気が集まり、さらに、歌舞伎・相撲・花見・寄席（よせ）・花火などが盛んになります。その変化について、木村尚三郎は、つぎのように述べています。

　　人間が人間を求めて集い楽しむ。低成長時代にはいつでも同じよう

図1-3　江戸の高級料理茶屋の一つで、川魚料理で知られた向島（現在の東京都墨田区向島）の武蔵屋で料理に興じる男女の様子（歌川広重、近世後期）

な傾向がある。こうした価値観の変化を一般には〈モノからココロへ〉と表現するが、私はあえて〈モノからヒトへ〉と言いたい。誰もが人恋しい時代に入りつつある。

　江戸の屋台の人気ものは、だんご・まんじゅう・しるこ・でんがく・ところてん・うどん・二八そば・てんぷら・にぎりずし・いか焼き・うなぎ丼などでした。これらの江戸のグルメブームや屋台の賑（にぎ）わいは、まさしく、庶民の作り出した知恵の結晶であり、食の文化そのものです。今日の私たちの置かれている立場と、かなり似ています。**モノからヒトの時代へと急速に移り変わる時代**、これが、「今、なぜ食文化なのか」への答えです。

図1-4　江戸時代、寿司は人気の屋台料理でした（歌川広重、江戸後期）

Q4　現代の食文化の特長は、どんなところに？

　食文化には、さまざまな特長があります。民族や時代により大きく変わります。個々の具体例については、それぞれの項目のなかでみていきましょう。ここでは、国際化時代の食文化に関わりの深い、①食文化の相対性、②伝統の創造について触れることにします。

　①食文化の相対性といいますと、またまた難しくなったといわれそうです。しかし、大丈夫です。**物事は、一方通行で考えてはいけない**と理解してください。具体例をあげます。日本人は、昆虫を美味しそうに食べる民族に、びっくりしたり、嫌悪感（けん お かん）を抱いたりするかもしれません。しかし、私たちの食べ物について、他民族は、どう感じているでしょうか。最近は、生の魚肉（刺身）などは、健康志向から世界中に愛好者が増えていますが、納豆・たくあん・梅干し・タコの酢の物などは、他民族から果たしてどのようにみられているでしょうか。食べ方も、民族により、手食・箸食・ナイフ食と分かれます。どの方法が優れているという議論は成り立ちません。大切なことは、異文化に接するときには、自分たちの一方的な視点（**自民族中心主義**）だけで判断してはいけないということです。相手の立場も理解できる相対的な認識、寛容（かんよう）な態度や判断が必要になります。

　つぎの特長は、②伝統の創造についてです。文化の根源には、それぞれの民族により特有な伝統があります。食文化も、その例外ではありません。しかし、外来食が伝えられたり、食の外部化（本書224頁）などの刺激により、大きな変化が急速に起こることがあります。**食文化には、変貌（へんぼう）しながら伝承される**という**特長**があります。ですから、国際化時代の食文化に接するときには、食文化の伝統の創造は、最も大切な分野の一つになります。私たちは、前の時代の食文化を引き継ぎながら、つぎの世代に、時代にあった形に創（つく）り変えながら、正確に伝えていく義務があります。『国際化時代の食』（ドメス出版）に、つぎのようにあります。

文化はつねに変化をとげるものであり、伝統はつねに創造されるものであるともいえる。（中略）外来の食の及ぼす影響を考えるだけでなく、食の文化における伝統の創造とはなにか、ということを検討するのが、これからの課題である。

図1-5　伝統的な和食。海外にも広まりつつあります

刺身の舟盛り

梅干し

秋田県の郷土料理、いぶりがっこ
画像提供元：（有）大網食品
農林水産省ウェブサイト（https://www.maff.
go.jp/j/keikaku/syokubunka/k_ryouri/index.
html）

第2章
主食の確保と食べ方

Q5　食べ物は、どう確保されてきたのでしょう？

　今日の私たちは、飲みたい飲料も、食べたい食べ物も、苦労することなく手に入れることができます。しかし、昔の人たちは全く違っていました。山野を駆けずり回り、昼も夜も休みなく働き続け、毎日の食べ物を探し求めました。収穫や獲物がゼロの日もあったはずです。しかし、人類は、食べ物を手に入れる方法として**①狩猟や採集（自然の生態系）の時代、②農耕や牧畜の第1次生産の時代、③食品工業の発展による第2次生産の時代**と、いくつかの段階を経て、大量に、しかも安定的に食べ物を確保してきました。

　まず、狩猟や採集の時代についてです。1万年前の縄文前期の日本列島には2万人、4000年前の縄文中期には26万人が生活していたという試算があります。私たちの祖先は、ドングリ・トチ・クリ・クルミ・ナラ・クヌギなどの木の実を採集したり、原始的な漁撈で苦労しながら生き続けてきました。しかし、このような方法では、自然の生態系の利用ですから、沢山の食べ物を確保することはできません。いつも、飢餓の恐怖との戦いが続いていました。弥生時代になり、原始的な焼き畑農業が水田稲作農耕文化に移り変わる頃から、一定の地域に居住できるようになります。

　つぎの農耕や牧畜の第1次生産の時代には、少しずつ食べ物の入手が容易になります。この頃から、人類の文化は新しい発展を遂げていきま

す。とくに、農業に費やされた努力の跡には計り知れないものがあります。英語で文化のことを「カルチャー」というのは、耕すという意味です。ですから、農業をあらわす「アグリカルチャー」は、アグリは土地のことで、土地を耕すという意味になります。すなわち、農業がすべての食糧確保の基盤になっていくのです。

この時代に、日常の主要なエネルギー源として、主食を優先的に入手するという知恵が生まれます。①大量に収穫でき、②カロリー源になりやすく、③淡泊な味で、④調理加工が容易で、⑤保管や貯蔵がしやすく、⑥運びやすい、という特長があります。コメ・コムギ・トウモロコシ・イモ類が、これらの条件を満たしています。

さらにまた、農業には、大量の水の確保が不可欠ですから、**世界の主要な農耕文化は、すべて河川の流域**に築かれます。エジプトのナイル川、メソポタミアのチグリス・ユーフラテス両川、インドのインダス川、中国北部の黄河には、大集落ができ偉大な古代文明が形成されます。大地から神に豊作を祈念する習慣も一般化します。

つぎが食品工業の発展による第２次生産の時代です。今日の私たちは、このような恵まれた時代に生きています。食べ物の量や種類は著しく増大しつづけ、調理や加工の技術がドンドン発展しています。とくに、微生物を利用する発酵や醸造の知恵により、食べ物は一段と豊かさを増しています。そして、地球上の人類は、80億という繁栄をみるに至ります。

Q6　食べられる植物は、どう栽培されたのですか？

野生の植物を採取していた時代には、多くの問題が起こりました。激しい風雨に遭えば、採取どころではありません。取り尽くしてしまえば、後はどうなるのでしょう。そこで、知恵を働かせたのが、人の手により野生の食べられる植物を栽培していく試みでした。紀元前の遥か昔

に、このような努力が限りなく繰り返されます。

『栽培植物の起源』（日本放送出版協会）によると、①新石器時代に多くの栽培植物が出現し、②表2-1のように、紀元前7000年から紀元1000年頃には多数の栽培型が成立し、③さらに、発祥地から他の地域に伝播（でんぱ）し、④その地域に自生する野生種との交雑により新作物が成立し、⑤その新作物により生産可能の地域が拡大していきます。例えば、マカロニコムギとタルホコムギの雑種起原により、適応性の広いパンコムギが誕生しました。また、15〜16世紀頃の新大陸の発見、大航海時代の到来により、新しい栽培植物が導入されます。

　もう一つ、見方を変えますと、『栽培植物と農耕の起源』（岩波書店）には、図2-1のように、古代の農耕文化の発生と伝播がみられます。①根栽農耕文化（サトウキビ・タロイモ・ヤムイモ・バナナ）、②新大陸農耕文化（ジャガイモ・サイトウ〈インゲンマメ〉・カボチャ・トウモロコシ）、③地中海農耕文化（オオムギ・エンドウ・ビート・コムギ）、④サバンナ農耕文化

栽培植物名	起原された年代	
コムギ（4倍種）	紀元前	7000
オオムギ	〃	7000
ライムギ	〃	3000
イネ	〃	4000
トウモロコシ	〃	3000
ジャガイモ（4倍種）	紀元	500
サツマイモ	紀元前	2000
ワタ（4倍種）	〃	2500
タバコ	〃	2000
トウガラシ	〃	3000
トマト	紀元	1000
カボチャ	紀元前	4000
インゲンマメ	〃	3000
ラッカセイ	〃	1000

表2-1　主なる栽培植物の起原された年代
資料）田中正武『栽培植物の起原』P232，日本放送出版協会

図2-1　世界の農耕文化の発生と伝播
資料）中尾佐助『栽培植物と農耕の起源』口絵，岩波書店

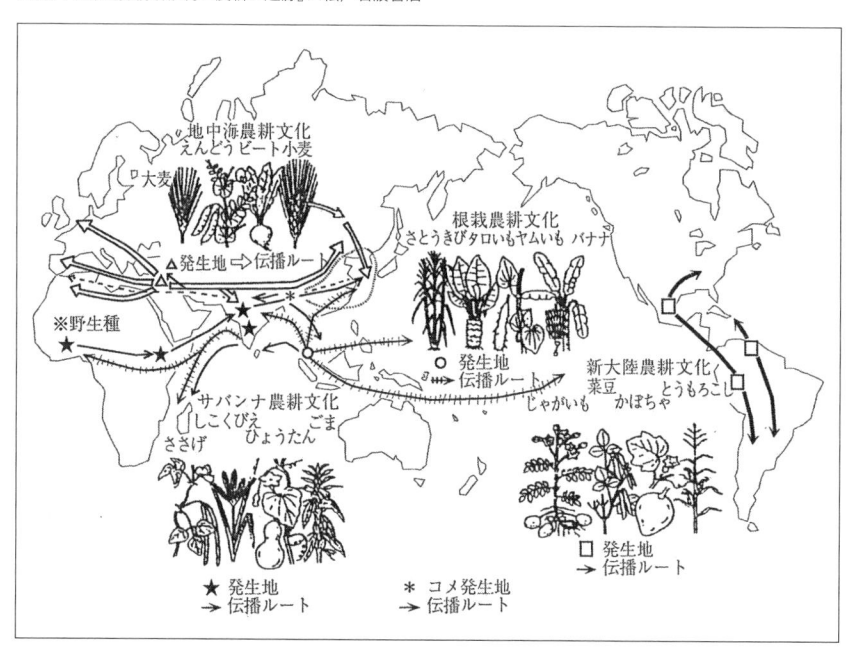

（ササゲ・シコクビエ・ヒョウタン・ゴマ）の4大地域に、食べられる植物が、栽培されていく過程の一端が理解できます。

Q7　家畜は、どのように飼い慣らされたのですか？

　野生の動物についても、人の手で飼育可能な家畜としての飼い慣らしが始まります。家畜になりやすい野生動物には、いくつかの共通点があります。①草食動物であり、②群れとして飼育や移動ができ、③おとなしくて多産系である、ことです。

　具体的には、ウシ・ウマ・ヒツジなどの草食性の野生動物が、群れとして飼い慣らされて、新たに牧畜が始まります。紀元前1万年頃にメソポタミア北部でヒツジやヤギ、紀元前8000年頃に東地中海でウシ、ま

た、紀元前3000年頃に南ロシアでウマが家畜化されたとする説があります。多くの家畜の出現により、肉・乳・乳製品・毛皮などの確保が容易になりました。また、ブタ・ニワトリ・カモなどは、家の回りで飼い慣らしに成功します。

Q8 コメとコムギが、世界中に広まった経緯は？

　穀類のなかでも、コメとコムギは、人類の最も重要な主食として、世界中に広まりました。その経緯を要約してみましょう。

　コメは、イネ科に属する1年生草本で、原産地は、アッサム・雲南地方といわれます。ここからガンジス川や揚子江の川沿いに、東西に伝播（でんぱ）します。**図2-2**は、アジア大陸における稲の広まり方を示したものです。日本には縄文後期に渡来したとする説がありますが、定かでありません。ルートも、①朝鮮半島を経由したとする北方説、②江南からの南方説、③琉球列島を経たとする海上説、などがあります。アジアの各地では、とくに稲作が盛んになります。

　コメの種類には、モミの形が短くて丸く粘りのある**ジャポニカ種**、細長くて粘りの少ない**インディカ種**があります。中間に、ジャバニカ種があるとする説もあります。ジャポニカ種は、日本・朝鮮半島・中国北部・アフリカにみられます。世界のコメの大半は、アジアに集中していますが、イタリア・スペイン・アメリカ・ブラジル・オーストラリアなどでも栽培されています。

　つぎは、コムギについてです。コムギは、イネ科に属する1年生草本で、原産地は、中央アジアの高原地帯です。コムギの栽培は、1万年前の新石器時代に遡る（さかのぼ）といわれ、有史以前の数々の遺跡からコムギの種粒が出土しています。紀元前5000年には、トランスコーカサス（ザカフカス）地方でパンコムギが出現し、紀元前3000年には、中国でコムギの栽培が始まり、紀元前2000年には、石臼が創作され、コムギ粉が採取さ

図2-2 アジア大陸における稲伝播の主経路
資料)渡部忠世『稲の大地』P140, 小学館

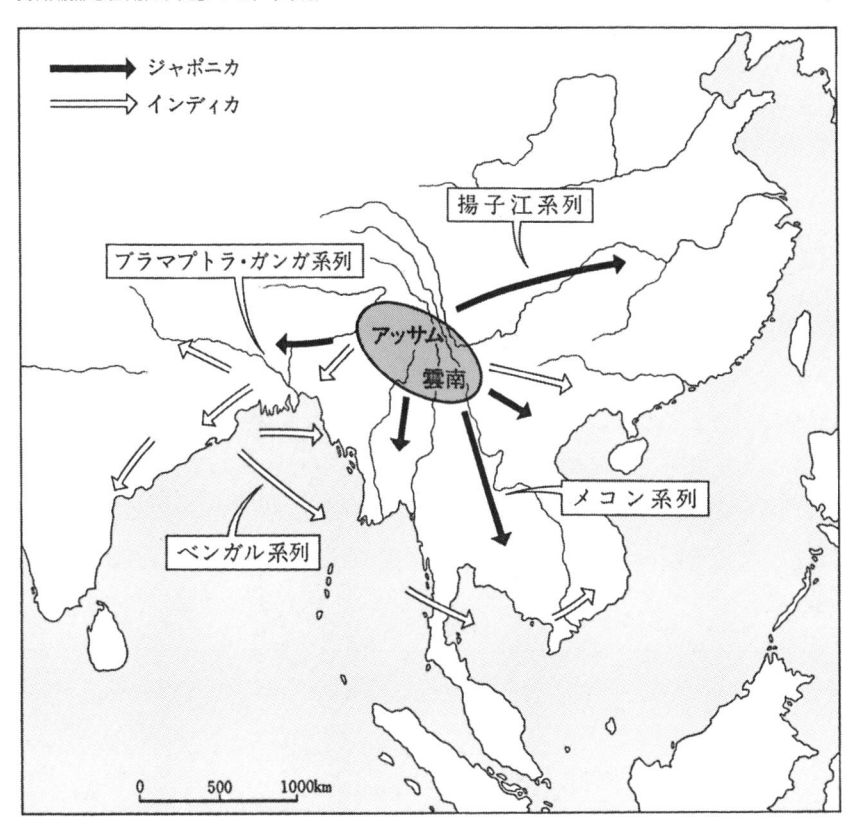

れます。日本へは、4～5世紀（弥生時代）頃に、ダイズやアズキと一緒に朝鮮半島を経て伝えられます。

Q9 ジャガイモやサツマイモの原産地はどこ？

　ジャガイモも、サツマイモも、もともとは中南米の原住民の食料でした。英語でジャガイモはポテト、サツマイモはスイートポテトと呼ばれるのは、なぜでしょうか。ジャガイモはナス科に属する多年生草本で、

原産地は、アンデス山系地域です。チリ・ペルー・アンデス山脈の高原に繁茂する自生種が、4000年以上前に栽培化されています。ハイチ島の原住民は、サツマイモのことを「バタータ」(batata) と呼んでいました。後に、スペイン語で「パタータ」(patata) になります。そして、16世紀頃に英語の「ポテト」(potato) ができます。ですから、ポテトとは、当初はサツマイモのことでした。ジャガイモの方が広く栽培されるようになると、いつの間にか、「ポテト」がジャガイモの呼称になったのです。

　その後の経緯についても少し触れますと、16世紀に、スペイン人がヨーロッパに持ち帰り、18世紀にはイタリア・ドイツ・フランスに伝えられます。1789年のフランス革命により、フランスの王制が崩壊すると、飢饉の救荒食として登場します。とくに、ドイツ人は積極的にとり入れ、ドイツはジャガイモ料理の盛んな国になるのです。ヨーロッパからアメリカに伝えられ、**フレンチフライ**（ポテトチップス）になります。日

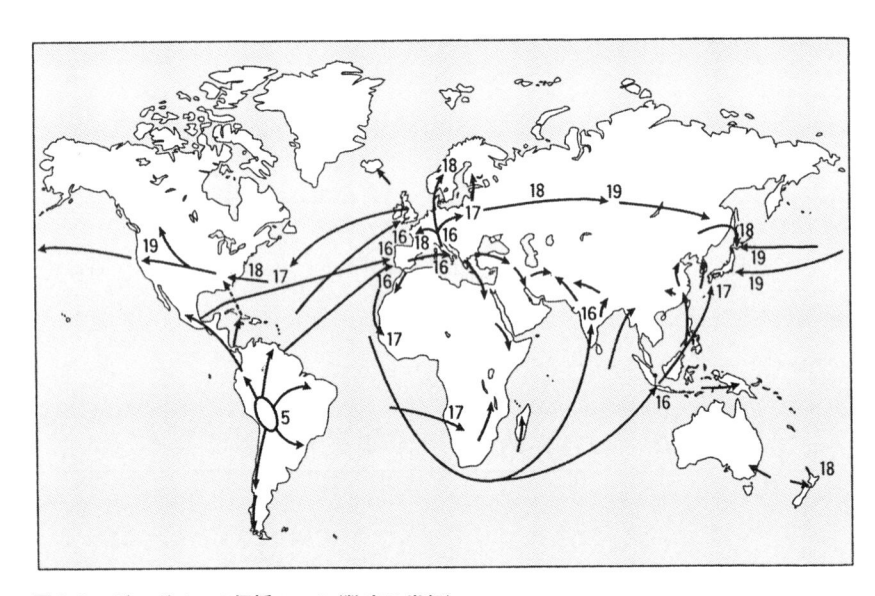

図2-3　ジャガイモの伝播ルート（数字は世紀）
資料）南直人『ヨーロッパの舌はどう変わったか』P65，講談社

本には、安土桃山期の慶長3年（1598）に、ジャワのジャガタラ（バタビア）から、オランダ人により長崎に伝えられ、「ジャガタライモ」と呼ばれました。しかし、淡泊な味は日本料理の素材には適しませんでした。**図2-3**は、ジャガイモの伝播のルートを示します。

　サツマイモは、ヒルガオ科に属する多年生草本で、原産地は、中央アメリカ・南メキシコあたりです。スペイン人がサツマイモより先に発見し、スペイン語で「パタータ」と呼びました。ジャガイモとの呼び名の混乱ぶりは、ジャガイモの挿話で触れたとおりです。スパニッシュポテト（Spanish potato）と呼ばれ、サツマイモの方が甘味があるので、後に、スイートポテト（sweet potato）になります。

　コロンブスが持ち帰り、スペインのイザベラ女王に献上します。しかし、温暖な土地を好むので、ヨーロッパではジャガイモのようには栽培されませんでした。日本には、ヨーロッパからフィリピンを通り、中国の福建省から琉球を経て、種子島から鹿児島に伝えられます。江戸の八代将軍・徳川吉宗は、青木昆陽に命じて、救荒食として栽培を奨励します。

Q10　トウモロコシは、なぜ広まったのですか？

　トウモロコシはイネ科に属する1年生草本で、原産地はアメリカ大陸といわれます。1492年にコロンブスがネイティブ・アメリカンの常食であったトウモロコシの種子をヨーロッパに持ち帰りました。スペインに移植してから、ヨーロッパ・アジア・アフリカに伝えられます。栽培しやすく、急速に世界各地に伝播します。日本へは、天正4年（1576）に、ポルトガル人により長崎に伝えられます。**図2-4**は、トウモロコシの伝播のルートを示します。

　地球上で一番生産量の多い穀物ですが、コメやコムギに較べて、食糧として利用しにくいため、大半は家畜の飼料になります。トウモロコシ

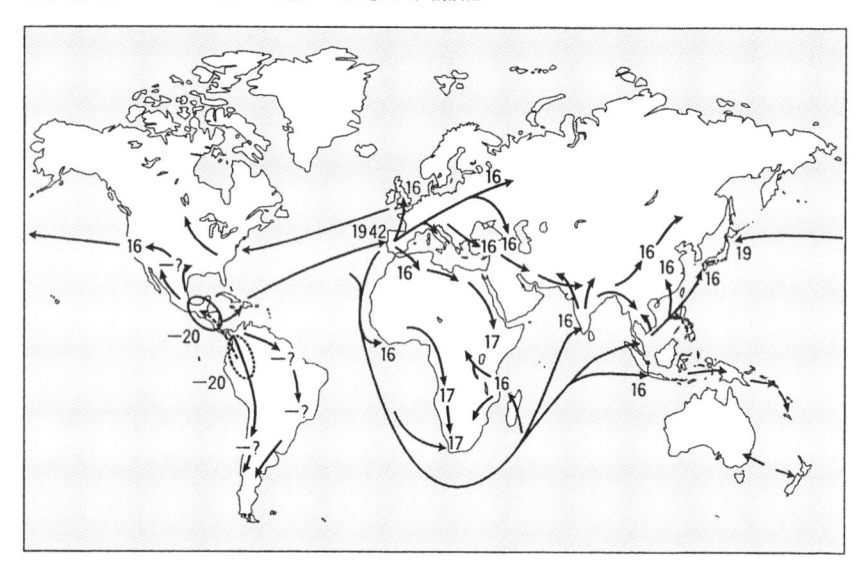

図2-4　トウモロコシの伝播ルート（数字は世紀）
資料）南直人『ヨーロッパの舌はどう変わったか』P65，講談社

を利用した料理として、メキシコの平焼きパンの**トルティーヤ**が有名です。

　コロンブスが、ジャガイモ・サツマイモ・トウモロコシなどの新大陸原産の作物をヨーロッパに持ち帰ったことから、世界の主食文化は大きく変貌していきます。

Q11　民族の主食には、どんな違いがありますか？

　これまで、主食となる食べ物の確保について述べてきました。コメやコムギが世界中に広まったこと、アメリカ大陸とヨーロッパの交流があったことが、その後の民族の主食に大きな影響を与えました。

　図2-5に、現代の世界の主食類型を示します。①イモ類を常食とする根栽地帯、②雑穀を主食とする雑穀地帯、③ムギ類を主食とするムギ

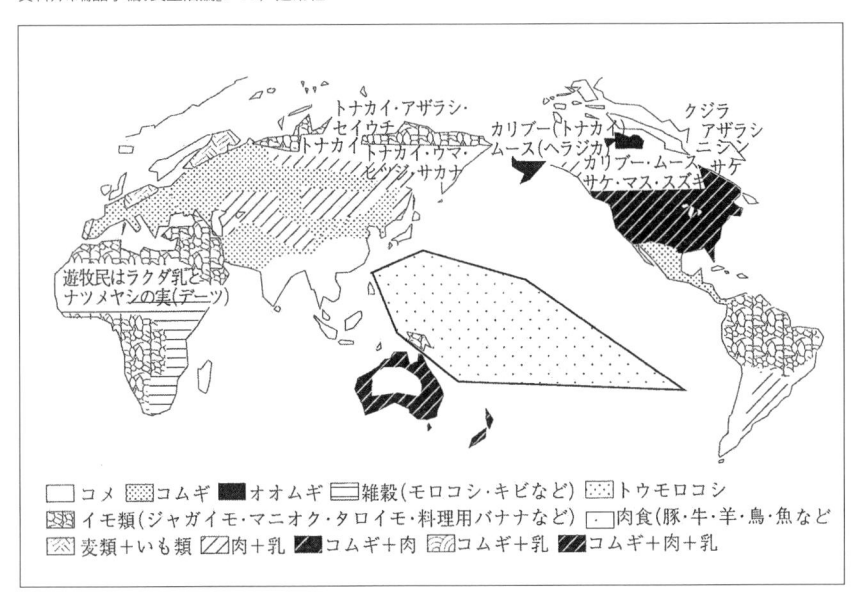

図2-5　現代の世界の主食類型
資料）川端晶子編『食生活論』P47，建帛社

（凡例）
□ コメ　▨ コムギ　■ オオムギ　≡ 雑穀（モロコシ・キビなど）　∷ トウモロコシ
▩ イモ類（ジャガイモ・マニオク・タロイモ・料理用バナナなど）　｜ 肉食（豚・牛・羊・鳥・魚など）
▨ 麥類＋いも類　⧄ 肉＋乳　◪ コムギ＋肉　◩ コムギ＋乳　◤ コムギ＋肉＋乳

食地帯、④コメを主食とする米食地帯に大別されます。15世紀に較べて、地域間の交流は活発となり、食べ物も多種多彩となり、食生活も大きく変わり、主食の概念も変化しました。しかし、基本的には大きな変動は認められません。食糧資源の需要とか供給は、気候風土に密着していて地域性が強いからです。**表2-2**に、地域による主作物の食べ方の違いを示します。

Q12　コメとムギの調理法の違いは、どこから？

　コメは粒食、コムギは粉食にするのが、最も自然の摂理に適（かな）っています。なぜでしょうか。調理特性に、大きな違いがあるからです。コメ種粒は、脱穀により籾（もみ）を分離し糠（ぬか）を取り除くと、容易に可食部を得ることができます。ところが、コムギ種粒の外皮は固く、コメのように容易に

取り除くことができません。このような構造上の違いから、コメとコムギの調理特性は大きく異なってきます。**表2-3**に、コメとコムギの調理的特性の違いを示しています。

　コムギを粒食として、炒ったり、粥にしたりしていた時代には、コムギの自然界の調理特性について、人類は全く気がつきませんでした。しかし、コムギ粉が採取できるようになり、コムギ粉に水を加えてよく捏ねると、たんぱく質が水分を吸って膨らみ、粘りと弾力のある塊（生地）を形成します。このグルテンのつながり具合により、パン・めん・菓子などの多種多彩なコムギ粉料理が創作されていきました。

　具体的にみていきましょう。まず、コメについてです。コメの調理特性と、地域ごとの副食物の組み合わせは、よく調和されています。例えば、粘りのあるジャポニカ種と日本料理、パサパサしたインディカ種とインド料理は、箸で食べる、手で食べるという、食べ方とともにそれぞれに適合しています。

　コメの加熱調理法には、①湯取り法、②炊干し法があります。アジアの大部分は湯取り法で、インド・スリランカ・ミャンマー・タイ・ベトナムでは、これらが両立しています。インドから西では、米と油脂を一緒に炊く風習があります。スペインの**パエリャ**、イタリアの**リゾット**、インドの**プラオ**などです。インドから東では、コメと油脂を一緒に炊く習慣はなく、味を付けずに水だけを加えます。油脂を用いる場合は、焼き飯のように炊いた後で炒めます。

　東洋的な調理法に、**粥**があります。中国・朝鮮半島・日本・タイ・インド・インドネシアなどで好まれる食べ方です。また、粉にしてから再加工するものに、中国や台湾の**ビーフン**、ベトナムの**ライスペーパー**があります。

　コムギ・オオムギ・ライムギ・エンバクなどのムギ類は、当初はツブガユ・アラビキガユ・コナガユにしました。**オートミール**は、アラビキガユの一種です。しかし、ムギ類は、粉にすることにより、さまざまな食べ方が創作されます。

表2-2　主作物の食べ方と地域

資料）川端晶子『食生活論』P44，建帛社

類型	主作物	食べ方	地域
米	米	ツブガユ，メシ	インド南部，東南アジア，日本 中国南部，朝鮮半島南部
麦	小麦	パン，ナン，チャパティ，マントウウドン等	地中海周囲，ヨーロッパ トルコ，イラク，イラン インド西部，中国北部
	ライ麦，オート麦 大麦	パン アラビキガユ	ヨーロッパ北東部
雑穀	トウモロコシ ミレット	トルティーヤ， アラビキガユ， ダンゴ，コナガユ	アメリカ大陸 アフリカ大陸
根栽	ヤムイモ ジャガイモ キャッサバ ナツメヤシ サゴヤシ パンノキ	石焼き	アフリカ大陸 アンデス アマゾン流域 サハラ，アラビア半島 オセアニア 〃

表2-3　コメとコムギの調理特性の違い

資料）杉田浩一『調理のコツの科学』P44，講談社

特性	米	小麦
生産の環境	高温多湿，連作可能	冷涼乾燥，連作困難
穀粒の構造	外皮がもろく胚乳が硬い	外皮が硬く胚乳がもろい
利用の形態	精白し外皮を除去，粒食	製粉し胚乳を採取，粉食
調味の必要性	ほとんど不必要，炊飯	必要，混捏後パン・めん
味の特徴	寛容，すべての料理と合う	かぎられた料理とのみ合う
物理性の特徴	でんぷんにもち，うるちの別	タンパク質がグルテンを形成
タンパク質の栄養価	良質，大食すれば米だけで生存可能	タンパク価が低く卵，乳等と組み合わせが必要

例えば、発酵という工程で分けますと、①非発酵型では、インドやパキスタンの**チャパティ**、中国の**餅**、日本の**うどん**、イタリアの**パスタ**、②半発酵型では、中国の**饅頭**、地中海東岸から北アフリカ辺りの**ナン**、③完全発酵型では、中近東の**アラブパン**、**西欧のパン**があります。ヨーロッパでは、焙焼パンが発達し、中国では、独特のめん食文化が開花します。

Q13　世界4大料理圏には、どんな特長がありますか？

　世界の料理は、4大料理圏に大別されます。それぞれの特長を眺めてみましょう。

　中国料理圏は、豚肉が主な素材で、醬（油）や油脂により、多種多彩な加熱調理をします。また、乾燥した素材（乾貨）を用いるのも、中国料理の大きな特長の一つです。素材・薬味・調味料は、医食同源・不老長寿の思想により、巧みに組み合わせます。

　インド料理圏は、カレーやギー（油脂）をよく用います。宗教上の理由で、ウシやブタは避け、ヒツジやニワトリを素材にします。コメのツブガユ、コムギと雑穀のチャパティを主食にします。ダルと呼ばれるマメ料理があります。

　ヨーロッパ料理圏は、鳥獣肉が主体で、ハムやソーセージなどの加工も盛んで、スパイスを多用します。民族ごとに特長のある乳製品やワインがあり、パンを主食とします。

　ペルシャ・アラブ料理圏には、古代ペルシャ・アラブ・トルコなどの料理があります。ヒツジが主な素材で、トウガラシ・コショウなどの強烈なスパイスを多用します。

第3章
集まって食べると、なぜ美味しい

Q14　大勢で食べると、美味しく感じるのはなぜ?

　大勢で食べると、なぜ美味しいのでしょうか。①普段は疎遠な人と会えるから、②楽しくお喋りができるから、③リラックスした気分になれるから、もちろん、そういう理由も大切なことです。しかし、より根本的なことがあります。**人間は、共食をする動物である**ということです。例えば、ハトや池のコイに餌をやると、集まってきて、仲良く食べているようにみえます。しかし、生存競争の激しい動物たちは、我れ先にと群がって食べているだけです。まさしく弱肉強食の世界です。

　人間の場合はどうでしょう。食事は一人で摂るものではなく、他の人々と一緒に、というのが原則のようです。その基本的な集団の単位が、家族と呼ばれるものです。最近は、一家団欒の雰囲気が失われ、バラバラの食事が多くなり、とても心配です。

　それでは、なぜ集まって食べるのでしょう。昔は、食べ物を獲得すると、権力者や一部の人々が独り占めをしないように、神に捧げてお祈りをしてから、限りある食べ物を公平に分配しました。その厳しい掟のなかから、後の**食事作法が発生**します。そして、人と人とのつながり（コミュニケーション）ができます。このようにして、神と共に食べ物を分かち合う喜びから、共食の習慣ができあがります。イスラム教は一神教であり、日本は八百万の神々ですが、食事の背後には必ず神が存在します。このような神人共食のことを、日本では直会といいます。神に供え

た食べ物を、神と人とが共同で食べる習慣です。直会は、今日でもなお、工場建設や家の新築のときに行われます。

　私たちが日常使う「飯でも食おう」という誘いの言葉には、空腹から逃れたいという生理的や栄養的な欲求ばかりでなく、**神と共に食べ、人との交わりを深めるという大切な意味**があります。食事を分かち合うことで、親しみをおぼえ、ココロを通じ合うことができます。大勢で食べると美味しいわけには、なかなか深い意味があるのです。

Q15　誕生から死ぬまでの行事で、食べるものは？

　誕生から死ぬまでの人の一生には、数多くの**通過儀礼**があります。誕生・入学・成人式・婚礼・還暦、そして葬式です。多くの人々が集まり、共食を伴うのが一般です。**表3-1** に示すような、典型的な食べ物があります。例えば、ご飯の好きな日本人は、赤が魔除けに通じると信じていて、祝いの膳には、アズキやササゲで色付けした赤飯を用います。餅にも、同じような意味があります。言葉を変えれば、人間の一生の行事には、沢山のハレとケの日があります。人の死は、服忌と称するケの日なので、生臭いものは食べないのです。

Q16　ハレとケの食事は、なぜ違うのですか？

　ハレとか、ケとかは、どのように区別するのでしょう。『文化人類学事典』（弘文堂）に、つぎのようにあります。

　　日常的な普通の生活や状況を指すケに対して、あらたまった特別な状態、公的なあるいはめでたい状況を指す言葉をハレという。

表3-1　通過儀礼に供される食物

資料）石毛直道，鄭大声編『食文化入門』P134，講談社

行事	典型的な食物
誕生	産飯（うぶめし）
お七夜（名づけ祝い）	赤飯，鯛
初宮参り	赤飯，紅白餅，かつお節
初節句	菱餅，柏餅
五十日	戴き餅
百日（くいぞめ）	くいぞめ膳（赤飯，尾頭つきの魚，吸いもの）
初誕生日	赤飯，力餅，一升餅
七五三	赤飯，鯛，千歳飴
入学	赤飯
卒業	赤飯
成人式	赤飯
婚礼	赤飯，かつお節，こんぶ，するめ
出産	産飯（うぶめし）
還暦，古希，喜寿，米寿	赤飯，紅白餅，鯛
死去	枕飯，枕団子

　ハレという言葉は、ハレ着・ハレの舞台・ハレ姿・ハレの場所のように使います。正月・祭礼・結婚式は、ハレの日です。柳田國男（やなぎたくにお）（1875〜1962）という人は、日本人の生活についての膨大な資料を収集し整理して、**民俗学**という独特な学問を大成します。そのなかで、食べ物の素材について、ケの食事は雑穀や野菜など、ハレの食事は餅・飯・菜・焼米・団子・酒などが中心になる、と指摘しています。さらに、『柳田國男の民俗学』（吉川弘文館）には、つぎのような興味深い説明があります。

　　ハレの食物が粒食ではなく、粉食中心であるのは、一つにはその加工に多くの手間がかかり、大量には作れず、しかもその保存に日本の風土は適していなかったために、貴重品であったという理由があるが、しかしそれ以上に重要なことは、粉から様々な形を比較的容易に作ることができるということである。

柳田國男は、コムギからコムギ粉を採取するために、人類が長い年月を費やしたことに注目します。そして、普段は食べられない粉食は、ハレの日の食べ物であるとします。めん類は、まさしくハレの日の祝いの膳に出されます。さらに、粉から作られるハレの日の食べ物には、正月の鏡餅、3月節供の菱餅、5月節供の粽・柏餅があります。外国にも、宗教的儀式と結びつく、数多くの象形パンやクリスマスケーキがあります。

Q17　餅は、いつからメデタイ日の食べ物に？

　新年を祝う行事食のなかでも、各地に伝わる雑煮には、ハレの日を祝う日本人の凄まじい執念が感じられます。汁の仕立て方・餅の形・具の種類・食べ方・風習など、地域により多種多彩です。例えば、関東の切り餅はすまし仕立て、関西の丸餅は味噌仕立てです。表3-2に示すように、餅は、出産・誕生・節供・祭りなど、さまざまな行事にも登場します。餅は、奈良期の正倉院文書『但馬国正税帳』（天平9年〈737〉）や、平安中期の『和名類聚抄』（承平5年〈935〉）にも登場するほど、私たち日本人には、ふるい食べ物です。『日本の菓子―祈りと感謝と厄除けと』（東京書籍）に、つぎのようにあります。

　　日本人にとって餅は単なる食糧ではなく、神に供えて神と人とが共に食べ、人と人との和を保つ霊的存在そのものであった。したがってその餅を勝手に搗き、しかもその意味ある餅を粗末にしたということでバチがあたり、家は絶え、その土地は不毛の地となってしまったということである。日本の餅は、信仰と深く関わっており、時代が下がって、「餅菓子」という名を得るが、餅はシトギとともに、まさに「聖なるもの」の代表であった。

表3-2　餅が関わる行事と行事の分類

資料）橋本慶子他編『調理と文化』P179，朝倉書店

年中行事	正月，蔵開き，どんど，節分，桃の節句，春彼岸，法隆寺お会式，春祭，花祭，八十八夜，端午の節句，ようかび，お十八夜，歯固め，半夏生，かやかや馬，七夕，土用入り，八朔日，盆，薮入り，名月，秋彼岸，お精進あげ，亥の子，えびす講，秋祭，菊の節句，かっぱれ朔日，大黒さま年越，大晦日
通過儀礼	出産，お七夜，宮まいり，初節句，初誕生，七五三，紐解き，入学，元服式，かねつけ，結婚，箸取り，初老祝，還暦，米寿，葬儀
生活行事	農初め，苗間のしめ祝い，田のあぜ塗り，田うない，田植え，植えあげ，さなぶり，農休み，お刈り上げ，十日夜，庭じまい，収穫祭 ごがんにち，木わた，虫供養，坪もち，山入り，山の口 漕ぎ出の祝い，船霊さま，網おろし，あご別れ ほねつぎ，袋祝，播きあげ，ほいろ祝，綿の種播き，大根の年とり 桑休み，棚払い，蚕玉あげ はし納め，三夜さま，屋根がえ，上棟式，農神さまの日，鞴の日

（『日本の食生活全集』より作成）

Q18　ハレの日には、なぜ酒を飲むのでしょう?

　酒は、神に捧げ神と共に飲む、ハレの日の重要な飲み物です。神に供える酒は、人を酔わせる不思議な力があり、神に対する古代信仰と結び付いて、神事に捧げるようになりました。神酒と書いて、オミキと読みます。私たちは、酒により神とともに、陶然とした心境になることができます。このような宗教的儀礼と結び付いた酒は、同時に、人と人との連帯感を強める役割を果たすのです。そして、飲酒の風習は、通常の生活にも取り入れられ、ハレの日の食べ物の日常化をもたらします。

Q19　食べ物に関わる年中行事には、どんなものが?

　年中行事は、ネンチュウギョウジとか、ネンジュウギョウジと読みます。『広辞苑』（岩波書店）に、「宮中で、一年の中に一定の時期に慣例と

して行われる公事、民間の行事・祭事にもいう」とあります。毎年決まった日に行われる儀式や催しのことです。**表3-3** に示すように、年中行事には、さまざまな共食がつきものです。

　平安期頃から始まり、江戸期には、かなり庶民の間にも広まります。例えば、①1年のなかの節日に神へ供物を捧げる節供、②食の中心である稲作への収穫感謝祭り、③人の一生のうちに起こる通過儀礼、④地域ごとの産土神の祭り、などです。これらの行事には、神酒を供え、酒を振る舞います。さらに、餅・赤飯・粥や、魚介・海藻など、地域により多種多彩な食べ物が供えられます。このような行事食のなかに、日本の食文化の伝統が数多くみられます。

表3-3　日本における食物に関わる年中行事

資料）川端晶子編『食生活論』P59，建帛社

月日	行事	関わる食物	備考
1月1日〜3日	正月	若水 鏡餅 屠蘇酒（とそ） 雑煮（ぞうに） おせち料理	新しい井戸の水から新年最初の水を歯固めの故事から
1月7日	七草（ななくさ）	七草がゆ	七種の和歌なの羹（あつもの）が室町時代からかゆに
1月11日	鏡開き	鏡もち入り小豆汁粉	鏡もちをおろして手で掻き割る，または木槌で叩き割って用いる
1月15日	小正月（こしょうがつ），現在は成人式	小豆がゆ 赤飯	本来は米，小豆，粟，黍，ひえ，薑，ごまの七種を用いたかゆから小豆のみへ
2月2，3日	節分	煎り豆または掬栗	
3月3日	雛まつり	白酒 草もち，菱もち	桃花酒が江戸時代から白酒へ
3月18日または9月20日ごろより1週間	彼岸（ひがん）	おはぎ，彼岸だんご，精進料理	
4月8日	灌仏会（かんぶつえ）	甘茶	

月日	行事	関わる食物	備考
5月5日	端午の節句，現在はこどもの日	しょうぶ酒，ちまき，かしわもち	菖蒲の根を酒に入れる ちまきは平安時代より，かしわもちは後から
7月7日	七夕（たなばた）	そうめん	織女にちなんで
7月13日～15日	盂蘭盆（うらぼん）	野菜・果実 精進料理	霊棚飾りにする
8月15日と9月13日	月見	くり，いも，きぬかつぎ，ぶどう，かき，枝豆，月見だんご	茶道では月見の茶事を行う
9月9日	重陽の節句	茶酒，くり飯	菊酒から茶の花を入れた酒へ，栗飯は江戸時代より
10月亥の日	玄緒（げんちょ）	亥の子もち	大豆，小豆，大角豆，くり，ごま，かき，糖を用いた7色のもち
11月15日	七・五・三（3歳，5歳，7歳）	千歳あめ	（長寿を願う）
11月23日	新嘗祭（にいなめさい），現在は勤労感謝の日	新しい穀物で，もち，赤飯	
12月22日または23日	冬至（とうじ）	冬至がゆ 冬至かぼちゃ	
12月31日	大晦日（おおみそか）	年越そば	

（石川寛子編著『食生活と文化』P.166　弘学出版，一部加筆）

Q20　郷土料理には、どのような特長がありますか？

　日本の各地には、都道府県別ともいえるほどに、沢山の郷土料理があります。それぞれの地域で、長い歳月をかけて育まれてきたものばかりです。その郷土料理について、『調理と文化』（朝倉書店）に、つぎのようにあります。

　郷土料理は、各地域の気候・風土のもとで産せられた特産物を用

い、それぞれの地域の生活環境を反映しながらつくりあげられてきた家庭料理といえる。そして、家庭の中で母から子へ、姑から嫁へと代々伝承されてきたものである。

　これらの郷土料理の調理形態の違いについて、①ある地方に特産する素材を用い、その土地独自の料理法が発達したもの、②ある地方の特産もしくは大量生産された食品が乾燥や塩蔵されて他の地域へ運ばれ、もとの地域よりも消費地で調理法が発達したもの、③広い地域で共通に生産や入手できる食品で、ある時期には同じように調理されたが、各地方ごとに少しずつ差異を生じながら発達したものがある、と指摘しています。**表3-4** に、代表的な郷土料理の具体例を示します（写真は**図3-1**）。

　四面を海に囲まれた日本は、山の幸や海の幸に恵まれ、新鮮な素材が1年中手に入りやすい世界でもまれな国です。8000種類の旬_{しゅん}があるともいわれます。これらの素材を用いた**土産土法**_{どさんどほう}により作られたものが、日本の郷土料理です。土産土法とは、それぞれの土地でとれたものを、最も理に適_{かな}った方法で処理する知恵のことです。

　しかし、このように優れた特長を持った郷土料理にも、いくつかの深刻な課題が生じています。飽食の時代になり、手軽な外来食が氾濫し、郷土料理の存在は不明確となり、しだいに画一化_{かくいつか}され、人々の関心が薄れてきているのです。コメ離れも起こっています。郷土料理を若い世代に引き継ぐためには、数多くの難問を乗り越えなければなりません。

表3-4　日本の代表的な郷土料理

地域	料理名	料理の特長
北海道	石狩鍋	十勝鍋・秋味鍋ともいう．寒さの厳しい石狩地方で，体が芯から温まる鍋料理．土鍋にコンブの出汁をとり，サケのぶつ切りや頭と一緒に，野菜を煮込む．
	三平汁	松前地方の鍋料理．ニシンの糠漬けに，ジャガイモ・ニンジン・ダイコンなどを入れ，コンブの出汁で煮込む．最近は，サケ・タラ・シシャモを用いる．
	いか飯	イカのめし詰めともいう．イカの腹に，水洗したコメを詰め，楊子で止めて，弱火でゆっくり炊き上げ，醤油・砂糖・酒で甘辛く調味する．
	ルイベ	アイヌ語で凍った食べ物のこと．釣り上げた氷下魚に始まる．天然の冷凍保存法として伝えられ，サケに利用される．口の中でとろける感触がよい．
東北地方	じゃっぱ汁	津軽地方（青森県）に伝わる大鍋料理．じゃっぱとはガラクタのこと．タラの頭・えら・中骨・胃袋などを，ダイコン・ネギ・豆腐と煮込む．
	しょっつる	ひしお汁・塩汁の訛ったもの．秋田県の名物料理．ハタハタ・ニシン・イワシ・シラウオを，発酵させた調味液．カツオ出汁に加え，魚介や野菜を煮込む．
	きりたんぽ	阿仁合地方（秋田県）の樵の保存食．新米を搗いて，杉の串に巻き付け，表面が狐色になるまで焼き，味噌を塗る．汁をよく吸うので，しょっつるにする．
	いものこ汁	山形県の野趣溢れる鍋料理．芋煮会ともいう．ニシン・干ダラ・米沢牛肉・鶏肉・サトイモ・ダイコン・ニンジン・ネギを加えた，味噌仕立てのゴッタ煮．
関東地方	あんこう鍋	茨城県辺りの漁師の吾子夜鍋が原型ともいう．関東のフグともいわれ，ニンジン・ダイコン・ゴボウ・ネギ・焼き豆腐・白滝と一緒に，割り醤油で煮込む．
	はっと汁	栃木県東北部の水団・団子汁の一種．美味しいので，食べ過ぎはご法度という洒落．野菜の煮込みに，熱湯で捏ねたコムギ粉団子を入れ，味噌仕立てにする．
	つみっこ	群馬県前橋地方のめん料理．野菜を大鍋で煮込み，幅広の手打ちめんを入れ，煮干し出汁の味噌か醤油仕立て．めんに汁がしみ込み，汁にもトロミがつく．

地域	料理名	料理の特長
関東地方	鰯のさんが	イワシの焼き鱠ともいう．千葉県九十九里浜辺りの漁師の船上料理．イワシを丸ごと叩き，シソ・ショウガ・ネギ・砂糖・味噌を混ぜて，網焼きにする．
中部地方	ほうとう	山梨県のめん料理．カボチャほうとう・アズキほうとうがある．野菜に，塩を入れないめん線を入れ，味噌仕立てで煮込む．日本人の大好きな糊食（でんぷん食）の代表．
	五平餅	長野県伊那地方の名物団子．岐阜県や愛知県にも広がる．ご飯をすり潰した団子を串に刺して焼き，クルミ・白ゴマ・赤味噌・醬油・砂糖のタレを付けて焼く．
	鮭の酒びたし	新潟県村上地方の祝い料理．三面川のよく熟成された塩引きサケを，刺身のように薄く切り酒をしみ込ませる．酒の肴として珍味中の珍味．
	治部煮	石川県金沢の加賀料理．肉のうま味を逃さないように，片栗粉をまぶし，野菜と一緒にジブジブと煮る．鶏肉・鴨肉・牛肉・カキなどを使い分ける．
	へしこ漬け	福井県の冷蔵庫のいらない長期保存食．イワシ・サバ・ニシンなどを，糠と塩で重石をかけて漬け込む．冬場の漁獲のないときに備える知恵から生まれる．
	ほおば味噌	海に遠い飛驒（岐阜県）の冬の備蓄食．朴の枯葉に，厚めに味噌を塗り付け，ショウガ・ネギ・シイタケ・ミョウガを混ぜ，炭火で焼くと独特な香味が出る．
	いなまんじゅう	名古屋（愛知県）の秋の料理．イナ（ボラの幼魚）の腹の中に，八丁味噌・サツマイモ・銀杏・シイタケ・ネギ・ショウガを詰め合わせて焼く．
近畿地方	てこね鮨	志摩地方（三重県）の漁師の沖料理．とれたてのカツオを刺身状にして醬油に漬け，手ですし飯と混ぜ合わせる．マグロ・シビ・タイ・アジもよい．
	ふな鮨	滋賀県の名物馴れずし．自然発酵による馴れずしで，平安期からの歴史がある．子持ブナに，ご飯・塩・酒を入れて漬け込むと，乳酸菌により発酵が促進される．
	いも棒	京料理を代表する逸品．海老イモと棒ダラの煮付けという素朴な料理．海から遠く新鮮な魚が入手できない京都で，調理や調味に工夫や気配りがみられる．

地域	料理名	料理の特長
近畿地方	うどんすき	うおすきの発達した大阪独特のめん料理．うどん入りのすき焼き．豊富な山の幸・海の幸の具材15～16種に，太めのうどんを煮込むほど美味しくなる．
	柿の葉鮨	奈良県の名物鮨．酢に漬けた熊野灘の塩サバを，固めに炊いて握ったすし飯に貼り付け，柿の葉で巻いて，一昼夜ほど重石をかけた押しずし．甘口で素朴なすし．
	めばり鮨	熊野や十津川地方（和歌山県）の樵や漁師の携帯食であった．高菜の古漬で巻いた握り飯．高菜の香味と塩味だけの素朴なもの．
中国・四国地方	わりごそば	島根県出雲地方の名物そば．破子そば・出雲そばともいう．奥出雲の焼山地方では質のよいソバがとれる．甘皮を一緒に挽いて，香味を引き出す．
	岡山ずし	岡山県の名物ばらずし．祭りずしともいう．岡山藩の倹約令実施により，一品で多彩な海の幸・山の幸を配した贅沢ずしが，庶民の知恵で創作される．
	かきの土手焼き	カキの土手鍋ともいう．広島県の代表的なカキ料理．鍋の周りに味醂・酒で調味した白味噌を土手のように塗り，カキ・シイタケ・ネギ・焼き豆腐を入れて煮る．
	たらいうどん	御所温泉（徳島県）の野趣豊かな樵料理．ヤマイモ入りのコシのあるうどんをたらいに浮かし，ジンゾク（ゴリ）出汁の付け汁で，河原で大勢で一緒に食べる．
	皿鉢料理	高知県の土佐っ子らしい，ハレの日の名物料理．海の幸・山の幸を，有田焼・九谷焼の大皿に豪華に盛り込み，各自の箸で取り分けながら食べる．
九州・沖縄地方	がめ煮	筑前煮・筑前炊きともいう．博多（福岡県）の名物料理．魚・鶏肉・野菜を炒めてから煮込む．禅宗料理の影響を受けている．スッポンを煮込んだのが始まり．
	ちゃんぽん	長崎県のめん料理．明治の中頃に，福建省からきた陳平順が創作したもの．豚肉・鶏肉・イカ・竹輪・野菜など，沢山の具をラードで炒め，スープを加えて，めんを煮込む．
	からしれんこん	熊本県の熊本城主・細川忠利好みの料理．酢を入れて茹でた太めのレンコンの穴に，カラシ味噌を詰め，コムギ粉・ソラ豆粉・卵黄を入れた衣を付けて揚げる．

地域	料理名	料理の特長
九州・沖縄地方	とんこつ	豚骨煮ともいう．骨付きの豚肉を味噌で煮込んだ，南国的で野性的な薩摩（鹿児島県）武士好みの料理．琉球料理や中国料理の影響を強く受けた調理法．
	チャンプル	チャンプルとは，炒めること．亜熱帯に属す沖縄では，油で炒める料理が多い．ソーミン（素麺）・ゴーヤー（ニガウリ）・マミーナ（モヤシ）などがある．

図3-1　日本各地には地域が育んだ豊かな郷土料理があります

写真はすべて農林水産省の公式HP「うちの郷土料理」より
https://www.maff.go.jp/j/keikaku/syokubunka/k_ryouri/index.html

いか飯（北海道）

ルイベ（北海道）

じゃっぱ汁（青森県）

きりたんぽ
（秋田県）
画像提供元：
大仙市観光物産協会

ほうとう（山梨県）

治部煮（石川県）

ほおば味噌
（岐阜県）

ふな鮨（滋賀県）

いも棒（京都府）

めばり鮨
（和歌山県）

かきの土手焼き（広島県）

皿鉢料理（高知県）

がめ煮
（福岡県）
画像提供元：
中村学園大学
栄養科学部

ちゃんぽん（長崎県）

からしれんこん
（熊本県）
画像提供元：
尚絅大学生活科学部
守田真里子氏

チャンプル
（ゴーヤ）
（沖縄県）

第4章
民族による食べ方の違い

Q21　なぜ、食べ方に違いができたのですか?

　地球上には60億の人類が生活していますが、食べるときに用いる食具により、①東南アジア・オセアニア・西アジア・インド・アフリカ・中南米・アメリカの先住民などの**手食文化圏**、②中国・韓国・日本・台湾・ベトナムなどの**箸食文化圏**、③ヨーロッパ・北アメリカ・南アメリカ・ロシアなどの**ナイフ・フォーク・スプーン食文化圏**（以下に**ナイフ食**と記します）の3つの文化圏に大別されます。手食の民族が一番多く32億人（40パーセント）、箸食が24億人（30パーセント）、ナイフ食が24億人（30パーセント）です。

　私たち人類は、旧石器時代にはチンパンジーなどの一部の哺乳動物と同じように、手で食べ物を摑んで食べていました。ですから、すべての民族は、手食の歴史を持っています。それでは、その後にどうして食べ方に違いができたのでしょうか。

　その理由は、いくつか考えられます。①一つには、日常食の主な素材の違いによります。例えば、パサパサしたインディカ種のコメは、手食が一番美味しいのです。粘りのあるジャポニカ種は、手に付きやすいので箸食が便利です。肉のように、切り裂いたり突き刺したりするときには、ナイフ食が向いています。②宗教と食習慣も大きな関わりがあります。ヒンドゥー教やイスラム教では、食べ物は神から与えられた神聖なものです。ですから、食器や食具のような汚れたものは使いません。自

分の手が、最も清浄なものとする宗教的な戒律（かいりつ）があります。手食では、口で食べる前に、手で触り温度を感じ、手と口の両方で楽しむことができます。箸食文化圏でも、日本人は握り飯や握り寿司を、中国人は饅頭（マントウ）や包子（パオズ）を、ナイフ食文化圏の欧米人はパン・サンドイッチ・カナッペ・クッキーを手で食べて手食の楽しさを残しています。③調理法との関わりでは、箸は、指の動きに合わせてはさめます。日本人が、骨付きの魚を巧みに食べたり、中国人が、油で加熱調理した熱いものを食べられるのも、箸食のお陰です。同じように、欧米人は、ナイフ食で、肉の塊を食べることができます。

　このように、民族ごとに異なる素材や調理法があり、宗教上の理由も重なって、食べ方に大きな違いができました。**表4-1** は、これらの違いを示しています。

Q22　なぜ、手で食べるようになったのですか？

　前項でも触れましたように、すべての民族は手食の歴史を持っています。ですから、主食文化圏では、そのままの食習慣が最もよい方法として続いているのです。テレビの映像などで、食事風景がときどき放映さ

表4-1　三大食法文化圏の比較
資料）本田總一郎『箸の本』P8，柴田書店

食法	手食文化圏	箸食文化圏	ナイフ食文化圏
機能	まぜる，つかむ，つまむ，運ぶ	まぜる，はさむ，運ぶ	切る，刺す，すくう，運ぶ
特長	回教圏，ヒンズー教圏，東南アジアでは厳しい手食マナーがある．人類文化の根源．	中国文明の中で火食から発生．中国・朝鮮では箸と匙がセット，日本では箸だけ．	17世紀フランス宮廷料理の中で確立．パンだけは手で食べる．
地域	東南アジア，中近東，アフリカ，オセアニア	日本，中国，韓国，北朝鮮，台湾，その他	ヨーロッパ，ロシア，南北アメリカ
人口	32億人	24億人	24億人

れますが、実に巧みに、しかも美味しそうに食べています。私たちは、手で食べることについて非近代的・未開発・低文化・不衛生・不作法・野蛮などといったイメージを持つことはありませんか。もしそうだとすると、大きな判断の誤りを犯したことになります。

手食文化圏では、単純に手で食べるのではなく、厳しい掟_{おきて}が定められています。『食事の文明論』（中央公論社）に、①食事の前後にはかならず手を洗い口をすすぎ、②食べ物は床の敷物の上に並べ、③来客のあるときには、男女は別々に食事をし、④パンだけは分配するが、料理は共通の器を用い、⑤イスラム教徒はラマダン（断食）の月を守り、ブタ肉は食べず、⑥ヒンドゥー教徒の多いインドでは食べ物も分配し、⑦指が火傷_{やけど}をするような熱い料理は食べない、とあります。このように、食事のタブーや食法も大切にされています。右手は清浄、左手は不浄であり、日常のすべての生活行動は、この基本的な原則を貫いています。手食文化圏の民族が手で食べる理由は、手食が最も美味しいからです。しかし、手食の厳しいルールを守らなければ、手食を続けることはできません。

Q23　なぜ、箸を使うようになったのですか？

箸食文化圏の国々は、中国・韓国・日本・台湾・ベトナムなどです。しかし、同じ箸食の民族でも、食法はそれぞれに異なります。いくつかの国に分けて、どうして箸で食べるようになったのかを、詳しく検証していくことにします。

まず、**中国の箸食**についてです。そもそも**箸と匙_{さじ}は、古代中国に発生**しています。中国の箸食の歴史は古く、殷_{いん}代（BC18〜12世紀頃）の遺跡から、青銅製の箸が出土しています。この頃の箸は、先祖の霊や神に食べ物を供える礼器の一種で、一般の食事には用いていません。戦国時代（BC403〜221）の『韓非子_{かんぴし}』に、暴君の紂王_{ちゅうおう}が象牙_{ぞうげ}で箸を作らせたとあ

ります。この頃の箸は、王族や貴族だけのものでした。

　今日のような**箸の祖型が完成するのは、前漢時代**（BC206〜AD8）といわれます。『礼記』によれば、この頃の箸の使い方は、①飯は箸で食べないで、②具の入った汁は箸を使ってもよく、③具のない汁は箸を使わない、とあります。日本と異なり、飯は匙で、おかずは箸で食べたようです。宋代（960〜1279）になると、蒙古の勢力が強くなり、漢民族は江南の地に逃れ、日本のような粘りのあるコメを箸で食べ始めます。そして、明代（1368〜1661）に、漢民族は再び華北の地に戻りますが、粘りの少ない北のコメも箸で食べるようになります。このような歴史のなかで、**箸主匙従型の中国の食法が完成**します。

　要約しますと、中国では、手食（紀元前）→匙食（後漢〜元代）→箸食（明代〜）と変化し、匙は汁専用になります。中国の箸は、象牙・木・竹製が多く寸胴型で、中央の大皿まで届くようにかなり長く（27センチぐらい）なっています。先端が丸くて尖っていないのは、凶器に使われないためです。中国料理では、日本のように取り箸は使わず、大皿から自分の箸で取り分ける直箸です。同族意識の強いことの象徴です。**図4-1**は、唐代の宴飲の様子で、箸や匙が使われています。

　つぎに、**朝鮮半島の箸と匙**についてです。朝鮮半島では、**匙と箸がセット**になり、匙箸と呼ばれています。古くから匙の出土が多く、匙の歴史は箸より古いといわれます。『食文化の地理学』（学文社）によると、部族連盟体時代（BC700〜600）は骨製の匙が用いられ、三国時代（53〜668）に青銅製になります。統一新羅時代（676〜935）頃になると、柄の部分の曲がった朝鮮半島独特の匙が現れます。高麗時代（936〜1392）には銀製や青銅製の匙があり、朝鮮時代（1396〜1886）になると、芸術性と実用性を兼ねたものになります。朝鮮半島の箸や匙は金属性です。今日では青銅製がなくなり、上流階級では銀製、一般にはステンレス製が用いられます。小型で細く短く、平たい断面が特長的です。中国と異なり、**匙主箸従型**で、飯や汁は匙、おかずは箸で食べます。膳には、匙を手前に置き、中国と同じように、取り箸はなく直箸です。食器は、日本

図4-1　晩唐の宴飲図（敦煌莫高窟437窟壁画）
資料）石毛道直『論集　東アジアの食事文化』P296，平凡社

のものよりも大きくて重く、日本のように手で持つことがなく、日本より食卓が高く作られています。スープは具が多く、**クッパプ・ピビンパプ・チゲ**など、匙食に適応しています。したがって、スープは飲むのではなく、欧米のように食べるといいます。食器には口をつけずに、匙は、福を呼び寄せるように、手前に引き寄せます。食べ残すのが礼儀とされます。食べ切れないほどに満腹した感謝の気持ちを示すのです。食器が大型なので、日本のようにお替わりすることはありません。履物（はきもの）を脱いで床に座る食事作法は、日本と非常によく似ています。オンドルの上に座る生活習慣が、身に付いているためです。朝鮮半島では、儒教（じゅきょう）の強い影響を受けて、飯は匙、汁の具は箸という『礼記』の食法が受け継がれています。**表4-2**は、中国・朝鮮半島・日本の箸食の違いを示します。**図7**は、食卓での箸やナイフの並べ方の違いを示します。日頃はあまり意識していなくても、食文化の基盤が異なることの一例です。

　ベトナムなどの箸食についても触れます。ベトナムでは、中国の影響を強く受け、手食の多い東南アジアのなかで、箸を常用する国になります。形状や匙との使い分けなど、中国に似ています。手食のモンゴル人も、うどんを食べるときには箸を用います。チベットでも、上流階級では、中国料理などを食べるときには箸を用います。

　最後に、**日本の箸食**についてです。日本の箸食が、いつ頃に始まったのかは定かではありません。さまざまな説があります。『魏志倭人伝』（3世紀）に、「倭人は手食する」とあり、『古事記』の須佐之男命伝説に、「箸のその河より流れ下りき」とあり、『日本書紀』の箸墓説話などから、神代の頃に存在したともいわれます。天皇の即位式には、青竹を折り曲げた鳥の嘴状の折箸が用いられ、これを箸の起源とする説もあります。法隆寺建立の年に当たる推古天皇15年（607）に、小野妹子を隋に派遣した聖徳太子は、箸と匙を使う中国の食法を宮中に取り入れた

	日本料理	朝鮮料理	中国料理
箸の特徴	●木や竹の割り箸 ●片口箸、両口箸 ●塗り箸、唐木箸 ●菜箸、真魚箸 ●取り箸	●銀・ステンレス。形はずんどう型。長さは日本と同じ。取り箸兼用。	●木・竹・骨など各種。形はずんどう型で長く、取り箸兼用。
代表料理	刺身、すし、てんぷら、すき焼き、鍋物、麺類、汁類	キムチ、ナムル、焼き肉、汁類、揚げ物	麺類、汁類、ギョーザ、炒飯、炒め物、揚げ物
食事方法	●すべて箸を使う。 ●汁類は椀を直接口につける。 ●鍋物が発達し匙を利用。 ●料理は取り箸でとり、直箸はタブー。	●箸と匙がセット。 ●ご飯は匙、菜類は箸を使う。 ●取り箸はなく、すべて直箸。	●箸と匙がセット。 ●ご飯や汁類は匙。 ●料理類は箸。 ●取り箸がなく直箸がマナー。

表4-2　中国，朝鮮半島，日本の箸食
資料）一色八郎『日本人はなぜ箸を使うか』P87，大月書店

図4-2　食卓での箸やナイフの並べ方
資料）井上忠司，石毛直道編『食事作法の思想』P88，ドメス出版

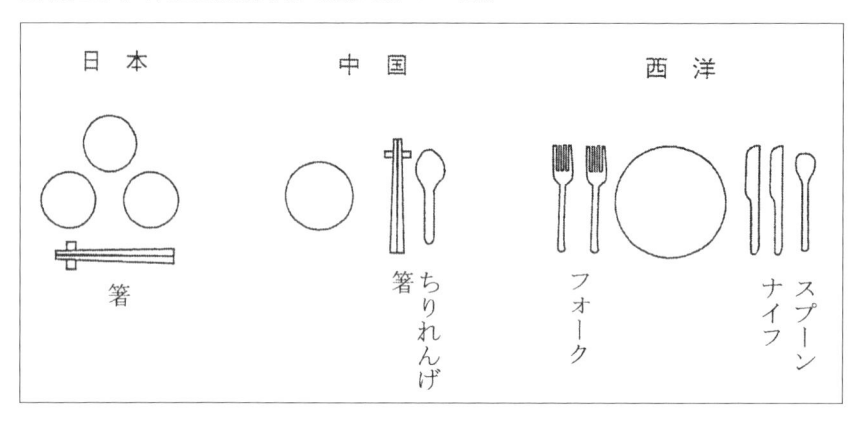

ともいわれます。

　このような歴史を経て、日本の箸食が一般化するのは、3〜7世紀頃からとされ、奈良期には庶民にも普及します。平安期（794〜1180）頃まで、宮中では、木製の箸と匕が用いられます。この頃に、まな板を使う庖丁式（ほうちょう）が発達し、室町期（1336〜1573）に、料理人が専門化して庖丁師が現れ、後に**板前**と呼ばれます。

　箸の種類は多種多彩で、①食事に使う象牙箸（ぞうげばし）・割り箸・塗り箸・木箸・竹箸・プラスチック箸、②料理人が使う菜箸（さいばし）・真魚箸（まなばし）（真名箸）、③形状による両口箸・片口箸・利休箸、④子供用・成人用・男女用、⑤客用の取り箸、⑥炭火を掴（つか）む火箸などがあります。

　奈良から平安期にかけて椀（わん）が発達し、匕はほとんど使われなくなります。世界の食法のなかでも、きわめて珍しく特異な存在です。

　日本独特の使い捨ての、**割り箸**があります。南北朝（1336〜92）の頃に、吉野に巡幸した後醍醐天皇（ごだいご）に、杉の箸を献上したとする説があります。実際は、江戸後期の文政10年（1827）に、吉野を訪れた杉原宗庵が、吉野杉の酒樽（さかだる）の余材で創作したものとされます。幕末になり、江戸の飲食店に現れます。初めて用いたのは、当時人気の**ウナギ丼**でした。丼を片手に持ち、口で割り箸を割る江戸っ子の気風が伝わってきます。

木の目にそって鉈（なた）で割るので、割り箸と呼ばれます。丁六・小判・元禄・天削（てんそげ）などの種類があります。

Q24　なぜ、ナイフを使うようになったのですか？

　ヨーロッパのナイフ食を中心に、話を進めます。ヨーロッパでは、長い間にわたり手食でしたが、17世紀になると、ナイフ食の食法が上流社会から始まります。18世紀の中頃に、イギリスでナイフ食が始まったとする説もあります。**ナイフ食が一般に普及するのは、18世紀末のこと**です。食事の前には必ず手を洗い、手食に慣れていた人々の間では、かなりの抵抗があったそうです。古代から中世まで、パンや肉を切るのは、主人の特権でした。**図4-3**は、フランス国王ルイ14世の昼食の様子です。ルイ14世は、勅令で、刃先の鋭いナイフを製造したり、持ち歩いたりすることを禁止したといわれます。凶器に変身することを恐れたのです。木製のテーブルでは、度重なるナイフによる傷跡が見苦しくなり、それを隠すためにテーブルクロスが用いられます。ところが、皆で汚れた手を拭くので、小さく切った布として**ナプキン**が創作されます。

　初期のスプーンは、先端が2つに分かれたもので、11世紀頃にイタリアで初めて使われました。1533年に、イタリアのメディチ家のカトリーヌ姫が、フランスのオルレアン公（後のアンリ2世）に嫁いだときに伝えられます。17世紀のルイ14世の頃になると、宮廷でフォークが使われます。フランス料理が宮廷料理として完成する17〜18世紀には、一般にも普及し始めます。そして、フランス革命（1789〜99）の後に、宮廷の料理人が街に出てレストランを開くようになると、ナイフ食が一般化します。

　フォークは、18世紀にようやく3本足になります。貝殻製のスプーンは、古代から料理用に使われていました。英語のスプーンには、木の切れ端、木を裂いたものという意味があり、中世には木製になります。具

図4-3　ルイ14世とモリエールがベルサイユで昼食をとっている様子
ドミニク・アングル作、1837年

　が多くて汁の少ないスープは、食器に口をつけてすすったり、手摑みで食べられました。中世の食事では、ポタージュにスプーンが1本添えられ、客の間を回す習慣があり、16世紀の後半にはスプーンは一般化します。日本人は、スープを音を立ててすすり込む癖がありますが、スープは飲むものではなく食べるものです。スプーンのない時代には、パンでくほみを作り、スープをのせて手で食べられました。

　ナイフ食についてもう少し話を続けます。古代ローマの豪華な宴会は、**図4-4**のように、手食で寝転びながら、美女を侍らせたり、剣闘士に決闘させたりして楽しむものでした。古代ローマが崩壊する4〜5世紀頃まで続きます。たくさん食べるために、満腹になると食事の途中でも吐いて、また食べたといいます。13世紀の上流社会では、①スプーンで音を立ててスープを飲まない、②皿から直接飲まない。③食事中に立ち上がったり鼻をならさない、④食べたものを吐き出さない、などの

食法がありました。しかし、15世紀になっても、宮廷の食事は手食の立食で、今日のようなナイフ食はみられません。19世紀までの食卓は、行儀の悪いことが当たり前でした。**19世紀になって、ようやく今日のような食法が完成**します。主人が肉を切る特権も、17世紀頃には廃れはじめ、召使いたちが舞台裏で行うようになります。

図4-4　古代ローマの食事の様子
ポンペイ、フレスコ画

第5章
各国料理の歴史と特長

Q25　中国料理は、どのように発展しましたか？

　中国料理の発展の歴史と特長をたどるには、まず第一に、中国人の食に対する基本的な考え方を理解する必要があります。そこから話を進めていきましょう。中国では、食に対する人々の関心が非常に高く、3000年前に、料理が研究された記録があるといわれます。古くから**医食同源・薬食一如**という、儒教の教えがあり、予防医学的な料理体形を形成しています。となりの朝鮮半島にも、同じような薬食同源という言葉があります。中国の道教は、古くから不老長寿を説いています。周代の官制を記した『周礼』に、すでに食医の制があり、食べ物によって健康を保つ**陰陽説**や**五行説**があります。「以五味調和五臓（五味をもって五臓の調和をはかる）」ということです。陰陽とは、中国の易学の相反する2種類の気のことです。また、五行とは、万物を生成する水・火・木・金・土で、中国料理では**甘・酸・鹹・苦・辛の五味の調和**を大切にし、**形よりも味を尊重**します。

　そのために、食べ物の薬効を徹底的に追求した**本草学**が発達し、後の漢方医学の基盤となります。明代の李時珍は、『**本草綱目**』のなかで、1898種の植物・動物・鉱物を詳細に分析しています。このような考え方により、すべての食べ物を、陰・陽・温・冷に分けて、そのバランスを保つことを重視し、巧みに素材を組み合わせる料理法が発展し、中華鍋一つでできる味わう料理が大成します。多種多彩な素材や調理法か

図5-1 『本草綱目』では植物・動物・鉱物の薬効について詳細にわたり記載しています

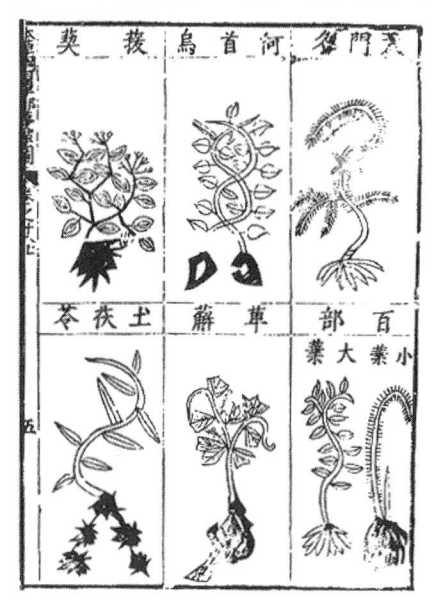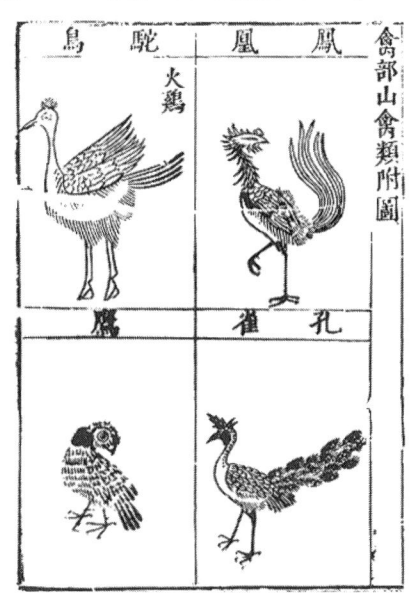

　ら、今日の膨大な中国料理が形成されます。また、仏教の教義に基づく素菜（精進料理）があります。

　中国料理の発展の歴史を、時代区分によりみていきましょう。

殷・周時代

　紀元前12世紀頃に、中国北部の黄河流域に発生した漢民族の古代文明は、新石器時代から殷王朝による優れた青銅器の時代を経て、中国の食文化の源流を形成します。殷代初期に、湯王の料理人の伊尹は宰相に抜擢され、国を治めたと中国最古の料理文献の『呂氏春秋』にあります。また、斉の桓公の料理人の易牙は、自分の子を蒸して献上し、君主の寵愛を得ようとしたなど、食に対する中国人の情熱には語り尽くせないものがあります。

　春秋時代の孔子の言行録の『論語』には、「五穀」の文字がみられ、食べ過ぎに注意とか、食事中は話をしないなど、食事作法についても触

れています。戦国時代の孟子は、魚を捨てても熊掌（熊の掌）を食べたいと書き残しています。また、周時代の官制を記した『周礼』には、素材を切ったり、煮たりする料理の「割烹」の語がみえます。

漢時代

秦の始皇帝による天下統一の野望が崩れると、漢（前漢・後漢）の時代になります。紀元前2世紀の漢の武帝の頃には、西域に赴いた張騫が、パンコムギ・ゴマ・コショウ・キュウリ・ネギ・ニンニク・ナス・ザクロ・ブドウなどを持ち帰ります。もともと中国北部は、オオムギ・アワ・キビなどの粒食でしたが、この頃に、西域より碾磑（石臼）が伝えられ、コムギの製粉や粉食の技術が導入されて、北部では饅頭や包子を作り始めます。そして、長江を境にして、**江南のコメ、江北のムギ**が主食の座を占めるようになります。歴史家の司馬遷（BC145〜86）は、『史記』に、「以食為天（食を以て天と為す）」と記しています。湖南省博物館の馬王堆漢墓遺跡の出土品から、前漢の頃の食べ物や料理法を知ることができます。これまで王侯や貴族が所有した箸は、前漢の頃には、食具として一般に普及し始めます。『礼記』には、古代の料理法、箸の使い方が記され、料理の味を整える「塩梅」の語がみられます。**古代食が完成した時代**です。

三国・南北朝時代

三国とは、3世紀の初めに後漢が滅び、魏・呉・蜀の三国が勃興した時代をいいます。各地の豪族や貴族が群雄割拠して闘争を繰り返し、北方の異民族が華北に侵入します。そして、華南に逃れた漢人により、新しい貴族文化が芽生え、宴席が盛んになります。

6世紀の中国古代の農書、後魏の『斉民要術』には、穀物・肉・魚などの料理法や、焼く・炙る・蒸す・煎る・煮る・炊く・発酵など、今日の**中国料理の基本的な調理法の多く**が記載され、貴重な文献とされています。めん類などの**コムギ粉料理の祖型**も、数多く登場します。西洋で

は、焼くことが中心であった時代に、中国では、多くの調理法が確立します。高温に耐える竈、土鍋や青銅器が用いられ、さらに、鉄器が登場し、後に鉄鍋（中華鍋）として普及します。そのために、油による加熱調理法が多彩となり、各種の『食経』（料理書）が出版されます。

隋・唐時代

　南北を結ぶ大運河が開通し、華北と華中の文化交流が盛んになります。さらに、国際都市となった長安を中心に、西域との往来が活発になりました。水車による石臼製粉の発達により、**粉食が普及**します。中国北部では、**胡食**（西域の食べ物）の影響により、餅（コムギ粉製品の総称）を好むようになり、餃子や饅頭が点心として普及しました。

　唐は、中国の歴史のなかでも最も栄えた王朝の一つです。この頃に、コムギ粉の生地をめん線状に細長く延ばす技術が現れます。そして、めん類は、**長寿めんなどハレの日の食べ物**となり、祝いごとに用いられます。また、陸羽の『茶経』により、茶の知識が広まり、**飲茶の風習**が広がります。宮廷文化が花開いた黄金時代であり、中国料理の原型が確立します。日本からの遣唐使や留学僧の往来が頻繁になります。

宋時代

　唐が滅びると、モンゴル族の勢力が強くなり、再び漢民族は江南の地に逃れます。しかし、商工業の発達により、生活は一段と豊かになり、中国料理が発達します。例えば、燃料の石炭やコークスが登場し、**鉄鍋による高温加熱調理法が普及**します。また、今日のような**多種多彩なめん料理の基礎**が形成されます。呉自牧の『夢粱録』には、麺食店など、都市の繁栄ぶりが活写されます。孟元老の『東京夢華録』にも、この頃の年中行事や食べ物の記録がみられます。

　唐代までは跪く宴席でしたが、宋代になり、大きなテーブルを囲み、椅子に腰をかけての食事になります。身分により、料理の皿数・酒・飯の量は細かく規定されます。豆腐が一般に普及しはじめます。詩人の蘇

東坡（1036〜1101）は食通としても知られ、食べ物についても多くの詩を残しています。彼の創作した**東坡肉**（トンポーロウ）は、今日もなお多くの人に好まれています。

元・明時代

明代になり、漢民族が華北の地に戻ると、地方料理が発達します。サツマイモ・ジャガイモ・トウモロコシ・トウガラシ・ラッカセイなどが伝えられます。

李時珍（りじちん）の『本草綱目』（ほんぞうこうもく）は、1898種の動植物や鉱物を詳細に調べ、すべての食べ物を陰・陽・温・冷に分類して、調和を保つことを重視しました。素材を巧みに組み合わせた料理法が発達し、中華鍋一つでできる味わう中国料理体系が大成します。食べ物の薬効を追究した本草学は、後の漢方医学の基盤となります。

後漢から元代にかけての匙食は、明代頃からは箸食となり、箸主匙従の今日の中国の食習慣ができあがり、匙は汁専用となります。

清　代

漢民族が満洲族に統治されると、今日のような**中国料理が大成する重要な時期**を迎えます。清代の皇帝は、満洲族出身であり、そのために宮廷料理は、山東料理や満洲料理が中心になり、牛・羊・鳥が多用されます。

とくに、第6代の乾隆帝（けんりゅうてい）は、視察に赴いた蘇州や杭州から、優秀な料理人を北京に連れ帰ります。そして、西太后（せいたいこう）とともに贅（ぜい）を尽くし、山海の珍味を3日3晩も食べ続けて、**満漢全席**と称する宮廷の宴会料理（えんぱい）は、最高の宴会様式となります。袁枚（1716〜97）は、『随園食単』（ずいえんしょくたん）に、数多くの調理のコツや名菜（めいさい）を書き残します。北京烤鴨（ペイヂンカオヤー）・**清湯燕窩**（チンタンイエヌウオ）・皮蛋（ピータン）・**紅焼魚翅**（ホンシャオユイチー）などが普及します。

現　代

　隆盛を極めた清朝が崩壊すると、宮廷の料理人が各地に移り、庶民料理として発展を続けます。そして、各都市にすぐれた料理人や料理店（菜館）ができます。このようにして、中国料理は国内のみならず、**華僑により世界の各地に普及**します。

　料理の口伝や秘伝が集大成された『中国名菜譜』が出版され、名実ともに世界の料理となります。歴史的には、度重なる異民族の支配を受けたにもかかわらず、多くの文化を吸収し同化しながら、着々と発展しつづけました。しかし、その中国料理にも、欧米などの異文化の影響が強まり、中国の食の世界は、今、大きく変わろうとしています。**図5-2**に、中国料理の生成と発展の時代区分を示します。

Q26　西洋料理は、どのように発展しましたか？

　ヨーロッパを中心にした、西洋人の食べ物に対する基本的な考え方はどうなのでしょうか。ヨーロッパの気候風土からみていきましょう。ヨーロッパの土地柄は、穀物の栽培よりも牧畜に適しています。長い歴史のなかで、度重なる飢えからの解放や食糧の確保に知恵の限りが尽くされます。そして、**19世紀になり、今日のような肉食の形態を確立**します。

　西洋の食べ物には、**宗教的な意味合いが強く**感じられます。例えば、キリスト教の世界では人間中心の教義を掲げ、神が人間の食べ物の全てを作ったとされます。古代ローマの圧制者たちは、救世主イエス・キリストの一派を迫害し、民衆は、これらの過酷な状況から這い上がろうとします。

　健康の関わりについても、**ハーブや香辛料**という薬効のある植物を利用し、独特の薬学体系を築き上げます。**レシピ**と呼ばれる配合表は、もともとは、薬の処方箋のことです。興味深いことに、中世初期の料理書

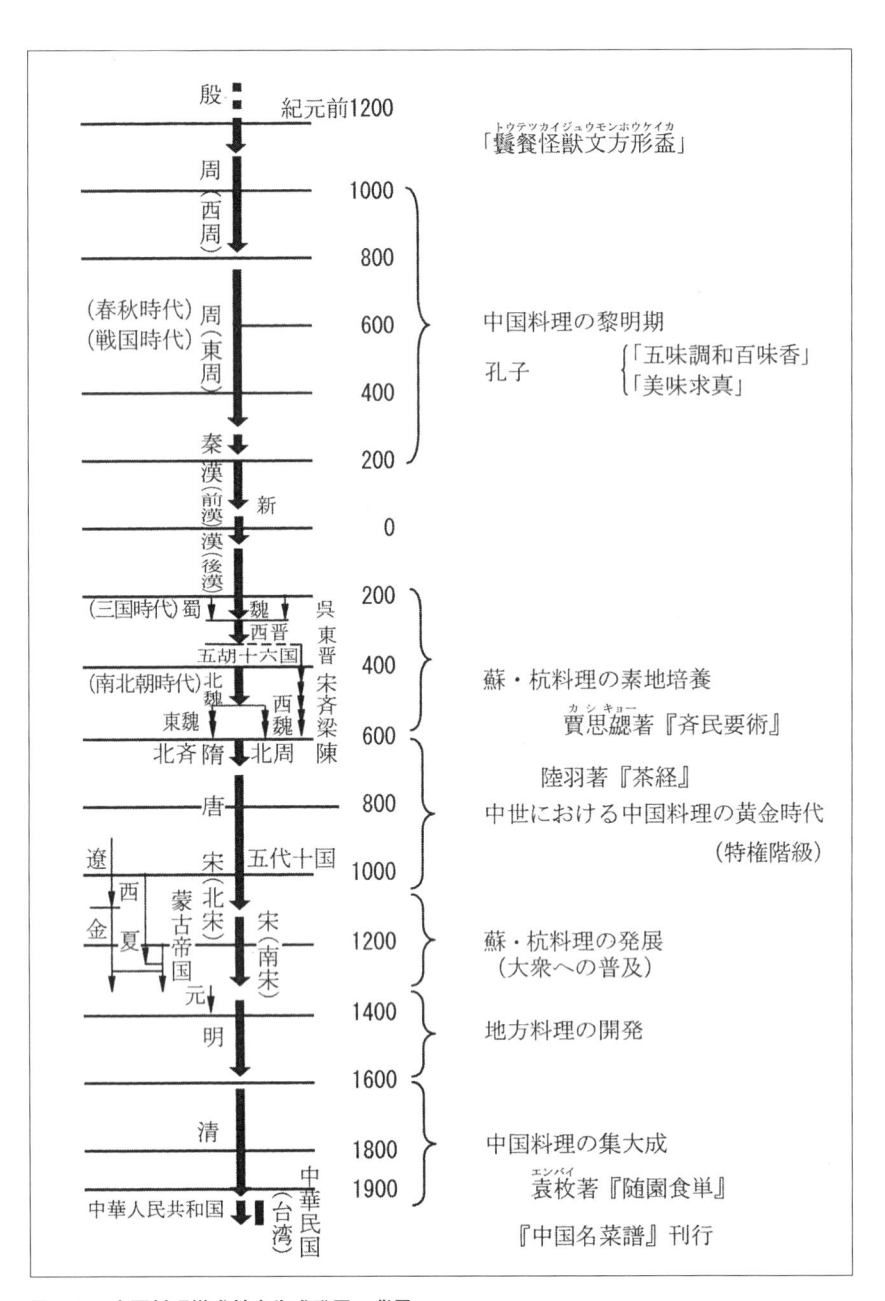

図5-2　中国料理様式献立生成発展の背景

資料）熊倉功夫，川端晶子編著『献立学』P84，建帛社

の多くは、医者によって書かれています。

　ところで、西洋料理とは、どこの国々の料理なのでしょうか。一般には、ヨーロッパ・南北アメリカ・オーストラリアなどの欧米各国料理の総称です。17〜18世紀に、宮廷料理として確立した、フランス料理が中心になります。その他の国々や民族ごとに、特長のある料理が形成されます。西洋料理の発展の歴史を、時代区分によりみていきましょう。

古代ギリシャ・ローマ時代
　西洋料理の源流は、古代ギリシャやローマの宴会料理に遡ります。菜食は肉食に代わり、ヤギのチーズ、油を使う調理、**ガルム**（塩とサバの内臓の発酵液）などによる調味や、多種多彩なソースが創作されます。すでに美食への考え方が、芽生え始めていたのです。しかし、美食や調理についての文献はほとんどなく、紀元前2世紀頃に、アピキウスが記した『アピキウス・古代ローマの料理書』の写本が残されています。**アピキウス**は、世界最初の料理学校を創設しています。豪華な宴会も、手づかみで、寝椅子に寝転びながら食したといいます。このような風習は、古代ローマが崩壊する、4〜5世紀まで続きます。

中世期
　長い暗黒時代の中世は、人間よりも神が中心のキリスト教全盛時代が続きます。この時代の調理技術は、領主や修道院などにより継承されます。

　フランス料理の歴史は、中世後期の最初のグランシェフの**タイユバン**（1326〜95）に始まるとされます。シャルル5世に仕え、『ル・ヴィアンディエ（食物譜）』を残します。この料理書は、15〜17世紀の200年間にわたりロングセラーとなります。煮込み料理、濃厚なスープ、パイ料理が主で、香辛料もかなり使われています。

　Q24で触れたように、13世紀になると、スプーンで音をたてない、食事中は不愉快な話をしない、食べたものを吐きださない、などのテーブ

ルマナーがみられます。しかし、15世紀になっても、宮廷の食事は、手づかみの立食で、ナイフ食はみられません。

ルネサンス期

　15世紀に、ルネッサンス（文芸復興）が興（おこ）ると、料理の世界にも一大転機が訪れます。1533年に、イタリアのフローレンスのメディチ家の**カトリーヌ姫**が、フランスのオルレアン公（後のアンリ2世）に嫁入りします。このときに、シェフ・調理技法・フォーク・ナイフ・ナプキン・食事作法・アジアの香辛料、多数の外来素材が伝えられ、煮込みやパイ料理などが、つぎつぎに創作されます。

　この頃から、フランスの**ガストロノミーの新世紀**が始まります。ガストロとはギリシア語で胃袋、ノミーはネーミア（学問）を意味する言葉です。胃袋の学問とは、美味しいものを楽しく食べる美味学の世界を指します。

　16世紀後期になると、イタリアやスペインで、ナイフやフォークを取り入れる動きがみられます。フォークは、木製から金属に代わり、2股（また）から3股、4股になり、肉が刺しやすくなります。スプーンが、一般化します。しかし、これらのナイフ食が一般に普及するのは、18世紀の後期になってからです。フランス革命（1789～90）の後のことです。

17世紀

　17世紀になると、華麗な**ルイ王朝時代の美味の追究**により、宮廷料理としての調理技術が確立しはじめます。例えば、ベルサイユ宮殿を造営したルイ14世のときに、ベシャメル侯爵は、**ベシャメル・ソース**を創作します。また、王侯や貴族により、数多くのソースが創作されます。フランスの宮廷料理では、ナイフ食が社交的な上流社会に普及し、個人別に盛り付ける様式が確立します。

図5-3　フランスのベリー公ジャン1世の豪華な食卓
"Très Riches Heures du duc de Berry"、リンブルク兄弟、15世紀

18世紀

　グルメで知られるルイ15世や16世の頃には、宴会メニューやテーブルマナーが整備され、多くの料理人が輩出し、多数の料理書が出版され、大宴会が頻繁となります。**フランス料理が集大成された時代**といえます。

　宮廷を中心にして、**オートキュイジーヌ**（高級料理）が出現し、名声を世界に高めます。高度に洗練された料理で、美味の根源を形成します。イギリス・オーストリア・ロシアなど、他の国々の調理技術を吸収し同化して、ヨーロッパ全域に、大きな影響を与えます。

　1789年にフランス革命が起こり、ルイ王朝は崩壊します。そのために、宮廷や貴族のお抱え料理人は、各地に発生した**レストラン**に移り、庶民に親しまれる**フランス料理の黄金時代**を迎えます。レストランとは、西洋料理店とか、飲食店のことです。「レスト」には休息する、元気を回復させるという意味があります。1765年に、パリの飲食店主のブランジェが、羊肉入りのオリジナルスープにレストランと命名したところ、パリっ子の好みに合い大評判となります。この挿話から、美味しい料理のできる飲食店のことを、レストランと呼ぶようになります。このようにして、一部の特権階級に限られていたフランス料理は、解放されて食の世界の民主化が始まります。

　18世紀の半ばに、イギリスでナイフ食が始まるまでは、ヨーロッパでは手食が続いています。テーブルマナーは簡略化し、形式的な拘りよりも、くつろいで食事をする庶民的なものになります。しかし、パンだけは、手で千切って食べる習慣が残ります。また、ナイフやフォークなどは、他人との共通の食具になります。

19世紀

　レストランが隆盛を極め、上流社会の間でより洗練された料理として復活し、19世紀の後半には、美味しい料理を食べる美食の思想（ガストロノミー）に人気が集まり、**本格的なフランス料理が大成**されます。

また、多くのすぐれた料理人や食通が輩出します。**ブリア＝サバラン**（1755〜1826）は、『味覚の生理学』（和名『美味礼讃』）により美味の哲学を提唱します。**アントナン・カレーム**（1784〜1833）は、『19世紀のフランス料理術』をまとめて、近代フランス料理の基礎を築きます。**オーギュスト・エスコフィエ**（1847〜1935）の『料理の指針』は、西洋料理のバイブルとなり、さらに、現代フランス料理の体系化を果たします。そして、フランス料理は、食事を楽しみワインを愛する人々により、世界中に普及し、全盛期を迎えます。

19世紀までの食卓は、行儀の悪いことが当たり前でした。**19世紀になり、ようやく現在のような食法やテーブルマナーが完成**します。

現　代

1970年代になると、こうした古典料理に反発した新しいフランス料理として、**ヌーベル・キュイジーヌ**（新しい料理）の動きが出てきます。古代ローマの王侯や貴族の贅を尽くした料理、究極の美味を追究しつづけた高級料理への反省です。フランス料理の伝統を守りながら、素材の選択、調理の簡素化、経費節減、栄養過剰を再検討する風潮です。料理は、薄味の料理になります。フランス版の「おふくろの味」でしょうか。

サービスは、厨房で盛り付けるロシアンサービスから、同時に運び込む**フレンチサービス**になります。今日では、宴会サービスやセルフサービスのように、サービスの内容も変化しています。**図5-4**に、西洋料理の生成と発展の時代区分を示します。

Q27　日本料理は、どのように発展しましたか？

日本人の食べ物に対する基本的な考え方は、どうなのでしょうか。稲作農耕文化に育まれてきた日本の土壌には、八百万の神々が鎮座すると信じられ、古代から数多くの神々を祭り、豊饒を祈る風習が守られてい

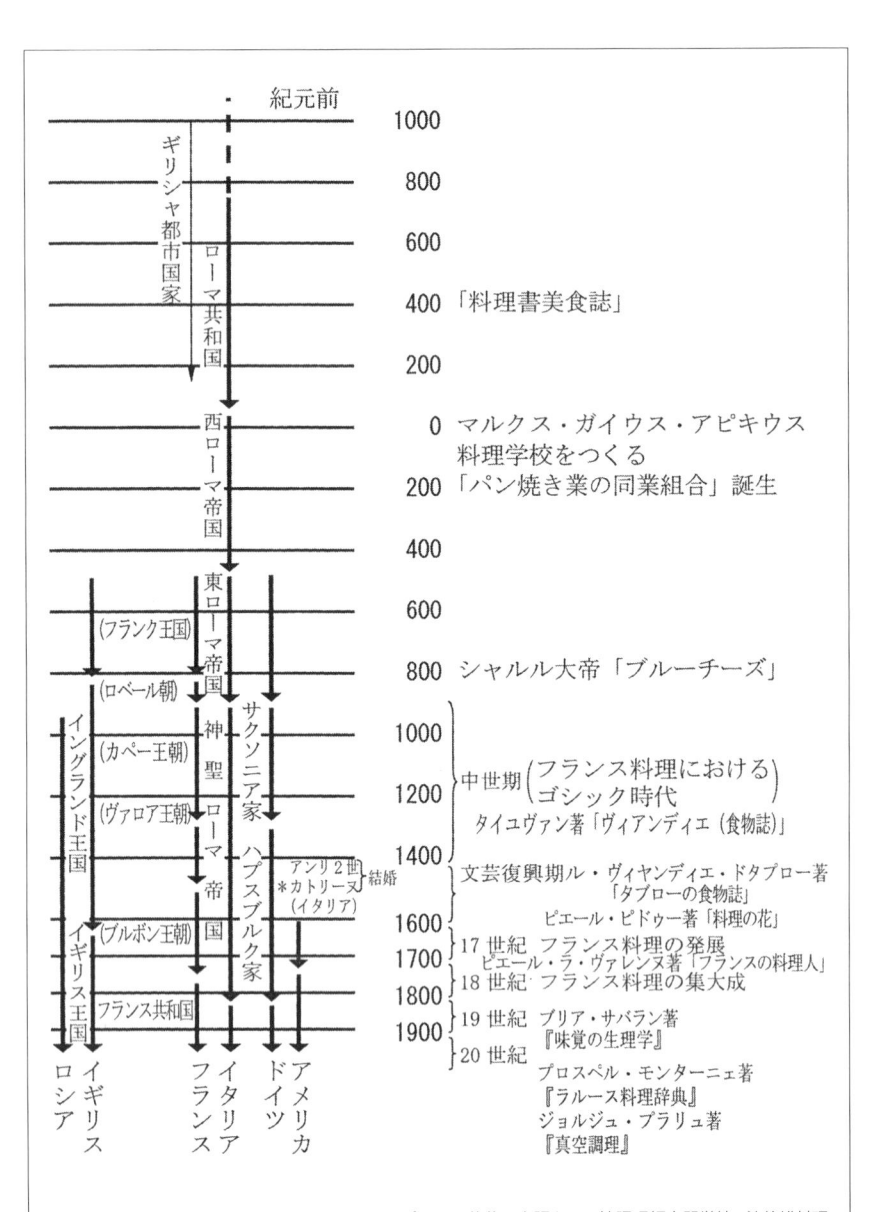

図5-4　西洋料理様式献立生成発展の背景

資料）熊倉功夫，川端晶子編著『献立学』P87，建帛社

ます。日本特有の直会は、これらの神々とともに食べ物を分かち合う儀式の一つです。ここから、**ハレの日の行事食が誕生**します。

　日本人の食に大きく関わった歴史的な大事件は、**殺生禁断令**にあるといえます。欽明天皇の538年に仏教が伝来すると、その戒律と日本人特有の穢れ観を巧みに利用し、1200年間にわたり、獣肉を忌避する食習慣が続きます。そのために、食に対する主体性のない雑食民族となりますが、と同時に、世界中の食を受け入れ同化する**日本型食生活の基盤が形成**されます。

　また、食について人前で語ることは下品とされ、「武士は食わねど高楊子式」の伝統がありました。中国のように、医食同源のような考え方は育っていません。確かに、中国の『本草綱目』の影響を受けると、貝原益軒は、1362種の薬効を説いた『大和本草』（宝永5年〈1708〉）や、和漢の事跡を引用した『養生訓』（正徳3年〈1713〉）を出版します。しかし、飲食・睡眠・性欲などの欲望を抑制し節制することを強調したに止まり、医食同源の思想には言及していません。また、不老長寿を説く道教が、日本に浸透しなかったという背景もあります。節制と滋養が、伝統的観念のキーワードであるとされたのです。食べ物と薬は別物で、殺生禁断令のなかでも、四足獣を薬食いと称して、密かに食べたりしています。滋養という呼び名は、栄養という言葉になります。軍医総監の森林太郎（鷗外）が、このような非科学的な表現を廃して、学術用語として栄養という言葉を提唱しました。明治維新により、長い間の鎖国政策を転換した日本は、富国強兵により近代国家の仲間入りをします。この頃の日本の陸海軍は、原因不明の脚気の克服という最大の栄養学的な難問に立ち向かっています。

　箸・食器・膳などの共有を嫌う穢れ感も、長い間にわたり、日本人の食習慣を支配します。他人との接触を避け、握手や抱擁をしないで、お辞儀を続けます。しかし、国際化の時代を迎えて、日本人の穢れ感は、急速に変貌しています。

　このようにして、日本の食は、長い歴史のなかで、独特の日本料理を

完成させ、中国や欧米の外来食をも受け入れるという、世界でも希（まれ）な日本型の食生活を形成します。詳しくは、第14章「日本の食の生い立ち」で触れることにします。

Q28　中国料理には、どんな特長がありますか？

　まず、中国料理全般の特長についてです。中国は、日本の26倍という広大な国土と豊かな資源に恵まれ、また、4000年という長い歴史のなかで、漢民族を中心に、56の民族で構成される他民族国家です。また、気候風土・民族・習慣・歴史的背景などの地域差が大きく、そのために、多くの独自の料理文化を育（はぐく）んでいます。豪華な宴会料理から、手軽な家庭料理まで、基本的な調理は、1万種類を越えるといわれます。

　中国料理の特長は、①医食同源や薬食一如の思想に基づき、②広大な中国大陸に囲まれ、地域ごとに特色のある料理が多く、③味を楽しむ料理であり、④素材の種類は豊富で、捨てるところがなく、⑤燕窩（イエヌオウ）（海つばめの巣）・魚翅（ユイチー）（ふかのひれ）・海参（ハイシェヌ）（なまこ）・蝦米（シャミ）（干しエビ）などの乾貨（フォ）（乾物）を巧みに利用し、⑥茅台酒（マオタイチュウ）をはじめ、発酵させた食品が多く、⑦古くから高度な調理技術が発達し、丸底鍋（ガヌ）（中華鍋）を用いる油料理が中心で、高温短時間加熱により、料理は油っぽさが感じられず、⑧調理器具や食器の種類が少なく、人数にも融通性があり合理的であり、⑨料理はバランスよく、栄養的・健康的にも優れていて、⑩一つの円卓を囲み、大皿に盛りつけた料理を、各自の好みにより取り分けます。

　つぎに、代表的な料理について、具体的に触れていきます。一般に、中国料理は、流れる大河により4つの系統に大別します。①北部の黄河流域には北京系の料理、②東部の長江（ちょうこう）下流には上海系の料理、③西部の長江上流には四川（しせん）系の料理、④南部の珠江（しゅこう）流域には広東系の料理が発達しています。**北鹹（かん）・東酸（さん）・西辣（ら）・南淡（たん）**と称され、北京は濃い目、上海は酸味、四川は辛味、広東は淡泊な味を好みます。それぞれの料理の特長

について、具体的に話を進めていきます。**図5-5**に、中国料理の系統を示します。

北京料理（北方系）

京菜（チンツァイ）ともいいます。**素朴な山東料理が基本となり、明や清の首都として栄えた北京の伝統ある宮廷料理が混ざり合い、明代から集約された料理**です。清の第6代乾隆帝（けんりゅうてい）は、蘇州料理（そしゅう）を好み、料理人を積極的に招聘（しょう）します。満漢両民族の食文化と、官吏がもたらした地方料理の影響を受けています。中国北部は、**質のよいコムギの産地であり**、コムギ粉で作る包子（パオヅ）・餅（ビン）・饅頭（マヌトウ）・麺（ミエン）などの点心を常食とします。北方民族の好む牛肉・豚肉・羊肉・鴨肉・鯉をよく使います。醤油・塩・味噌・香辛料による濃い目の味付けで、砂糖は余り使いません。寒さが厳しいために、油を多めに使う料理が多いのも特長の一つです。爆（パオ）・炸（ヂャー）・炒（チャオ）などの調理にすぐれています。火力の強い石炭にも恵まれています。アヒルの丸焼きの北京烤鴨（ペイヂンカオヤー）、羊肉のしゃぶしゃぶの涮羊肉（シュワンヤンロウ）があります。

上海料理（東方系）

滬菜（フゥーツァイ）ともいいます。南京・蘇州・上海・杭州などの地域は、古くから文化の開けた長江下流の江浙地方（こうせつ）にあります。日本の気候風土に似ていて四季があり温暖で、米をはじめとする農産物、湖・沼・河・海でとれる豊富な魚介に恵まれ、**魚米之郷**ともいわれます。四季折々の季節料理、エビ・カニ・水禽（すいきん）の海鮮料理など多彩です。上海は国際都市として、ヨーロッパの食文化の影響を受けています。清炒（チチャオ）・清蒸（チンヂョン）・紅焼（ホンシャオ）などの調理にすぐれています。淡泊な味のものもありますが、油・醤油・砂糖による濃い目の味付けです。モクズガニの姿蒸しの**蒸蟹**（チョンシェ）、スッポンの醤油煮の**紅焼甲魚**（ホンシャオデュイ）、豚の角煮の**東坡肉**（トンポーロウ）があります。**招興酒**（シャオチンヂウ）の本場でもあります。

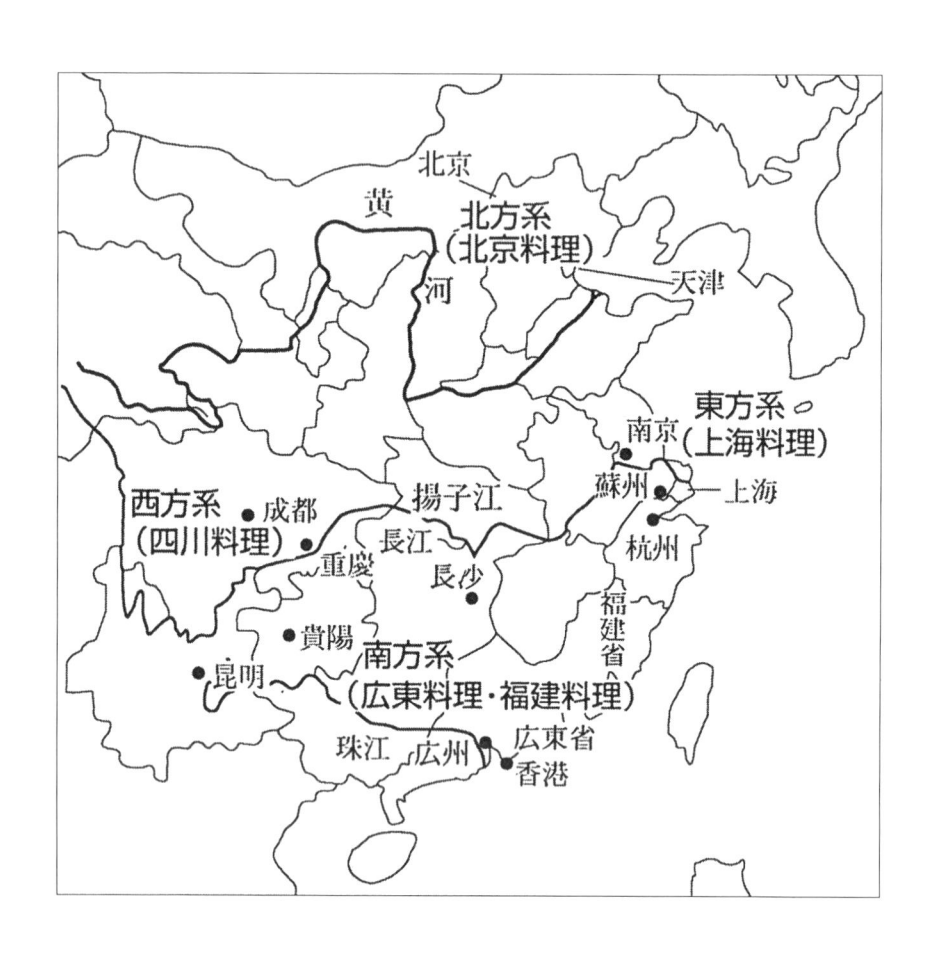

図5-5　中国の4大料理系統の代表的料理

資料）熊倉功夫，川端晶子編著『献立学』P96，建帛社

四川料理（西方系）

　川菜（チュワンツァイ）ともいいます。四川・雲南・貴州の西部地方は、冬の寒さは厳しく、盆地の中は肥沃（ひよく）な土地、山の幸に恵まれています。四川省の成都（せいと）を中心に発達しました。見た目の美しさ、食欲をそそる香味、食べて満足する味から、三位一体（さんみいったい）の料理ともいわれます。海に遠いので川魚や野菜料理が多く、**一菜一格・百菜百味**（いっさいいっかく　ひゃくさいひゃくみ）といわれるほどに、調味料や香辛料の組み合わせは巧みで、変化に富んでいます。ゴマ・ニンニク・ショウガ・ネギ・トウガラシを使い、辛味の効いた料理が多くあります。干焼（ガヌシャオ）・魚香（ユイシアン）・麻辣（マーラー）などの調理にすぐれています。豆とひき肉のトウガラシ味噌炒めの**麻婆豆腐**（マーボードウフ）、四川風屋台そばの**担担麺**（タンタンミエン）、豚肉の細切り辛味炒めの**魚香肉糸**（ユイシャンロウスー）、鶏肉のトウガラシゴマ和えの**棒棒鶏**（バンバンジー）、四川漬けの**搾菜**（チャーツァイ）があります。

広東料理（南方系）

　粤菜（ユエツツァイ）ともいいます。福建料理とともに珠江流域に発達した代表的な南方料理です。国際的によく知られているのは、この地方から華僑（かきょう）が世界中に進出したためです。亜熱帯に属し、農産物や果物が豊富です。海に近く鮮度のよい魚介にも恵まれています。広州（こうしゅう）は、中国南部の重要な地点として、清代に、北京の官吏がすぐれた料理人を伴って赴任し、子孫がそのまま定住しています。**食在広州**（食は広州にあり）とは、世界の料理のなかで、広州ほど食べ物の種類が豊富で、美味なところはないという意味です。蘇州で生まれ、杭州（こうしゅう）で育ち、広州で食べ、柳州（りゅうしゅう）で死にたいという中国の諺（ことわざ）があるほどです。素材や調理法は多種多彩で、薬味や調味料の種類も多彩です。フカヒレの**魚翅**（ユイチー）、ツバメの巣の**燕窩**（イエヌオウ）などの高級素材から、ヘビやイヌの料理まであります。外国との交易が盛んで西洋料理の影響を受け、トマトケチャップ・ソース・牛乳・バター・西洋野菜や、洋風の調理法を取り入れています。調和のとれた淡泊な味付けで、素材の持ち味を引き出し、油は控え目です。日本人好みの調味でもあります。香港とともに飲茶の習慣が盛んで、点心が豊富にあります。

炒・煎・炸・烤（チャオ・ヂェヌ・ヂャー・カオ）などの調理にすぐれています。トマトケチャップを使う咕咾肉（グーラオロウ）、フカヒレの醤油煮の紅焼魚翅（ホンシャオユイチー）、牛肉の炒めものの蠔油牛肉（ハオイウニウロウ）、トウガンの蒸しものの冬瓜盅（トングワチョンシャオマイ）、焼売があります。**表5-1** に、これらの情報を整理しやすいように、中国料理の系統の要約を示します。

その他の料理

　豚肉は食用とせず、羊肉や山羊肉を使う回教徒の**回教料理**（清真菜・チンヂェヌツァイ）、動物性の素材を使わない仏教徒の**精進料理**（素菜・スーツァイ）があります。

Q29　西洋料理には、どんな特長がありますか?

　まず、西洋料理全般の特長についてです。西洋料理には、主食と副食という区別はなく、豊富な素材を巧みに組み合わせ、さまざまな調理法を用いて作られ、料理の種類は多種多彩です。料理は作るだけでなく、食器・盛り付け・テーブルマナーなどの雰囲気作りにまで、細心の注意が払われます。フランス料理が中心となりますが、つぎのQ30で述べるように、国や民族により、多種多彩な食べ物を形成しています。

　共通した西洋料理の特長は、①獣鳥肉（じゅうちょうにく）をバターやラードなどの油脂で調理したり、その加工品が中心で、②肉料理の単調さを補うために、多種多様なソースが発達し、③チーズ・ヨーグルト・牛乳・ワインをよく使い、④**香りを楽しむ料理**であり、多彩な香辛料やハーブを使いこなし、⑤鉄板やオーブンによる間接加熱がほとんどで、直火焼き（じかび）は多くなく、⑥鍋は平底鍋を用い、**ポトフやブイヤベース**などの煮込み料理もあり、⑦食器類は、ほとんどが大小の皿で、肉の脂は固まりやすいので、皿は熱して供され、⑧パン・ケーキ・ワインなどには、宗教的な色彩の強いものも多く、⑨デザート類が発達し、⑩国や民族ごとに、特色のある代表的な料理があります。例えば、フランスの**エスカルゴ**、イギリスの**ローストビーフ**、イタリアの**パスタ**、スウェーデンの魚の燻製（くんせい）、ロシ

表5-1 中国料理系統のまとめ

料理の系統	料理の特長
北京料理 （北方系）	京菜（チンツァイ）ともいう．素朴な山東料理に，明・清の首都として栄えた北京の宮廷料理が混ざり合い，明代に集大成される．とくに，清の第6代乾隆帝（けんりゅうてい）は食通として知られ，料理人を積極的に招聘する．満漢両民族の食文化と，官吏による地方料理の影響を受ける．コメの生産が少なく，コムギの産地で，包子（パオヅ）・餅（ビン）・饅頭（マントウ）・麺（ミエン）などの点心が発達し，めんの故郷でもある．牛肉・豚肉・羊肉・鴨肉・コイを好む．濃い目の味付けで，砂糖はあまり使わない．油を使う爆（パオ）・炸（チャー）・炒（チャオ）などの調理が多い．北京烤餅（ペイチンカオヤー）（ペキンダック），涮羊肉（シュウヤンロウ）（シャブシャブ）がある．
上海料理 （東方系）	滬菜（フゥーツァイ）ともいう．南京（ナンキン）・蘇州・上海・杭州など，長江下流の江南地方は，古くから文化の開けたところ．日本のように四季があり温暖で，コメをはじめとする農産物，湖・沼・河・海でとれる魚介は豊富で，魚米之郷ともいわれる．エビ・カニ・水禽（すいきん）の海鮮料理も多い．国際都市の上海では，欧米の調理技術・調味料なども使われている．油・醤油・砂糖による濃い目の調味が主流をなす．清炒（チンチャオ）・清蒸（チンチン）・紅焼（ホンシャオ）などの調理に優れている．蒸蟹（チョンシエ）（モクズガニの姿蒸し），紅焼甲魚（ホンシャオヂュユイ）（スッポンの醤油煮），東坡肉（トンポーロウ）（豚の角煮）があり，招興酒の本場でもある．
四川料理 （西方系）	川菜（チュワンツァイ）ともいう．長江の中・上流を占め，成都を中心とした四川・雲南・貴州の西部地方は，冬の寒さは厳しいが，盆地は肥沃で山の幸に恵まれる．美しさ・香味・味のよさから，三位一体の料理ともいわれる．川魚・野菜料理が多く，一菜一格・百菜百味と称され，調味は巧みである．ゴマ・ニンニク・ショウガ・ネギ・トウガラシを使い，辛味の効いた料理が多い．干焼（ガヌシャオ）・魚香（ユーシャン）・麻辣（マーラー）などの調理にすぐれている．麻婆豆腐（マーボードウフ）（豆腐とひき肉のトウガラシ味噌炒め），担担麺（タンタンミエン）（四川風屋台そば），棒棒鶏（バンバンジー）（鶏肉のトウガラシゴマ和え）がある．
広東料理 （南方系）	粤菜（ユエツツァイ）ともいう．この地方から華僑が世界中に進出し，よく知られた料理が多い．広東省は，亜熱帯性気候で，農産物や魚介に恵まれる．食在広州といわれるほどに，料理の種類は中国随一である．東南アジアや西洋料理の影響を受けて，トマトケチャップ・ソース・牛乳・バター・西洋野菜なども取り入れている．淡泊な味付けで，油は控え目である．飲茶（ヤムチャ）の習慣により，点心（ティエンシン）が発達する．炒（チャオ）・煎（チェン）・炸（チャー）などの調理にすぐれている．咕咾肉（グーラオロウ）（酢豚），紅焼魚翅（ホンシャオユーチー）（フカヒレの醤油煮），冬瓜盂（トングワチョン）（トウガンの蒸しもの），焼売（シャオマイ）（シューマイ）がある．

アの**ボルシチ**、アメリカのサラダなどです。

Q30　各国料理には、どんな特長がありますか?

　各国料理には、どんな特徴があるのでしょう。話を、具体的に進めていきます。日本では、欧米の料理を一括して、西洋料理と総称しています。しかしながら、例えば、フランス料理とアメリカ料理では、かなり異なります。それぞれの地域の気候風土や歴史・文化により、民族特有の料理が形成されているからです。ここでは、西洋料理のなかでも、日本人になじみの深い国の料理について取り上げます。

アメリカ料理

　多くの料理の本に、アメリカ料理という項目は、あまり見当たりません。なぜでしょうか。アメリカは、広大な土地を有し、農産物や畜産物を多量に産出する多民族国家です。そして、移住者によりヨーロッパの各国料理を継承しています。アメリカ特有の料理の一つに、南部のニューオーリンズに、**クレオール料理**があります。移住した白人が創作したフランス系統の料理です。フランス・スペイン・アフリカ・アメリカ先住民の料理が混ざり合い、いかにもアメリカらしい料理です。

　アメリカ料理の特長は、①**ティーボーンステーキ**や**ワンパウンドステーキ**のような巨大なステーキがあり、②トマトを用いる料理が多く、トマトソース・ドレッシング・カクテル・ジュースと多彩で、③外来のものは、すべてアメリカナイズされて量産し、例えば、ハンバーグステーキ→ハンバーガー、ピッツァ→ピザパイ、折りパイ→練りパイのように、量産可能なタイプに変えてしまい、④大量生産によるパンや**プレミックス**などの新しい加工形態には、アメリカ的な合理性がみられ、⑤**スナック**から**ファストフード**まであり、⑥客にスピーディーに食べ物を運ぶ方式を、**アメリカン・サービス**と称し、ロシアン・サービスと対比さ

れ、⑦農産物や畜産物が豊富で、生産や貯蔵に優れた技術があり、⑧**クラムチャウダー**のような珍品もあります。以上を要約しますと、**美味しさよりも栄養を重視した料理**ともいえます。

イギリス料理

　イギリスには、美味しい料理がないという人もいます。美味しくないという人は、一年中、変化に乏しいから、料理には手間暇（ひま）をかけずに短調だから、塩茹（ゆ）で料理が多いからなど、フランス料理と比較したりします。しかし、イギリス料理を好む人は、**永い伝統があり、素材をよく生かし、健康的である**と指摘します。

　イギリス料理の特長は、①魚料理が豊富で、ニシンやタラの燻製、**フィッシュ・アンド・チップス、スモークド・サーモン**があり、②伝統的な肉料理に、**ローストビーフ、ビーフステーキ、アイリッシュシチュー**があり、③ウスターソースやトマトケチャップがあり、マーマレードも独特で、④紅茶の国として、イングランド北部に伝わる、紅茶を飲む習慣は**ハイ・ティー**と呼ばれ、⑤**ヨークシャープディング、ミートパイ、ウェルシュラビット**があり、⑥**オートミール、サンドイッチ、ジンジャーブレッド**があり、⑦**スコッチウイスキー**の本場でもあります。

イタリア料理

　温暖な気候風土に恵まれ、食べているうちに楽しくなるのがイタリア料理です。**味がよく、食べる雰囲気も庶民的**です。イタリア人は、アモーレ、カンターレ、マンジャーレが大好きで、恋を囁（ささや）き、よく歌い、よく食べます。到る所に食べるところがあります。一流の店のリストランテ、味が評判のトラットリア、立ち食いのタボラカルダ、ピッツァがあるピッツエリア、ビアホールのようなビッツエリア、酒もコーヒーもあるバー、昔風の飯屋のタベルナがあります。1871年に統一国家になったイタリアは、地域ごとに特色のある食文化が形成されます。ボローニア・ベネチア・ナポリ・ローマ・トスカーナなどです。

イタリア料理は、豊富なアンティパスト（前菜）に始まり、プリーモピアット（スープ、パスタ、リゾット）、セコンドピアット（魚・肉料理）、そして、ドルチェ（デザート）で終わります。ボリュームの多いことは天下一品で、パスタ（スープ）で満腹ダウンしないように、時間をかけて、大声で歌い腹を空かせるバイキングスタイルの店もあります。

イタリア料理の基本素材は、ガーリック・オリーブ油・トマト・パスタです。ポモドーロと呼ばれるトマトには、地中海の太陽の恵みを受けた黄金のリンゴという意味があります。トマトは、16世紀に、メキシコやペルーの新大陸から伝えられます。当初は観賞用や薬用でしたが、栽培がイタリアの気候風土に適応して、パスタや、各種料理に欠かせないものとなります。トマトは、粉チーズとも相性がいいのです。パスタは、スープの類いで、スープのなかに入れる**パスタ・インブロード**、煮込んだソースをかける乾いた状態の**パスタ・アシュッタ**があります。後者が、めん好きな日本人の嗜好に合い、日本では一品料理のスパゲッティになりました。

イタリア料理の特長は、①仔牛肉・鶏肉・兎肉・野鳥・イカ・タコ・ムール貝・アサリ・エビなどの素材や、料理の種類が豊富で、②北イタリアには、野鳥・チーズ・魚介や、**リゾット・ポレンタ・**手打ちパスタがあり、バターやクリームなどの乳製品をよく使い、仔牛の骨髄煮込みの**オッソブッコ**は、日本でもよく知られており、中部イタリアには、鶏・羊・仔牛肉の料理があり、南イタリアには、乾燥パスタ・**ピッツァ**があり、トマト・オリーブ油をよく使い、③キャンティ・マルサーラなどのワインは、イタリア料理には不可欠であり、⑤アイスクリームの本場で、美味しい**ジェラート**がたくさんあります。

スカンジナビア料理

スカンジナビア山脈に囲まれた、ノルウェー・スウェーデン・フィンランド・デンマーク・アイスランドの北欧諸国は、夏が短く冬の永い北極圏に近い厳しい自然のなかで、静かな雰囲気の都市が多く、**酪農や水**

産に積極的に取り組んでいます。

　スカンジナビア料理の特長は、①北に行くほど美味しいジャガイモ栽培が盛んで主食の座を占め、②酪農や水産に恵まれ、肉や魚は、塩漬け・マリネ・燻製に加工して貯蔵し、③スウェーデンには、**スモーガスボード**、デンマークには**オープンサンドイッチ**があり、④たんぱく質や脂肪を比較的多量に摂取し、⑤豚の皮をカリカリに焼き細く切った、**クラックリング**という変わった料理もあり、⑥デンマークには、古い伝統のビールがあり、⑦ジャガイモから造る蒸留酒に、**アクアビット**があります。

スペイン料理

　地中海と大西洋に囲まれ、イベリア半島の大半を占め、陽光に輝くスペインの大地は、ピレネー山脈で仕切られ、隣のフランスとは異なる食文化を展開しています。古代ギリシャやローマの影響を受け、中世には、ヴァンダル人・西ゴート人・アラビア人が侵入し、大航海時代のイザベラ女王の頃には、コロンブスが遠洋航海に成功し、世界に君臨する国となります。スペインは、8〜15世紀にかけて、イスラム文化の強い影響を受けています。このような多民族複合国家として、光と影の国といわれるように、**民族ごとに、異なる食生活**が培われています。例えば、内陸のアラブ系の人々は、肉食を主とし、地中海沿岸では魚介を好みます。ユダヤ人・ケルト人・ローマ人・バスク人・西ゴート族も加わり、複雑な食習慣を形成しています。

　スペイン料理の特長は、①ヨーロッパのなかで、全く異なる料理体系を形成し、地域ごとに独特の郷土料理があり、②農産物・畜産物・海産物に恵まれ、③北部は、香りの強い香草類や薬草を好み、濃いめの味付けで、南部は、あっさりした料理が多く、④塩・ガーリック・オリーブ油を用い、複雑な香辛料はあまり使わず、どこかに東洋的な料理の匂いがあり、⑤東西文化が合流した証拠の一つに、中国料理と同じような庖丁やまな板を使い、⑥バスク地方を除き、ソースはあまり用いず、⑦素

焼きの土鍋で煮込む料理が多く、⑧陸の素材として、ジャガイモ・タマネギ・ニンニク・オリーブ油・トマト・アーモンド・赤ピーマン・唐辛子・サフラン・ヒマワリ・レモン・オレンジ・ワイン・シェリー・ブランデーを用い、⑨塩味の効いた固いパンの**ピエドラ**には、石という意味があり、石でも煮ると柔らかくなるという諺があるほどです。

代表的な料理に、ワインビネガーで和えるサラダの**エンサラーダ**、生野菜を擂り潰した冷たいスープの**ガスパチョ**、サフラン入りの炊き込みご飯の**パエリャ**、カタクチイワシのから揚げの**ボケロネス・フリトス**、シラスの天ぷらの**チャンケーテス・フリトス**、魚の煮込みスープの**コシード**、ウナギ稚魚のオーブン焼きの**アングラス**、イカ墨煮の**カラマレス・エン・ス・テインタ**、イカリングフライの**カラマレス・ア・ラ・ロマーナ**、スペイン風オムレツの**トルティーヤ**、赤ワインパンチの**サングリア**があります。

ドイツ料理

山岳地帯が多く厳しい冬の寒さに耐えるドイツには、美味しい料理がないとする説もありますが、**郷土料理風**の親しみを感じます。ビールとも相性がよいようです。

ドイツ料理の特長は、①ジャガイモやライムギをよく利用し、②肉食文化のなかに、人と人との強い結び付きがあり、豚肉は、余すところなく利用し、③保存食として、ハム・ソーセージの加工技術が発達し、④野菜の保存食に、**ザウアークラウト**があり、⑤保存食品を巧みに組み合わせています。

代表的な料理に、キャベツを岩塩で漬け込むザウアークラウト、豚の脛肉の塩漬けをザウアークラウトで煮込む**アイスバイン**、ジャガイモ団子の**クネーデル**、めん料理の**シュペッツレ**があります。

フランス料理

世界に誇るフランス料理の発展については、Q26に記しました。

フランス料理の特長は、①さまざまな素材、優れた調理法を巧みに組み合わせ、地域ごとの珍味や名物料理が多く、②海や山に恵まれ、農産物・畜産物・魚介などの素材が豊富で、③優れた料理人に恵まれ、色彩・形状・盛り付け・調味には、芸術の国に相応しい深みがあり、④豊富な香辛料、ソース・チーズ・芳醇なワインが料理を引き立て、⑤標準的なコース料理は、オードブル・スープ・アントレ（肉料理）・野菜料理・サラダ・ソルベ（シャーベット）・ロティ（蒸し焼き料理）・アントルメ（デザート）・チーズ・果物・コーヒーとなり、⑥旧教国なので、金曜日は魚料理の習慣があり、魚は、魚臭があってあまり好まれないが、カキ・エビ・舌ビラメは格別で、ホタテ貝・ムール貝も好まれ、魚を卸すときには、庖丁でなくて鋏を使い、⑦イタリアのようには、パスタはあまり好まれず、⑧野菜料理を珍重し、アスパラガス・シャンピニオン・インゲンマメ・グリンピース・ニンジン・ダイコン・ジャガイモ・ナス・キュウリ・キャベツ・アーティチョーク・エシャロット・カリフラワー・クレソンを好みます。

ロシア料理

ロシア料理を定義することは難しいようです。帝政ロシア時代の宮廷料理をはじめとして、広大な国土に分布する**さまざまな民族料理の集合体**だからです。

ロシア料理の共通した特長は、①厳しく長い冬の寒さに耐えるために、脂肪の多い濃厚な料理が多く、②バターやチーズを多用し、③身体が温まるシチュー・スープ・煮込み料理が多く、例えば、ウクライナ風シチューの**ボルシチ**、キュウリの酢漬け・肉・白身魚入りで酸味のある**ラソーリニク**、牛肉・タマネギ・キャベツ・トマト入りの**ソリャンカ**、ラトヴィア地方のサワーミルク・オオムギ入りの**スカーバ・プートラ**、ジョージア（グルジア）地方の牛肉・タマネギ・トマト・米入りのシチューの**ハルチョー**など、ボリュームのあるスープが多く、④前菜の食習慣は、ロシアに始まり、多種多様な**ザクースカ**があり、⑤貯蔵可能な酢

漬け・塩漬け・燻製・瓶詰・缶詰を、頻繁に利用し、⑥寒い国らしく、トマト・唐辛子など赤系統の素材を好み、⑦寒さに打ち勝つために、強い酒の**ウォッカ**があります。

代表的な料理に、キャビア・ニシンの塩漬け・魚の燻製・ピクルスや、牛肉・豚肉や羊肉を串焼きにした**シャシリク**、挽き割りのムギと羊肉のアルメニア料理の**カルプート・キュフタ**、中央アジアの馬肉ソーセージの**カジー**、ストロガノフ風煮込み料理の**ビーフストロガノフ**、ロシア風挽肉料理の**ビートキ**、ロシア風粥の**カーシャ**があります。ちなみに、ロシア料理の習慣が西洋料理に影響を与えた例には、銀の大皿に盛り付けた料理をワゴンで客席に運び、サービスする**ロシアン・サービス**があります。

表5-2に、これらの情報を整理しやすいように、各国料理の特長の要約を、**表5-3**に、世界の代表的な料理の一口メモを示します。

Q31　日本料理には、どんな特長がありますか？

日本の食の生い立ちの特長については、Q65にまとめてあります。

日本料理の特長は、①四季折々の新鮮な素材が豊富で、その季節感の持ち味を生かし、初物・走り・旬を生かした料理とも称され、②**割烹**と別称されるように、切り揃え立体的に盛り付けるだけの刺身があり、向こう山に5切れ、前盛りに3切れを盛る五三の盛りにより料理を引き立て、③**目で楽しむ料理**であり、陶磁器や漆器など、食器の種類や選択も大切な要素になり、④新鮮な魚介を生で食べることが多く、⑤丸底鍋を用いた煮物が多く、油料理は比較的少なく、日本料理は油脂欠乏料理といわれ、⑥味付けは塩（味噌・醤油）が基本で、コンブやかつお節のうま味の相乗効果による出汁で、淡泊に仕上げ、⑦主食と副食の区別があり、最近は、主従・副主のように、主客顛倒の傾向もあり、⑧ダイズから作る味噌・醤油・豆腐・油揚げ・湯葉などは、主要なたんぱく源とし

て利用され、⑨味付けに、関東風や関西風などがあり、各地に多彩な郷土料理があり、⑩伝統的な日本料理の料理様式には、本膳料理・精進料理・懐石・会席料理・普茶料理があります。これらの特長については、Q37にまとめてあります。

図5-6　ロシア料理

食卓を彩るさまざまなザクースカ

ソリャンカ

シャシリク

表5-2　各国料理のまとめ

料理名	料理の特長
アメリカ料理	広大な土地に恵まれた多民族国家で，ヨーロッパからの移住者も多い．大量に生産・貯蔵・加工・規格化する技術がある．**ハンバーガー・ピザパイ・トマトジュース・冷凍食品・パン・ドーナツ**がある．ファーストフードは，世界中に発展している．
イギリス料理	素材を生かした素朴な家庭料理が多い．ウスターソースやケチャップを用いる．**ローストビーフ・サーロインステーキ・フィッシュアンドチップス・プディング・パイ料理・サンドイッチ・ウイスキー**がある．イングランド北部には，ハイ・ティーの習慣がある．
イタリア料理	1871年に，統一国家になるまでは，都市国家としての伝統を守り続けたので，各地に特色のある料理が多い．魚介が豊富で，オリーブ油・ニンニク・トマト・チーズを好む．**パスタ料理・リゾット・オッソブッコ・ピッツァ・ジェラート**がある．魚介・めん・コメなどの好みは，日本の食文化に似ている．
スカンジナビア料理	北欧諸国は，厳しい大自然のなかで，酪農や水産に積極的である．肉や魚は，塩漬け・マリネ・燻製（くんせい）にして貯蔵する．**スモーガスボード・オープンサンドイッチ**がある．山海の珍味を並べるバイキング料理創作の祖型の地として知られる．
スペイン料理	民族ごとに異なる食文化を継承している．オリーブ油・ニンニク・トマト・タマネギ・ジャガイモ・赤ピーマンを好む．**パエリャ・イカの墨煮・イカの天ぷら・ガスパチョ**がある．17～18世紀に，日本に，南蛮料理や南蛮菓子を伝える．
ドイツ料理	コムギの生産量が少なく，オオムギ・ライムギ・トウモロコシ・ジャガイモ・タマネギ・キャベツを好む．豚肉は，ハム・ソーセージ・ベーコンに加工する．ビール・ライムギパンの種類が多い．**ザウアークラウト・アイスバイン・ハンバーグ**がある．
フランス料理	素材の持ち味を生かす調理法は巧みで，各地に名物料理がある．**フォアグラ・トリュフ・エスカルゴ**や，多彩なソース・チーズ・ワインが料理を引き立てる．芸術の国に相応しく，色彩・形状・盛り付けは見事で，料理に対する国民の関心度はきわめて高い．
ロシア料理	帝政ロシアの宮廷料理や多彩な民族料理がある．キャベツ・ジャガイモ・タマネギ・ニンジン・オオムギ・トマト・ビートを好む．脂肪が多く濃厚で，乳製品を多用する．**ザクースカ**やロシア式サービスは，西洋料理に影響を与える．**ピロシキ・ボルシチ**がある．

表5-3　世界の代表的な料理の一口メモ

料理名	国名	料理の一口メモ
アンティパスト	イタリア	食事の前という意味. イタリア料理では, パスタはスープの類になるので, その前がアンティパスト（前菜）となる.
伊府麺（イーフーミェン）	中国	水の代わりに, 卵だけでコムギ粉の生地を練り上げためん. 広東省の伊家の創作といわれる. 好みの具材と炒めたり, スープめんにする.
ウインナーシュニッツェル	オーストリア	ウィーン風カツレツ. オーストリアの子牛料理. 子牛肉を薄く叩き延ばし, 塩・胡椒し, コムギ粉・溶き卵, パン粉を付けバターで両面を焼く.
ウェルシュラビット	イギリス	ウェールズ地方のチーズトースト. チェダーチーズを, パンの上にのせて焼くと, 高価なウサギ肉のように美味しい. ウェールズのウサギともいう.
エスカルゴ	フランス	食用カタツムリ. 美食好きの古代ローマ人が賞賛したほどの珍味. ブルゴーニュ・シャンパーニュ地方の冬眠に入る前のものが, 脂があり美味.
オッソブッコ	イタリア	イタリア北部のミラノで創作した子牛肉の煮込み料理. オッソブッコとは, 牛の脛肉（すね）のこと. 骨付き肉を, 白ワインで8時間以上煮込む.
オードブル	フランス	14世紀頃から, 宴会の食事の合間に, 参会者を飽きさせない前菜をだすようになる. 作品外・メニューにない料理という意味がある.
ガスパッチョ	スペイン	南スペインのアンダルシア地方の加熱しない, 冷たい野菜スープ. イスラム語で, ビショビショに濡れ（ぬ）たパンという意味がある.
カフェ・オー・レ	フランス	カフェはコーヒー, オーレは牛乳のこと. 牛乳入りのコーヒー. フランスの朝食は, クロワッサンサンドに, カフェ・オー・レが好まれる.
ガラムマサラ	インド	インド語で, ガラムは辛味, マサラは混ぜたもの. 辛味と芳香性の香辛料を混ぜ合わせたもので, インド料理の万能混合調味料といわれる.
カルボナーラ	イタリア	イタリアのパスタ料理. ベーコン・ハムの千切りをオリーブ油で炒め, スパゲッティを加え, 卵黄をからめたもの. アメリカ兵の創作という.
クスクス	アフリカ	アルジェリア・チュニジア・モロッコなど, 北アフリカの代表的な料理. 荒挽きのコムギ粉を練り, アワ粒ほどの大きさに丸めて蒸したもの.

料理名	国名	料理の一口メモ
クッパップ	韓国	朝鮮半島のスープ飯. 米飯に, 肉・野菜を煮込んだ汁をかける. クッは汁, パップは飯のこと, 汁かけ飯という意味になる.
クレオール料理	アメリカ	アメリカ南部ルイジアナ州のジャズの本場, ニューオーリンズ地方の料理. コメ・トマト・エビ・カニを用い, とろ火で煮込んだ料理が多い.
ザクースカ	ロシア	オードブルの元祖といわれるロシア料理の前菜. 帝政ロシアの時代から, ロシアでは会食の前に賑やかにザクースカを出し, ウォッカを勧めた.
サテー	インドネシア	羊肉の串焼き料理. イスラム教徒は豚肉は食べない. マレーシア・タイ・シンガポールでも好まれている. ソースは多彩で, 強い辛味は共通.
サングリア	スペイン	スペインの代表的な甘い飲み物. 赤ワインに, レモン・オレンジ・パイナップルなどの果汁と砂糖を混ぜ合わせたもの, 血の色に似ている.
スコーン	イギリス	スコットランド地方の伝統的なパン. ソーダーブレッドともいう. アメリカのホットビスケットに似ている. 円形で焼きたてがよい.
スモーガスボード	北欧	北欧3国に発達したスカンジナビアのオードブル料理. スモーガスはバター付きのパン, ボードはテーブルの意味. オープンサンドイッチ.
トムヤンクン	タイ	タイの代表的な辛味・酸味のあるスープ. トムは煮る, ヤムは調味料, クンはエビのこと. 直訳すると, エビ入り辛味煮込みとなる.
トルテ	ドイツ	ドイツのショートケーキ. 果物パイのこと. もともとはスポンジケーキに, ジャム・クリームをサンドしたもの. ザッハ・トルテが有名.
東坡肉 トンポーロウ	中国	杭州の名物料理. 11世紀の宋の詩人・蘇東坡は, 豚肉を弱火にかけて忘れてしまい, その美味に驚き好んで作ったいわれる.
パエリャ	スペイン	スパニッシュライスともいう. スペインのバレンシア地方の炊き込みご飯. 獣肉・魚介・トマト・サフランを加え, ブイヤベースで炊き込む.
ハンバーガー	アメリカ	ハンバーグをイギリス生まれのバンズで挟んだサンドイッチ. 明治37年（1904）に, セントルイス万国博で, 客を30秒以上待たせないものを創作し評判となる.

料理名	国名	料理の一口メモ
ハンガリアン グーラッシュ	ハンガリー	ハンガリー地方の羊飼いが好むシチュー．9世紀頃からの歴史のある，牛バラ肉の煮込み．トマト・パプリカ入りのビーフシチュー．
ビーフストロガノフ	ロシア	牛肉の煮込み料理．19世紀のロマノフ王朝時代に，ストロガノフ侯爵のシェフが創作．牛肉・タマネギ・ニンニク・マッシュルームを炒める．
ビビンパプ	韓国	朝鮮半島の混ぜ飯料理．ビビンは混ぜる，パプは飯のこと．直訳すると，混ぜ飯・五目飯．李朝の宮廷料理として伝えられる．
ピロシキ	ロシア	ロシアの調理パン．パン生地・パイ生地に，牛肉・チョウザメ・カニ・茹で卵・ライス・チーズ・タマネギを包み，揚げたり焼いたりする．
フォアグラ	フランス	フォアは肝臓，グラは肥って脂肪が多いという意味．肥大したガチョウ・アヒル・カモの肝臓をいう．古代ローマの美食料理にもみられる．
プディング	イギリス	発祥には諸説あり定かではない．料理のプディング，菓子のプディングがある．ローストビーフ付け合わせのヨークシャープディングが有名．
ボルシチ	ロシア	ウクライナ地方の煮込みスープ料理．ビートの甘味とサワークリームの酸味の調和に爽快感がある．ボルシチには投げ込むという意味がある．大鍋で長時間煮込む．
リゾット	イタリア	イタリア北部ロンバルディア地方ミラノのコメ料理．生コメをバターで炒め，ブイヨンで煮込み，トマトで調味する．芯が残る程度の粥状．
ロールキャベツ	東欧	ルーマニアなどの東欧を発祥とする説がある．挽肉・コメ・ネギ・香草を，茹でたキャベツで巻いて，トマトピューレで煮込む．
ローストビーフ	イギリス	イギリスの代表的な肉料理．焼き上げるだけの簡単な料理だけに，肉の部位の選択・持ち味を引き出す焼き具合，背脂の使い方など熟練を要す．
雲呑 （ワンタン）	中国	中国料理の点心の一つ．ワンタンは広東語．科挙試験のときに，受験生が元気づけに食べた．縁起・金運・開運に恵まれる食べ物といわれる．

第6章
調理器具と、食器の多様化

Q32 中国の料理法には、どんな特長がありますか？

　中国料理は、もともと、**油料理**ともいわれ、動植物性の油をたっぷり用いる炒め煮が基本です。加熱調理により、油が加熱されたときの揮発成分（ロースト臭）により、料理に好ましい匂いや香りがつきます。ですから、火加減を最も大切にします。素材の風味を生かし、栄養分を損なわないために、中国人特有の数多くの工夫がみられます。

　ちょっと余談になりますが、より理解を深めるために、世界の料理の加熱料理法を、少しばかり比較してみます。日本料理では、煮る・炊く・茹でるという、ゆっくり加熱が得意です。縄文・弥生時代の土器文化の影響を受けています。多量の水を入れて熱を加え、水の温度を上げて調理します。沸騰させても、水は100℃にしかなりません。蒸気を利用するのが蒸しものです。西洋料理では、焼くこと（ベーク）が得意です。ところが、中国料理では、鼎という青銅器文化の影響を受けて、急速加熱の経験が積み重ねられます。鉄器が出現して鉄鍋（中華鍋）が作られ、炒める・揚げるなどの**高温短時間加熱**により、多彩な油料理が可能になりました。

　油の種類にも、さまざまな特長があります。日本料理は、ゴマ・落花生・ダイズなどの淡泊な風味の植物油を好みます。西洋料理は、ラード・ヘッド・バターなどの動物脂を多用します。イタリア・スペイン・ギリシャのように、オリーブ油を用いる地域もあります。中国料理で

は、ゴマ・ダイズ・落花生などの油も用いますが、ラードが主体です。

　また、中国料理では、揚げる前に下味を付けたり、下処理として素材を揚げておく操作があります。また、衣材を用いる場合には、コムギ粉をまぶす、でんぷんを混ぜる、水溶きする、卵・砂糖・牛乳を加える、パン粉をきせるなど、その種類や使い方は多種多彩です。中国料理は、4000年の歳月を経て、炒菜（炒めもの）・炸菜（揚げもの）・焼菜（煮込み）・溜菜（あんかけ）・燴菜（くずひき）など、独特の油料理を形成します。蒸す料理の蒸菜も多用されます。料理の種類は、1万点を越えるといわれます。

　しかし、中国料理で用いる**調理器具の種類は、きわめて少なく合理的**です。中華鍋一つだけでも、ほとんどの加熱調理が可能です。まな板・庖丁・中華鍋・鉄べら・玉杓子・穴杓子・せいろう・のし板・めん棒・寄せ鍋があれば十分といわれます。

　料理法に適した食器が、食卓に展開されます。どこの国の場合も同じです。中国料理では、料理は大皿に盛られ、**食器の種類や数も多くありません**。盛り付ける大皿・円皿・大鉢、一人用の小皿・椀・ちりれんげ・酒壺・箸などです。箸を使いやすいように、素材は、小さく切ったり、薄い細切りに仕上げ、火通りをよくした料理が多いのです。ヨーロッパの国々よりも、1000年も早く鉄鍋が使われています。

Q33　西洋の料理法には、どんな特長がありますか？

　西洋料理では、**オーブンで焼くこと**（ベーク）が、クッキングの基本になります。古代エジプトの頃は、焼けた石にパン生地をのせて、パンを作りました。加熱することが、クッキングと呼ばれます。ですから、西洋料理の基本的な調理法は、素材の火の通し方により、大きく二つの系統に分けられます。①一つは、**液体や蒸気を利用する方法**です。ポシェ（ゆで煮）・ラグー（煮込み）・ブレゼ（蒸し煮）・ポワレ（蒸し焼き）・グラ

ティネ（蒸し焼き）があります。②もう一つは、**油を利用する方法**です。ソテー（炒める）・グリエ（網焼き）・ロティール（ロースト）・フリール（揚げる）があります。

ヨーロッパでは、18世紀末から19世紀の初めにかけて、調理法の革命がつぎつぎと起こります。トースターや料理用の竈（かまど）が導入されて、調理技術は一段と進歩します。

主な調理器具に、鍋・こし器・めん棒・パイ車・へら・チーズ切り・チーズおろし器・フライバスケット・ムール（料理や洋菓子に用いる型）・しぼり出し袋などがあります。鍋やこし器は、調理により使い分けられます。例えば、鍋には、ソテーパン・フライパン・寸胴鍋・ポワソニエールがあり、こし器には、シノワ（中国人労働者の帽子型をした細かい穴式）・パソワ（金網式）・油こし器があります。

食器には、皿・スプーン・フォーク・ナイフ・グラスがあります。皿は、大皿から取り分ける小皿の種類が多く、ディナー皿・ミート皿・デザート皿・パン皿・ベリー皿・フィンガーボール・ソース入れ・スープ皿・スープカップ・サラダボウルがあります。

Q34　日本の料理法には、どんな特長がありますか？

主食としての米飯（穀類）を中心に、これらの素材を、基本的には、塩（味噌・醤油）で調味する料理です。奈良期頃から、中国の食文化の影響を受けます。また、安土桃山期の南蛮船の来航、明治維新後の西欧の影響により、外来食を巧みに取り入れ同化しています。例えば、中国から伝えられた製めん技術から、独自の日本のめん食を築き上げたり、西洋料理の知識から、トンカツ・コロッケ・カレーライスのように、ご飯に適応する**洋食**が数多く創作されます。

このような和洋中華の料理に適応するために、日本料理で用いる**調理器具の種類は、かなり多種多彩**です。例えば、鍋だけでも、片手鍋・両

表6-1 日本，西洋，中国料理の特徴

資料）調理師教科全書編集委員会編『調理理論』P36，全調協施設協会

	日本料理	西洋料理	中国料理
性格	目で楽しんで食べる料理（目の料理）．色・形・容器の芸術性を尊重．	香りを楽しんで食べる料理（鼻の料理）．香辛料（スパイス）と香りの野菜を利用．	味を楽しんで食べる料理（舌の料理）．見かけより味加減を重視．
味つけ	食品のもち味を大切にするため淡泊な味が多い．	比較的濃厚な味つけが多い．	濃厚で複雑な味つけ．
調味料	酒・塩・醬油・砂糖・味噌・コンブ・かつお節の味を利用．	各種ソースの味を重要視する．ワイン・塩も欠かせぬもの．	塩・醬油・酒が主な調味料．ニンニク・ショウガも味に必要なもの．
油脂	植物性油を使用するが比較的少ない．	動物性脂（バター・ヘット）と植物性油の混用．	動物性脂（ラード）と植物性油の混用．
調理法	魚介類の生食が多く，煮物のような湿式加熱も多い．	野菜，果実類は生食が多く，獣肉料理は乾式加熱が多い．	豚，鶏肉および加工，保存，乾燥食品を多く用い，生食は少ない．肉類のあらゆる部分を利用して調理する．片栗粉をよく用いるのは，煮汁に溶け出した栄養素を利用するなどの利点もある．
調理器具	調理法により丸底，平底の鍋を用いる．菜箸を巧みに使い，包丁の種類はたいへん多い．	平底の鍋，フライパンを用いるのが特徴．オーブンの利用も多い．フォーク（調理用）を用いて包丁の種類は比較的少ない．	中華鍋と玉杓子，穴杓子だけで，かなりの料理をこなすことができる．包丁もたいがいは1本の中華包丁で間にあう．
食器	大，小，深，浅，多種多様，陶磁器，ガラス器，漆器と器材の種類も多い．1膳の箸を用いる．いずれも芸術的感覚価値を重んじる．	陶磁器，ガラス製の各種の皿を用い，また数種のフォーク，ナイフ，スプーンを料理により使い分ける．	数人分の料理を一つの大きい皿や鉢に盛り，各自は小皿や椀に取り分ける．皿は丸形，小判型，八角形など種々の形や大きさがあり，陶磁器が多い．1膳の象牙製の箸と料理によりちりれんげを用いる．

手鍋・卵焼き鍋・柳川鍋など数多く、用途により使い分けます。

　主な調理器具には、こし器・蒸し器・ざる・杓子・へらなどがあります。また、料理と食器の調和を大切にし、食器の使い分けは、他の国の料理では類をみないほどです。形状・大きさ・色にまで変化をもたせ、本膳料理・精進料理（**図6-1**）・懐石料理など、料理の系統により使い分けます。竃・釜・土鍋・角皿・小鉢・煮物椀・汁椀・さしみ鉢・大皿・飯茶碗・蒸し茶碗・薬味入れ・ざる・庖丁・真魚板・杉板・青竹・すり鉢・串・箸など、とても書ききれません。

　表6-1に、日本・西洋・中国料理の特長を示します。

図6-1　京都・天龍寺の精進料理

第
7 章
料理様式と献立

Q35　中国料理にみられる料理様式と献立とは？

　中国料理の料理様式は、宴席料理・早飯・飲茶・家常菜の4系統に分かれます。

宴席料理

　宴会料理様式は、王侯・貴族・高級官吏が、お抱え料理人に自慢の料理を作らせ、客に振るまうことから始まります。献立（菜単〈ツァイダヌ〉）の内容は、前菜・大菜〈ダアツァイ〉・点心〈ティエンシン〉から構成されます。一般には、八大八小（八種類の大菜と八種類の前菜や点心）、六大六小（六種類の大菜と六種類の前菜や点心）のように、偶数の皿数を組み合わせます。日本では奇数（七・五・三）を縁起のよい数字としますが、中国では偶数を基本とします。四を忌み嫌う日本、四を数の基本とする中国、興味深い文化の違いがみられます。宴席料理は、筵〈むしろ〉を敷いて飲食したことから、筵席〈イエンシー〉ともいいます。**表7-1**に、一般的な献立構成と内容を示します。

　通常の宴席は、生臭い肉・野菜・酒を出すところから、葷酒席〈フンチュウシー〉とも呼ばれます。さらに、①満漢全席〈マンハンチュエンシー〉、②三畳水席〈サンティエンシュイシー〉、③酒席〈ヂュウシー〉の3段階に分けます。

　満漢全席は、宴席のなかで最も規模の大きいものです。清朝中期の第6代乾隆帝〈けんりゅうてい〉（1711～99）は、満漢両民族の料理の粋を結集し、最高級の宮廷料理を大成します。西太后は、これを好み、三日三晩にわたり食べ

表7-1　中国料理の献立構成と内容

資料）熊倉功夫，川端晶子『献立学』P98，建帛社

構　成	調理法	内　　容
前　菜 （チェンツァイ）	冷　葷 （ロンホワン）	一般には冷たい前菜が多く用いられている．中国の習慣では偶数の品数にすることが多く，簡単な場合でも2種類，ふつうは4種類ぐらいで，大皿に盛り合わせる場合は6～8種類を供する．
	熱　葷 （ルオホワン）	炒め物や揚げ物が多く用いられるが，分量は主要料理より少なく，器も比較的小さいものを用いる．
大　菜 （ダアツァイ）	炒　菜 （チャオツァイ）	炒め物料理．少量の動物性食品と野菜を多く用いるが，動物タンパク質のうま味が野菜に浸透し，経済的，栄養的である．
	炸　菜 （ヂャーツァイ）	揚げ物料理，から揚げ（乾炸），衣揚げ（高麗），素揚げ（清炸）などがある．
	蒸　菜 （ヂョンツァイ）	蒸し物料理，短時間強火で蒸すものと，中火で長時間蒸すものがあるが，形のまま蒸しても形がくずれず，うまみも逃げないのが特徴である．鶏や魚の姿蒸しなどがある．
	溜　菜 （リュウツァイ）	あんかけ料理．酢豚や鯉の甘酢あんかけのようにデンプンでとろみをつけた料理．
	煨　菜 （ウェイツァイ）	煮込み料理．とろ火でゆっくり煮込む料理であるが煮汁の多いものと少ないものがある．
	烤　菜 （カオツァイ）	直火焼き料理．直火焼きは比較的少なく，子豚の丸焼き，鴨の丸焼きなどである．焼豚は烤菜である．
	拌　菜 （バンツァイ）	酢油かけ，あえ物料理．材料は生のまま，または，ゆでたり，炒めて用いる．
	湯　菜 （タンツァイ）	スープ料理．澄んだスープ（清湯 チンタン），濁ったスープ（奶湯 ナイタン），デンプンでとろみをつけたスープ（羹 コン），中身の多いスープ（燴 ホイ）などがある．
	甜　菜 （ティエンツァイ）	甘味料理．口直しに宴会料理の途中または最後に出したりする．通常はデザートとして最後に出される．
点　心 （ティエンシン）	塩味甘味	塩味と甘味のものがある．塩味には，飯，麺，粉を用いた料理があり，軽い食事となる．甘味には，菓子，デザートに用いる乳奶豆腐 ナイなどがある．

続けたといわれます。熊の掌・駱駝の背肉・象の鼻・小豚の丸焼き・豹の胎などの特殊素材、山海の珍味を贅沢に取り揃えています。「一飯万銭・鳴鐘列鼎而食（わずか一回の食事に万金を投じて、鐘の響きとともに一斉に箸を取る）」と、当時の豪華な宴席の様子が伝えられています。

三畳水席の三畳水とは、三段の滝という意味です。満漢全席を小規模にしたもので、朝・昼・夕の一昼夜をかけて食べ続ける宴席です。

酒席は、便席ともいわれ、今日の一般の宴会料理に当たります。ツバメの巣の燕翅席、フカひれの魚翅席、ナマコの海参席など、特別な料理の場合には、その最高の素材の料理名で呼ぶこともあります。客をもてなすココロの演出です。

この他にも、宗教上の理由から豚肉を避け、羊肉を使う回教徒の回教料理の清真菜、動物性素材を用いない仏教徒の精進料理の素菜があります。

宴席料理様式の献立では、①素材の重複を避け、②できるだけ変化をもたせ、③山海の珍味や季節感を盛り込み、④調理法に工夫を凝らし、⑤全体の料理に流れを作り、⑥味付けにより食欲を引き立たせ、⑦客の好みに適応した気配りや配慮をします。

朝食（早飯）

朝食は、屋台や食堂で摂る人が多いようです。中国北部では蒸しパン、南部では粥が多く、豆乳や油条の組み合わせも人気があります。油条は、明ばん・炭酸ソーダー・塩を加えたコムギ粉生地を、一昼夜放置して発酵させ、両手で30センチほどの棒状に引き伸ばし油で揚げたものです。最近は、日本でも見かけるようになりました。揚げたてを齧ったり、豆乳や粥に浮かせます。南宋の高宗の頃に、庶民を弾圧して恨みを買った宰相の樊噲を、油で揚げて地獄責めにして食べてしまう油炸噲という庶民の歴史を秘めています。

飲茶 (ヤムチャ)

　広東や香港で人気のある軽食で、点心(ティエンシン)と中国茶を楽しむ様式です。午前の早点(ザァオティエン)、昼の午点(ウーティエン)、夜の晩点(ワンティエン)があります。点心の発祥にはいくつかの挿話があります。6世紀の頃に、穀物の値段が騰貴(とうき)します。梁の国の昭明太子は、常饌を小食（点心）に替えて飢えを凌(しの)いだといいます。唐の鄭惨夫人(ティサン)は、化粧が大好きで、朝食の時間がないときに、軽い食事をしました。点心には、鹹点心(シェンティエンシン)・甜点心(ティエンティエンシン)の2種類があります。鹹点心は、麺・飯・焼売・餃子(ギャオズ)・包子(パオズ)・餅(ビン)のように甘くないもので、甜点心は、中華菓子のように甘いものをいいます。飲茶の特長は、①親しい仲間と思う存分に談笑でき、②好きなものを好きなだけ自由に選べ、③値段が安くて気軽で、④中国茶の醍醐味(だいごみ)が味わえ、雰囲気が楽しめます。

家常菜 (チャーチャンツァイ)

　日常の家庭料理や総菜のことで、便飯(ビェンファン)ともいいます。宴席料理のような贅沢な素材は用いません。手頃な素材を中華鍋で炒めた1〜3品が一般です。中国北部はコムギ、南部は米を主食とするので、粉食と粒食の大きな違いがあります。北部では包子・餃子・炒麺(チャオミエン)・湯麺(タンミエン)、南部では粥・炒飯(チョウチャオファン)などを主食に、前菜(チェンツァイ)・湯菜(タンツァイ)・炒菜(チャオツァイ)・涼菜(リャンツァイ)などの1〜2品を添えます。

Q36　西洋料理にみられる料理様式と献立とは？

　西洋料理の料理様式は、ブレックファースト・ランチとサパー・ディナー・パーティーの4系統に分かれます。欧米料理らしさが、随所にみられます。

ブレックファースト

　英語で、ブレックファーストとは朝食のことです。ブレックには妨げる、中止する、ファーストには断食という意味があります。直訳しますと、断食明けの最初の食事となります。朝食には2通りあります。①ヨーロッパ人好みの**コンチネンタル（フランス）タイプ**は、カフェオーレ・紅茶・ココア・ロールパン・クロワッサン・ブリオッシュに、バター・ジャムを添える簡素なもので、②アメリカ人やイギリス人好みの**アメリカン（イングリッシュ）タイプ**は、種類や品数が多く、コーヒー・レモンティー・ミルク・ジュース・トースト・オートミール・シリアル・ハム・ベーコン・卵料理・バター・ジャムなど、朝から賑やかです。

ランチとサパー

　英語で、ランチとは、昼食のことです。ランチを正餐とする場合もありますが、プライベートな客を迎える形で、家庭向きの料理様式ともいえます。一般的には、一品料理や定食などで、変化に富んでいます。サパーは、正餐の後の簡単な夜食です。音楽会や観劇などで外出し遅く帰宅したときに、サンドイッチ程度で空腹を癒します。

ディナー

　英語でディナー、フランス語でディネといい、最も格式の高い供応食のことで、一般には正餐とか晩餐と呼んでいます。

　主にフルコースで、オードブル→スープ→魚料理→アントレ→ソルベ→ロティ→野菜料理→アントルメ→果物→コーヒーの順になります。淡泊なものから濃厚なものへ、そして、再び、淡泊なものへと料理が変化します。ディナーの献立は、①オードブル（温製と冷製）は、客に料理の期待感を抱かせ、食欲を促す役目をし、ハム・ソーセージ・コールドミート・フォアグラ・キャビア・カニ・エビ・カキ・カナッペ・カクテルなど多彩であり、②スープには、澄んだコンソメ、とろ味のあるポタージュがあり（フランス料理では、スープ類はポタージュと総称しますが）、③魚

料理は、舌ビラメ・サケ・ニシン・スズキ・タラ・カキ・伊勢エビ・ムール貝を用い、④獣鳥肉料理は、牛肉・仔牛肉・豚肉・鶏肉・羊肉・猟鳥獣肉があり、⑤肉料理の後のソルベは、酒を凍らせた氷酒で（省かれることも多い）、⑥野菜料理には、マメ・茸・葉菜・根菜・花菜・果菜・茎菜があり、⑦アントルメからはデザートコースになり、チーズ・果物・菓子などの甘味が中心です。

　前菜と主菜が終わった後の最後の皿で、デザートのことを、フランス語でデセールというのは、食べた後の皿を取り除くという意味です。アントルメには、料理と料理の間という意味があります。最初は、ローストした肉料理（ロティ）の後に出す料理でしたが、食事の後のデザートの甘い菓子になります。**表7-2** に、ディナーの献立の内容を示します。この他にも、アペリティフ（食前酒）・ディジェスティフ（食後酒）・食事中のワインが欠かせません。

パーティー

　英語でパーティーとは、人の集まりのこと。カクテルパーティー・カフェテリア・ティーパーティー・バイキング・ビュッフェに分けられ、目的により使い別けます。

　パーティーの特長は、①**カクテルパーティー**は、アルコール飲料やソフトドリンクに、簡単な料理程度で大勢で談笑し、出席や退出の時間は自由です。②**カフェテリア**は、セルフサービス式のレストランで、客が自分の好みにより、料理を自由に組み合わせ、食べただけの料金を支払う食事様式です。厳密には供応食とはいえませんが、短時間の食事、人件費の節減ができる料理様式です。③**ティーパーティー**は、コーヒー・紅茶に、クッキー・小型のサンドイッチ・焼き菓子程度を出します。食事とは完全に区別した雰囲気のなかで、私的や公的の多種多様なもてなしに利用できます。④**バイキング**とは、8〜10世紀頃に、ヨーロッパの西海岸に出没した海賊のことです。日本では、昭和32年（1957）に、サンフランシスコのレストランで、北欧の伝統料理のスモーガスボードを

表7-2　西洋料理の献立構成と内容

資料）熊倉功夫，川端晶子『献立学』P101，建帛社

順序	構成	内容	アルコール飲料
1	前菜 Hors d'œuvre（仏） Appetizer	Hors d'œuvreとは番外料理という意味で，食事の初めに供し，食欲を呼び起こす役目をもつ.	シェリー酒または軽い白ワイン
2	スープ Potage（仏） Soup	晩餐には必ず供される．食欲増進の役割を果すが，次に出される料理とよく調和したものを選ぶ.	
3	魚料理 Poisson（仏） Fish	幅広いさまざまな魚料理が供される.	白ワイン
4	アントレ Entrée	肉類の料理．献立のなかで最も豪華な料理が用いられる．数種の野菜を添える.	赤ワイン
5	氷酒 Sorbet（仏） Sherbet	アルコール飲料入りシャーベット．口なおしのために供される.	
6	蒸し焼き料理 Rôti（仏） Roast	主として，鳥類の蒸し焼き料理で野菜をつけ合わせる.	
7	野菜料理 Légume（仏） Vegetable	独立した野菜料理として供されることもあるが，つけ合わせとしてたびたび供されるので，蒸し焼き料理の後には，生野菜がサラダとして供される.	
8*	アントルメ Entremets（仏）	食後の菓子として温菓（プディング，スフレなど），冷菓（ババロア，ゼリーなど），氷菓（シャーベットアイスクリームなど）から一品を供する.	シャンパン
9*	果物 Fruits（仏） Fruits	季節の果物を用いる.	
10*	コーヒー Café（仏） Coffee	コーヒーをデミタス（普通のカップの1/2の大きさ）で供する.	リキュール

＊デザートコースという.

見聞した帝国ホテルの総支配人の犬丸徹三（後に社長）が、客の食べ放題に興味を抱き、帰国後に取り入れてから急速に普及します。沢山の料理を並べておいて、各自気ままに取り分ける料理様式は、忙しい現代人の好みに合い、海外でも、ホテルの朝食などに普及します。セルフサービス・食べ放題・経費節減の三つの利点があります。⑤**ビュッフェ**（立食形式）には、配膳台・食器戸棚という意味があり、壁側の棚に料理を並べ部屋を広くし、夜食を用意しパーティーを楽しむ料理様式でした。セルフサービスによる立食です。もともとは、出席者が各自に料理を持ち寄りました。乗り物の中とか、園遊会などの狭い場所で、出席者の全員が交流を深めながら、好きな食べ物を自由に取れる利点があります。

Q37　日本料理にみられる料理様式と献立とは？

　日本には、宮中の年中行事や貴族の邸宅で行われた大饗料理があり、この流れが後の本膳料理となります。献立の構成により、本膳料理・精進料理・懐石・会席料理が出現します。また、外来の料理様式として、普茶料理・卓袱料理・南蛮料理・西洋料理などが、日本の料理様式に大きな影響を与えます。とくに、西洋料理から派生した和洋折衷料理（洋食）は、今日の私たちの食卓を豊かにしています。

　それぞれの料理様式について、話を進めていくことにします。

神饌

　神饌とは、神前に供える食饌（食べ物）のことです。ふるくは、神人共食による直会の思想に基づき、人間の最高の食べ物を供えました。神に供え感謝してから、神とともに食する習慣で、平安中期の『延喜式』にみられます。水・米・塩・酒・魚・海藻・野菜・果物などがあり、生のままの生饌、調理した熟饌に分かれます。伊勢神宮などでは、今日もなお伝統的な神饌行事が続いています。

図7-1　永久4年（1116）に藤原忠通が行った大饗
資料）熊倉功夫，川端晶子編著『献立学』P18，建帛社

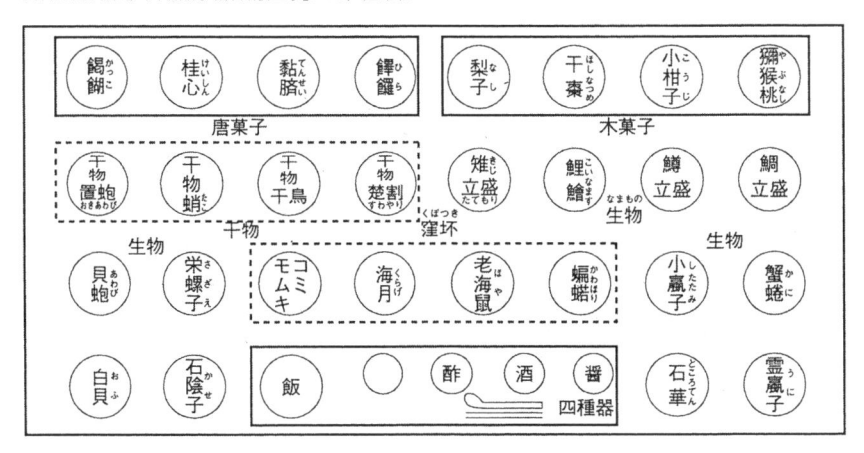

大饗料理

　奈良期に、貴族の饗応料理として、中国の唐の様式を取り入れ発展したものです。朝鮮半島の影響を強く受けているといわれます。平安後期の『類聚雑要抄（るいじゅうざつようしょう）』に、永久4年（えいきゅう）（1116）に、藤原忠通（ふじわらのただみち）が大臣に昇格したときの儀式料理があります。**図7-1**は、その大饗の献立です。台盤の28種類の料理に、箸と匙が添えられます。後に、台盤も匙もなくなり、献立の内容も、唐様から和様に変化したとされます。

本膳料理

　日本料理の正式な膳立て、献立の基本です。日本料理の供応食は、平安期の宮中料理に始まり、鎌倉から室町期には武家風となり、江戸期に本膳料理が確立します。すなわち、武家の礼法により室町期の将軍家では、七五三膳や五五三膳などの複雑な饗の膳様式がありました。これらの様式から、江戸期の饗膳（きょうぜん）の様式が完成します。典型的な例は、勅使参向の饗膳にみられます。1カ月以上も前から準備に追われるほど、格調の高い饗膳でした。汁と菜の数により、一汁三菜・一汁五菜・二汁五菜・二汁七菜・三汁五菜などに分けられます。

江戸の後期には、この武家の本膳料理から、庶民の間にも、冠婚葬祭などの生活に則した儀礼膳が流行し始めます。その習慣は、明治期まで続き、大正期頃から、欧風化の風潮に押されて衰微します。第2次世界大戦後は、寺院や旧家などにわずかに残る料理様式となります。

精進料理

　精進とは、美食を戒め素食を常とし、悪行を去り善行を修めることです。肉・魚介は用いずに、穀物・野菜・海藻だけの料理で精進入りをします。一汁三菜・一汁五菜・二汁五菜など、それぞれに厳しい掟があります。仏事に臨んで心身を精進させるために、美食を避けた様式です。

　鎌倉前期（12世紀頃）に、臨済宗の開祖・栄西、曹洞宗の開祖・道元は、宋から禅宗とともに、禅林風料理を伝えます。永平寺の精進料理は、今日もなお格調高い伝統が守られています。各地の寺院を中心に、さまざまな精進料理が伝えられます。例えば、曹洞宗の道元が開いた福井の永平寺の精進料理、隠元の開いた宇治の万福寺の黄檗料理、空海の開いた高野山の精進料理、長崎の普茶料理などです。

　精進料理の特長は、①生臭いものは用いずに、豆腐・湯葉・生麩などを多用し、②自然の味を活かし、③手間隙かけて作り、五味（甘・酸・辛・鹹・苦）、五色（赤・緑・黄・白・黒）、五法（生・煮・揚・焼・蒸）が守られます。山に囲まれ素材が潤沢でなく寺院の多い京都では、好都合の料理様式となります。大いに普及して、独特の京料理を発展させます。近世になると、寺院の料理は家庭料理の基盤となり、一汁一菜の献立様式ができあがります。和え物・精進揚げ・豆腐・湯葉・麩・漬物などが家庭料理に浸透します。

懐　石

　茶懐石ともいいます。禅僧が、厳しい修行中の寒さと飢えを凌ぐために、懐に温めた石（温石）を入れたところから、茶席に出す軽い料理を懐石と呼ぶようになります。鎌倉初期に、宋より帰朝した臨済宗の栄西

は、中国の茶種と製茶技術を伝え、茶を喫する風習が生まれます。珠光により始められた茶の湯は、安土桃山期に、千利休により完成されます。この茶の湯に伴い懐石が創作され、江戸期には、茶道の隆盛により大いに発展します。

　茶の湯の世界では、懐石と呼び、懐石料理とはいいません。後に、料理茶屋で、懐石料理が出現します。精進料理と異なる点は、動物性の素材も用いることです。茶席では、心を込めて客をもてなし、素材の持ち味を活かし、季節感を大切にします。料理の器・盛り付け・料理の順序・食べる作法など、すべて決められ、格調が高いものです。基本的な献立は、飯・汁・向付・煮物・焼き物の一汁三菜が基本で、強肴・箸洗い・八寸が付くこともあります。

会席料理

　大勢の人が会合する茶や俳諧の席を会席といい、その席に出す料理のことです。室町期に、武家社会の式正（正しい儀式）の本膳料理を簡略化し、酒宴の席に供する料理を、会席とか、会席料理と呼ぶようになります。江戸前期には、式正料理の本膳の料理様式にならい、膳は三つとされます。味覚中心の献立に移り変わり、中期には、二つの膳になり普及します。基本的な献立は、飯・汁・膾・附合・平皿・大猪口・茶碗です。

　中期の天保年間（1830〜44）頃になると、料理茶屋が台頭し、料理屋の会席料理が目立つようになります。京都や大阪を中心に、日本料理の味の伝統を守る動きと、料理の数を増やした酒宴向きの料理に分かれていきます。最も一般的な様式として完成します。**表7-3**に、これらの情報を整理しやすいように、日本料理様式の特長の要約を示します。

　日本料理は、以上のような様式の展開とともに、普茶料理・卓袱料理・南蛮料理・和洋折衷料理など、さまざまな外来の料理様式の影響を強く受けています。

表7-3　日本料理様式のまとめ

料理名	いつ頃	特長
神饌（しんせん）	ふるくは，神人共食による直会（なおらい）の思想に基づく．平安中期の『延喜式』（927）にみられる．	**神前に供える食饌（食べ物）のこと**．水・米・塩・酒・魚・海藻・野菜・果物など，人間の最上の食べ物を供える．生のままの生饌と調理した熟饌がある．伊勢神宮などでは，今日もなお伝統的な神饌行事が続いている．
大饗（だいきょう）料理	**奈良期に，貴族の饗応料理として，中国（唐）の様式を取り入れたものが発展する**．朝鮮半島の影響を強く受けている．	平安後期の『類聚雑要抄（るいじゅうざつようしょう）』に，永久4年（1116）の藤原忠通の大饗の献立が残る．大臣に昇格した祝いの儀式料理である．台盤の28種類の料理に，箸と匙が添えられる．後に，台盤も匙もなくなり，献立の内容も，唐様から和様に変化したとされる．
本膳料理	江戸期に確立する．饗膳（きょうぜん）や式正料理（しきしょうりょうり）が，鎌倉・室町期の武家政治のなかで完成されたものとされる．	**日本独特の献立様式である．何汁何菜の構造が初めて定着する**．日本料理の供応食は，平安期の宮中料理に始まり，鎌倉・室町期に武家風となり，**江戸期に本膳料理が確立する**．勅使参向の饗膳に，典型的なものがみられる．幕末になると，庶民の冠婚葬祭にも，儀礼膳として流行し始める．戦後の洋風化により衰退する．婚礼の三三九度は，その名残りである．
精進料理	平安・鎌倉期に，禅宗の僧侶が，中国から伝えた僧院風料理から，精進料理ができあがる．	厳しい仏門の掟（おきて）にしたがい**魚介や肉を避けて**，穀物・野菜・海藻だけの料理で精進入りをする．鎌倉前期に，曹洞宗の道元禅師は，『典座教訓（てんぞきょうくん）』『赴粥飯法（ふしゅくはんぽう）』により，食事の厳しい規範を設ける．**五法・五味・五色を重視**する．
懐石	安土桃山期の『南方録』（文禄（ぶんろく）2年〈1593〉）が，懐石の初見とされる．	**茶の湯に出される食事のこと**．禅寺の僧侶が厳しい修行中の寒さと飢えを凌（しの）ぐために，懐（ふところ）に温めた石を入れていたことからの呼び名．後に，料理茶屋では，懐石料理と呼んでいる．
会席料理	江戸前期の寛永（かんえい）6年（1629）に，俳人の山本西武（さいむ）が始めたものといわれる．	**俳諧・連歌（はいかいれんが）の席に出す，酒宴を伴う料理のこと**．幾人かの人が会合する席を会席という．江戸前期の延宝年間（えんぽうねんかん）（1673～81）頃になると，俳席と茶席が混同されて，会席で通用するようになる．その結果，贅沢（ぜいたく）な宴会料理となる．この会席料理は，**後の日本料理の主流**となり，重詰めにした**幕の内弁当**が創作される．

普茶料理

　普茶とは、黄檗宗の寺院で法要や行事を終えた後に、広く大衆（修行僧）に茶を供することです。点茶による意見交換の場を提供しました。このような料理様式は、これまでの日本には全く見られず、その後の日本料理に大きな影響を与えました。

　江戸前期の承応3年（1654）に、中国より来朝した隠元禅師は、宇治に異国情緒豊かな黄檗山万福寺を創建し、黄檗料理と称する中国風の精進料理を創作します。普茶料理の始まりです。長崎の禅寺に始まり、宇治の万福寺を中心に発展します。

　長崎の卓袱料理では、魚が素材の中心になりますが、普茶料理では、季節の野菜を取り入れます。油や葛をよく用い、料理の名はすべて中国語です。四人で一卓を囲み、大皿に盛られた料理を、各人が小皿に自由に取り分けます。

　普茶料理の代表的なものに、澄汁（つゆもの）・味噌煮（味噌汁）・雲片（野菜を油炒めして葛を引いたもの）・油滋（精進揚げ）・笋羹（春は筍、秋はマツタケを主にした野菜の煮物）・羹杯（ひたしもの）・麻腐（胡麻豆腐）・醼菜（漬物）があります。図7-2に、普茶料理を示します。

卓袱料理

　卓袱とは、食卓に掛ける布のことで、長崎生まれの和風の中国料理のことです。これまでの銘々膳仕立ての日本料理にはみられない、主人と客が一つの食卓を囲み、互いに団欒しながら、同じ皿のものを食べる新しい料理様式です。

　江戸前期の元禄2年（1689）に、長崎市外十善寺村の唐人屋敷から誕生します。家庭に取り入れられた唐風の料理、唐人屋敷の中国料理の二つの流れが基盤になり、大菜九種小菜一六種などの様式ができます。中期の享保頃に大坂（大阪）、後期に江戸へと伝わりますが、料理としては、あまり受け入れられませんでした。しかし、日本の食文化に与えた影響は大きいといわれます。例えば、①長崎天ぷらから、日本料理の天

図7-2　普茶料理
資料)『普茶料理抄』明和5年(1768)

ぷらが大成し、②一つの鍋を囲んで大勢で箸を入れる新しい料理様式（直箸）が、後のすき焼きなどの鍋料理に定着し、③関西では、食卓のことを卓袱台と呼び、④今日の食卓を囲む食事様式ができあがり、⑤めん料理に、しっぽくができます。

　卓袱料理には、お鰭（タイの鰭の吸い物）・タイと伊勢エビの刺身・アラの湯引き・ハモの湯引き・豚の角煮・エビの天ぷら（長崎天ぷら）・ヒカド・ゴーレン・紅さし（小魚）の南蛮漬け・サワラの照り焼き・けんちん巻き・カリフラワーの甘酢・かまぼこ仕立ての海苔巻き・黄味酢・茶碗蒸し・ホウレン草の湯引き・お多福豆の甘煮・梅椀（汁粉）などがあります。これらの料理を、6〜10人で取り分けながら談笑します。今日の中国料理の雰囲気に似ています。**図7-3**に卓袱式略図を示します。

図7-3　卓袱式略図
資料)醍醐山人『料理早指南』文政5年(1822)

南蛮料理

　天文12年 (1543) に、ポルトガル船が種子島に漂着します。その後
は、フランシスコ＝ザビエルなどが布教のために、つぎつぎに来航しま
す。そして、南蛮文化・南蛮料理・南蛮菓子が伝えられます。また、カ
ボチャ・ジャガイモ・トウモロコシ・西瓜・唐辛子が伝えらえます。こ
の頃の日本人は、仏教の殺生禁断令により、獣肉や卵を食べず、油脂
は、ほとんど使わない調理法でした。ところが、南蛮料理は、獣肉・
卵・油脂・砂糖を多用します。まさに、驚天動地の経験をします。江戸
期の鎖国により、再び、海外との交流が閉ざされますが、南蛮船は、日
本の食文化に、きわめて大きな影響を与えます。天ぷら・カステラ・ヒ
リョウス・コンペイトウ・ボウロ・パン・ビスケット・カルメルなどが
伝えられます。

西洋料理

　19世紀に、オランダとの交易が続いた長崎は、西洋料理の発祥の地となります。江戸中期の文化10年（1813）に、長崎のオランダ語通詞・本木左衛門が、初めてフランス料理を食べたとする説があります。安政4年（1857）頃から、長崎に、先得楼・迎陽亭・吉田屋などの西洋料理店ができます（**図7-5**）。

　明治維新になり、肉食が解禁となると幾多の障害を乗り越えて、日本の食文化は洋風化の一途を辿ります。すなわち、今までの和風料理は、外来食の大きな影響を受け、新しく和洋折衷料理が誕生します。なかでも、日本人が創作した洋食は、粘りのあるジャポニカ種のご飯に、よく適合した料理となります。明治から大正期にかけて、これらの外来食を積極的に吸収し同化し、さらに、昭和から平成にかけては、世界の民族料理を含めた折衷料理も到来しています。**表7-4**に、これらの情報を整理しやすいように、日本料理に影響を与えた外来の料理様式の要約を示します。

図7-5　長崎のグラバー園内に建つ「西洋料理発祥の碑」

表7-4　日本料理に影響を与えた外来の料理様式のまとめ

料理名	いつ頃	特長
普茶料理	江戸前期の承応3年(1654)に帰朝した隠元禅師は，宇治に黄檗山万福寺を創建し，黄檗料理を伝える．普茶料理の始まり．	精進の卓袱料理のこと．普茶とは，黄檗宗の寺院で，法要・行事のことで，普く茶を振る舞うこと．その後で，軽い食事を供した．季節の野菜を取り入れ，多量の油と葛を用いた中国風の精進料理．料理名は中国語で，二汁六菜が基本で，4名で卓を囲み大皿から取り分ける．
卓袱料理	江戸前期の元禄2年(1689)に，長崎市外十善寺村の唐人屋敷で誕生する．	卓袱とは，中国で食卓の覆いのこと．転じて，食卓(卓袱台)のこと．主人と客が，一つ食卓で団欒しながら，同じ皿のものを取り分ける．獣鳥肉や魚も自由に用いる．
南蛮料理	16世紀に，ポルトガル・スペイン・オランダ船が来航してもたらした料理．後に，天ぷらができる．	日本人が，初めて，異質の西洋料理に触れて，食文化に一大転機をもたらす．獣鳥肉を油で炒めたり，ネギ・トウガラシを加える調味法にびっくりする．大草流が武家料理を独占すると，南蛮料理の大きな影響を受ける．
西洋料理	19世紀になり，オランダとの交易が続いた長崎は，西洋料理発祥の地となる．	江戸中期の文化10年（1813）に，長崎のオランダ語通詞だった本木左衛門が，初めてフランス料理を食べたとする説がある．安政4年（1857）頃から，長崎に，先得楼・迎陽亭・吉田屋などの西洋料理店ができる．明治維新になり，肉食が解禁になると，幾多の障害を乗り越えて，日本の食文化は洋風化の一途を辿る．数多くの洋食が誕生する．

第**8**章
エスニック料理

Q38　最近はやりのエスニック料理って何?

　エスニック料理という呼び名は、昭和40年代(1965〜)頃から、アメリカのニューヨーク辺りで使われました。日本では、1980年代の後半から、東南アジア・中南米・アフリカなどの料理店が急増し始め、エスニック料理ブームと称する、食のファッション化がはじまります。エスニックには、人種とか、民族という意味があります。民族学はエスノロジーとなります。また、言葉の響きからは、エキゾチックとか、珍しいとか、少し変わったという意味が含まれます。世界のすべての民族料理が対象になりますが、特定の民族や国の料理をさす場合が多いようです。一般には、第2次世界大戦終結後に独立したアジア・中近東・中南米・アフリカなど、第3世界の料理が対象となります。国別では、韓国・台湾・ベトナム・カンボジア・フィリピン・タイ・インドネシア・インド・アフガニスタン・イラン・トルコ・メキシコ・ジャマイカ・キューバ・ブラジル・ペルー・エジプト・チュニジア・モロッコ・ガーナなどの地域の料理をいいます。

Q39　エスニック料理の特長は、どんなところに?

エスニック料理の対象は千差万別で、一言でいえば、他民族料理とい

えます。少数派の民族が国境を越えたときに、移民により出現する料理です。さらに、その少数派民族の食文化に、住民が関心を抱いたときに、外食店の料理として成立します。

　料理の特長は、国や民族により多種多様です。一般的には、①唐辛子の調味による辛味が多く、②東南アジアでは、魚醤をよく用い、③焼いたり、炒めたり、揚げたり、煮込んだりする料理が多く、④動物性脂肪が比較的少なく、⑤香辛料やハーブが多用されます。

　ところで、アメリカのような多民族国家では、エスニックらしさとか、エキゾチズムの感覚は、日本とはかなり異なります。アメリカに住む異民族には、エスニックとは、故郷の味そのものだからです。アメリカでは、移民相手の料理ともいえます。ですから、日本料理も、アメリカではエスニックになります。日本のエスニック料理は、食を楽しむことから始まりました。その理由として、①食の国際化、②気軽な海外旅行、③第３世界への関心の高まり、④新しい味の発見、などがあげられます。

Q40　主なエスニック料理には、どんなものが?

　日本で人気のある韓国・台湾・ベトナム・フィリピン・タイ・インドネシア・インド・トルコ・メキシコ・ブラジル・エジプトの料理を取り上げます。

韓国料理

　朝鮮半島には、**中国や日本と異なる伝統的な食文化**があります。4世紀の頃に、大陸より仏教が伝来し、肉食禁止の布教が始まりますが徹底せず、13世紀に、モンゴル文化の影響を受けて、牧畜や肉食が盛んになります。一方、穀菜食として、味噌・醤油・キムチ・香辛料の嗜好が定着します。15世紀に、李朝時代を迎えると、**多彩な肉料理**が普及します。

料理の特長は、①みた目の美しさよりも、味や健康主体の料理で、②数多くの料理が並べられ、③薬味や調味料の薬念（ヤンニョム）をはじめとして、薬飯・薬果のように、薬の字の付いた食べ物が多く（薬食同源の思想）、④独特の肉食文化により、焼き肉の他に、湯（スープ）・鍋物・蒸し物・水煮などの肉料理なども多彩で、⑤牛油やゴマ油を多用し、⑥キムチをはじめ、冬の保存食としての漬物を大切にし、⑦肉の臭みを消す香辛料に、唐辛子・ニンニク・ショウガ・ネギ・コショウがあり、⑧北部ではジャガイモ・トウモロコシ・粟、南部ではコメやムギが主体となり、⑨調味料に、醤油のカンジャン、味噌のテンジャン、唐辛子味噌のコチュジャンがあり、⑩野菜を多用します。

代表的な料理に、混ぜご飯の**ビビンパプ**、鶏肉スープの**サンゲタン**、冷麺の**ネンミョン**、スープ飯の**クッパップ**、鍋料理の**チゲ**、生牛肉料理の**ユッケ**がありますが、私たち日本人に最も親しまれるものに、**朝鮮焼き**（焼き肉）や**キムチ**があります。

台湾料理

台湾には、中国全土の代表的な料理があり、食通には魅力の国といわれます。香港やシンガポールと同じように、世界各地の料理も満喫できます。もともとの郷土料理は、**小皿に盛った台湾料理**です。

台湾料理の特長は、①スープ料理が美味しく、②露店の具の入らない陽春麺（ヤンツウミエン）にも足が止まり、③米や米粉（ビーフン）の料理が多く、④肉料理や内臓料理が美味しく、⑤熱帯産の果物が豊富で、⑥暑い国の料理らしく脂を多用します。

代表的な料理に、台南風椀子そばの**台南担仔麺**、焼きビーフンの炒米粉、魚のすり身入りスープの魚丸湯（ビーワンタン）、スッポン料理があります。

ベトナム料理

ベトナムは、年間平均気温約26℃の熱帯モンスーン地域に属し、中国や東南アジアの国々との接点にあります。**中国やフランスの影響を受**

けながら、**伝統的な食文化を形成**しています。

　ベトナム料理の特長は、①中国料理ほど油を使わず、タイ料理ほど辛くなく、フランス料理の洗練された調味が加わり、②さらに、広東料理の影響を受けていて、③美食の国フランスのパリでも人気があり、④アジ・サバ・イワシの塩漬けを発酵させた調味料のニョクマム（魚醬）は不可欠で、⑤魚介や野菜が豊富で、⑥香菜（シャンツァイ）が好きで、⑥米飯を主食とし、⑦大皿や大鉢に盛り付けます。

　代表的な料理に、酸味の効いた野菜スープの**カインチェア**、豚肉・カニ・エビ・ネギ・ニンジンを米粉の皮で巻いた揚げ春巻の**チャーゾー**、ベトナム風お好み焼きの**バインセオ**、牛肉や鶏肉入り米粉うどんの**フォー**、エビのすり身をサトウキビで巻いて焼いた**チャオトム**、魚の塩辛の**ゴイ**があります。**ルアモイ**は、ベトナム独特の蒸留酒です。

フィリピン料理

　フィリピンは、大小7000以上の島々からなる多島国家で、さまざまな人種が定住しています。宮廷料理や郷土料理は、育っていません。

　フィリピン料理の特長は、①**スペイン料理の影響**を受けて、油で炒める加熱調理法が盛んで、②さらに、**華僑の中国料理の影響**を受け、③米・魚・野菜を主素材とし、肉・油脂や香辛料を取り入れ、④魚介が豊富です。

　代表的な料理に、タイのから揚げ甘酢あんかけの**エスカピチ**、カニの詰め物揚げの**レリアノン・アリマンゴ**があります。

タイ料理

　タイの気候は、年間の平均気温は約29℃で、雨季と乾季があります。住民のほとんどは、仏教徒で占められています。バンコクには、スコタイ王朝に始まる宮廷料理があり、東北部にはモチ米を主食とする**イーサン料理**があります。タイ料理は、**中国料理の影響を受けながら、唐辛子のような香辛料を多く用います**。辛味の調味は、熱帯地方の素材を

美味しくしています。屋台の食事が盛んで、庶民の憩いの場になります。

　タイ料理の特長は、①カレー料理が多く、②ココナッツミルク、魚醬のナンプラー、蝦醬のカピ、ヤシの砂糖のパームシュガーをよく用い、③調味料や香辛料を搗り潰し、煮たり炒めたりする調理が多く、シナモン・コリアンダー・バジリコ・ライムを多用し、④辛味・酸味・甘味の効いた奥深い複雑な味に仕上げ、⑤中華鍋を使うのも特長の一つです。タイ料理の呼び名は、中国料理に似ています。例えば、人の名前のような**トム・ヤム・クン**は、トムは茹でる・煮るの加熱調理法、ヤムは調味料や香辛料を混ぜる操作、クンは素材のエビで、直訳すると、エビ入り辛味の煮込み（スープ）となります。料理名により、素材・調味・調理法が分かります。ちなみに、カオはご飯、パットは炒めるという意味です。

　代表的な料理に、牛肉とヤムサラダの**ヤム・ヌア**、焼き飯の**カオ・パット**、焼きそばの**バッタイ**、鶏肉入りカレーの**ゲーン・キョワン**があります。

インドネシア料理

　インドネシアは、大小1万3000以上の島々からなり、**料理は地域により、かなり異な**ります。

　インドネシア料理の特長は、①唐辛子・ココナッツミルク・ニンニクなどの香辛料を多用し、②タイ料理ほど辛くなく、③国民の90パーセントを占めるイスラム教徒は、豚肉の代わりに、鶏肉や羊肉を用います。イスラム教徒は、水牛肉・鶏肉・魚を唐辛子で調味します。客の前に10〜15品の料理を小皿に盛り付け、食べただけの勘定を支払います。

　代表的な料理に、ココナッツミルクソースをかけたサラダの**ガトガト**、バナナの葉に盛る焼き飯の**ナシゴレン**、羊肉の串焼きの**サテー**、インドネシアの納豆の**テンペ**があります。魚は塩干しに加工し保存します。スマトラ西海岸には、**パダン料理**があります。

インド料理

インド料理は、**素材を選ばない料理**ともいわれます。大きな国の地域差、カースト制による菜食、肉食を禁ずるヒンドゥー教徒の影響を受けています。農産物や魚介に恵まれた料理は多彩で、香辛料を組み合わせた独特のカレー料理が発達しています。

インド料理の特長は、①ヒンドゥー教徒は聖なる牛、イスラム教徒は豚を食べず、②料理は右手の指で食べ、③菜食料理では、マメ・ミルク・ゴマ油・マスタードオイルを多用し、④北部はコムギが主食で肉料理が多く、南部はコメが主食で野菜料理が多く、北西部のパンジャブ地方で栽培するコムギは、品質のよさで定評があり、⑤インドカレーは、バナナの葉に盛り付け、⑥コムギ粉は、チャパティ・ロティ・ナンなどの平焼きパンに加工され、⑦水牛の乳を加工した乳脂肪のギーは、飯に混ぜたり、炒めものに用い、⑧鶏肉や羊肉が中心になり、香辛料の効いた鶏の焼き肉に、**タンドリーチキン**があり、⑨菜食者は、魚・肉・卵は食べず、ダイズ・ギー・ミルク・乳製品を摂取し、⑩**紅茶**は、ダージリンやアッサムで栽培し、甘い紅茶の**チャイ**（ミルクティー）が好まれ、乳酸飲料の**ラッシー**も独特です。

代表的な料理に、肉・魚介・野菜・果物を串に刺して炙る**カバブス**、マメの挽き割りにジャガイモやホウレン草を加えて煮込む**ダール**があります。興味深いのは、アーユル・ヴェーダの考え方です。アーユル（生命）とヴェーダ（知恵）を結び付けた医学で、食べ物が人体に影響していく仕組みから、食生活の重要性を説いています。

トルコ料理

国土の97パーセントがアジア側、3パーセントがヨーロッパ側にあり、トルコ人は顔立ちや体型はヨーロッパに近く、どこかに東洋的な雰囲気と親しみがあります。東西文化の接点にあり、また、ビザンチンやオスマン帝国と、幾多の歴史的な変遷を経ながら、**イスラムの伝統のなかに、独特の食文化を形成**しています。旧アラブ諸国やローマの料理が

混ざり合ったトルコ料理は、フランス料理や中国料理とともに、世界3大料理の一つともいわれます。空腹で物見遊山をするよりも、食べ過ぎて死にたいという諺があるほど、食べることが大好きな民族です。乾燥した気候風土で、水や紅茶を盛んに飲みます。**サルタナ**（ブドウ）は、トルコ皇帝へ献上したところから命名されました。

　トルコ料理の特長は、①羊肉が主体で、②オリーブ油をよく用い、③素材の持ち味を引き出す調理や調味に巧みで、④乳製品を多用し、**ヨーグルトやチーズの発祥地**といわれ、⑤中国料理よりも味付けは濃厚で、⑥フランス料理のようにソースは使いません。

　代表的なトルコ料理に、羊肉の炭火串焼きの**シシカバブ**、トルコ発祥の**ピラフ**、インゲンマメを煮た**クルファスルエ**、ドーナツ型パンの**スミット**、カルダモンを入れて煮出す**ターキッシュコーヒー**があります。砂糖を入れるコーヒーが普及するまでは、16〜17世紀のヨーロッパでも、トルコ風のコーヒーでした。薬草入りの伝統的なブランデーの**ラク**は、ジャガイモ・プラム・糖蜜を発酵させた、アニス香味の強い食前酒です。

メキシコ料理

　コロンブスの大航海時代（16世紀）に、アステカ文明が繁栄したメキシコに、スペイン人がやってきます。このような大航海や大事件により、その後の世界各地の料理は、急速に豊かさを増します。スペイン人は、米・タマネギ・ニンニク・豚肉を、メキシコに持ち込みます。そして、トウモロコシ・ジャガイモ・サツマイモ・カボチャ・七面鳥・ピーナッツ・チョコレート・ココア・バニラ・アボガド・パイナップル・ココナッツ・マンゴー・メロンをスペインに持ち帰ります。イタリアのトマト、北欧のジャガイモ、アジアの唐辛子は、このようにして定着します。

　メキシコ料理の特長は、①トマトや唐辛子を多用し、②古くからトウモロコシ栽培が盛んで主食となり、③インディオの調理法は、**ヨーロッパの素材を用い、スペイン料理の影響**を受けています。例えば、調理加

熱法は、茹でる・煮る・蒸すから、ラードの導入により、炒めるや揚げるまでに広がり、④フランス料理のように、多種多彩なソースがあり、かなり辛いものが多く、チリソースやチリパウダーを用い、⑤辛くないソースに、赤いトマトのサルサロジア、緑のトマトのサルサベルデがあり、⑥フリホレス（インゲン豆）を、ラードや塩で煮込む**フリホレス**、タマネギを加えたペースト状の**フリホレス・レフリトス**があり、⑦チョコレートやココア原料のカカオ栽培が盛んです。

　代表的な料理に、トウモロコシの**トルティーヤ**、具をのせる**タコス**、トルティーヤを揚げる**トスターダ**、メキシコ風サンドイッチの**トルタ**、マメや肉のチリパウダー煮込みの**チリコンカーン**、サボテン蒸留酒の**テキーラ**や、テキーラ入りカクテルの**マルガリータ**があります。

ブラジル料理

　1960年に、旧都のリオデジャネイロから、1000キロ奥地のブラジリアに遷都し、壮大な都市計画による高原都市が実現します。日本からの移住者も多く大農場があり、**コーヒーの産出高は世界一**です。

　ブラジル料理の特長は、①広大な国土に囲まれ、地理的・歴史的・文化的に、複雑な要素が絡み合い発展した料理で、②16世紀に、ポルトガル人が入植してから、イタリア・ドイツ・ポーランド・中国・日本・アフリカなど、**82カ国の移民で構成された多国籍料理**が主流をなし、とくに、ポルトガルやアフリカの影響が大きく、③唐辛子・ニンニク・タマネギ・トマトを多用し、④天然塩を用い、⑤紅茶に似た**マテ茶**があり、⑥主食の芋粉のマニオク、ヤシの実油のテンデ油、サトウキビの酒の**ピンガ**があります。

　代表的な料理に、インディオ創作の牛肉や豚肉の塩漬け、皮の固いフェイジョン（黒豆）を煮込んだ**フェイジョアーダ**、串焼き肉にタレを付けた**シュラスコ**、油で炒めた干し肉・タマネギ・ニンニクに米を入れて煮込んだ**マリア・イザベル**、タマネギを炒め米と混ぜて鍋で炊いたり、ヤシの果汁で炊いたブラジル風焼き飯があります。

エジプト料理

　エジプトは、紀元前15世紀の壁画に粉屋が描かれ、**発酵パンやビールの発祥地**といわれます。古代エジプトでは、パンでビールを造り、そのビールでパンを焼きました。労働者の賃金は、パンやビールで支払われたといわれます。紀元前12世紀の第20王朝ラムセス3世の墓からは、200万個のパンが出土しています。エジプト人は、パン食い人だといわれるほどに、**食べることが大好きで大食家が多い民族**です。

　エジプト料理の特長は、①ヨーロッパ・アラブ・西アジア・アフリカなどの外来文化と、ナイル河流域の農民の郷土料理が混在・融合し、②イスラム教徒が90パーセントを占め、羊肉料理を好み豚肉は食べず、③調味は塩とコショウが中心で、香辛料はあまり使わず、④多用する素材に、米・トウモロコシ・豆・トマト・タマネギ・アーティチョーク・モロヘイヤや、牛・鶏・アヒル・ハト・ガチョウ・ボラ・ウナギ・コイ・エビ・カニがあります。

　代表的な料理に、**ショルバ・ト・モロヘイヤ**があります。海藻のように粘りのある野菜スープで、塩とニンニクで調味します。ショルバとは、スープのことです。薄切りローストラムを挟むサンドイッチの**シャワルマ**、擂り潰したソラマメに、ニラ・パセリ・コリアンダーを混ぜて揚げる野菜コロッケの**ターメイヤ**、特製の鍋で煮込んだソラマメに、オリーブ油やレモン汁を加える**フール・ミンダス**、羊肉の串焼きの**シシカバブ**、コムギ粉の薄い生地を、加熱した鉄板の上にめん状に落として焼く**シャーレーヤ**があります。

　表8-1に、これらの情報を整理しやすいように、日本で代表的なエスニック料理の要約を示します。

表8-1　日本で代表的なエスニック料理

地域別	国別	特長
アジア	韓国	①薬食同源の思想による健康食主体の料理 ②焼き肉をはじめ、独特な肉食文化を形成 ③調味料は多彩で、コチュジャンなど独特 **ビビンバブ**（混ぜ飯）・**サンゲタン**（鶏肉のスープ）・**キムチ**（漬物）・**ネンミョン**（冷麺）
	台湾	①脂を多用した肉・内臓、魚介料理が多い ②米や米粉の料理に特長がある ③郷土料理は小皿に盛る **台南担仔麺**（台南風椀子そば）・**炒米粉**（焼きビーフン）・**魚丸湯**（魚すり身団子入りスープ）
	ベトナム	①フランス料理・広東料理の影響を受ける ②米飯が主食で、魚介が豊富 ③ニョクマム（魚醤）は不可欠な調味料 **チャーゾー**（春巻）・**フォー**（米粉うどん） **ゴイ**（魚の塩辛）・**ルアモイ**（蒸留酒）
	フィリピン	①スペイン料理・中国料理の影響を受ける ②米・魚・野菜に、肉・油脂・香辛料 ③油で炒める料理が多い **エスカピチ**（タイのから揚げ甘酢あんかけ） **レリアノン・アリマンゴ**（カニの詰め物揚げ）
	タイ	①ナンプラー（魚醤）・ココナッツミルク多用 ②辛味・酸味・甘味の効いた奥深い味 ③中華鍋を用い、煮込んだり、炒めたり **トム・ヤム・クン**（エビ入り辛味煮込み）・**カオ・パット**（焼き飯）・**バッタイ**（焼きそば）
	インドネシア	①唐辛子・ニンニクなど、香辛料を多用する ②鶏肉・羊肉（イスラム教徒は豚肉を食べない） ③タイ料理ほど辛くない **ガトガト**（サラダ）・**ナシゴレン**（焼き飯） **サテー**（羊肉串焼き）・**テンペ**（納豆）

地域別	国別	特長
アジア	インド	①ヒンドゥー教徒（牛禁）イスラム教徒（豚禁） ②香辛料の効いたソース ③水牛の乳を加工した乳脂肪のギー **カレー料理・タンドリーチキン**（鶏の焼き肉）**・チャパティ**（平焼きパン）**・チャイ**（ミルクティ）
中近東	トルコ	①イスラムの伝統により、羊肉が主体 ②オリーブ油を用い、調理・調味は巧み ③ヨーグルトやチーズを多用する **シシカバブ**（羊肉の串焼き）**・ピラフ**（発祥地） **クルファスルエ**（マメの煮物）**・ターキッシュコーヒー**
中南米	メキシコ	①トマト・唐辛子を多用 ②トウモロコシを主食として利用する ③ヨーロッパの素材スペイン料理の影響を受ける **トルティーヤ**（トウモロコシ粉の平焼き）**・タコス**（具入り）**・テキーラ**（サボテン蒸留酒）
	ブラジル	①82カ国の移民で多国籍料理が主流を占める ②ポルトガル・アフリカの影響が大きい ③唐辛子・ニンニク・タマネギ・トマトを多用 **フェイジョアーダ**（黒まめの煮込み）**・シュラスコ**（肉の網焼き）**・マテ茶**（インディオ飲料）
アフリカ	エジプト	①羊肉料理（イスラム教徒は豚肉禁） ②外来食と郷土料理が融合し混在 ③塩・胡椒が中心で、香辛料は多く使わぬ **シシカバブ**（羊肉の串焼き）**・ターメイヤ**（野菜コロッケ）**・モロヘイヤスープ**

第**9**章
美味しさの秘密を探る

Q41　美味しいとは、どういうことですか？

　食べ物は、安全であり、栄養があり、美味しいことが必須です。私たちは、どういう食べ物に美味しさを感じるのでしょうか。この美味しさの秘密を探ることは、調理学の永遠のテーマでもあります。先人たちは、さまざまな試みや発見をしてきました。

　1916年に、ドイツのヘニングは、甘味・塩味・酸味・苦味の四つの基本的な**味の四面体説**を唱えます。1909年に、日本の池田菊苗は、昆布の出汁に含まれる**グルタミン酸を発見**します。**うま味**と呼称してから、味の種類が広がり、表現（ターミノロジー）が活発になります。今日では、化学的要因となる味覚や匂い、物理的要因となる温度、テクスチャー（歯応えとか、口ざわり）などの感覚の研究が積極的に行われています。

　しかし、美味しいとか、まずいという感覚は、物理や化学の世界だけでは、十分な説明はできません。心理的な要因も関連しています。さらに、調理の仕方・健康・心理状態・食習慣・食卓の雰囲気・宗教・異文化など、食文化的な背景が重なり合っています。

　美味しさを客観的に評価する方法の開発は、調理学での大きな課題の一つです。例えば、味覚計量心理学・味覚センサー・サイコレオロジー・感性調理学・調理文化論・味覚表現学などの分野で、多くの研究者が取り組んでいます。

　なかでも、**サイコレオロジー**は、食べ物のレオロジー的な性質、人間

の生理的感覚、心理的要因などを、実験心理学の面から、総合的に評価する試みです。**レオロジー**は、1929年に、アメリカのビンガムが提唱した学問です。食べ物の持つ弾性（変形）と粘性（流動）の両面の挙動を、科学的に分析する手法です。例えば、レオメーターのような機器により、美味しいパンの弾性や、ソースの粘性から、テクスチャーとの関連を解析します。将来は、このような面から、異文化との比較も可能となることが期待されます。

Q42　コメの好みは、民族によりどう異なるのですか？

　米飯の美味しさについて、粘りのあるジャポニカ種を好む日本人と、サラサラしたインディカ種を好む民族の嗜好には、大きな違いがあります。同じ食べ物を口にしながら、どうして、このような違いが生ずるのでしょう。

　日本人の食の中心は、粘りのある米飯の美味しさです。新鮮な魚介、豊富な野菜で仕立てた副食に、味噌や醤油で調味すると、伝統的な日本料理の構成になります。そして、箸で食べます。

　サラサラした米飯に、カレー料理を調和させた手食のインド料理にも、同じようなことがいえます。日本のカレーライスは、ジャポニカ種に調和するように、仕立て直された美味しさです。日本独特の和洋折衷料理（とくに洋食）は、ジャポニカ種に合わせた外来食の変形（和食化）です。私たち日本人は、これらを巧みに使い分けています。食文化が違うと、民族によるコメの好みも異なってくる好例といえます。

Q43　おふくろの味の魅力とは、どういうことですか？

　私たちは、おふくろの味に、どのような魅力を感じるのでしょうか。

最初に、その具体例をあげてみます。海から遠くて新鮮な魚介が手に入りにくかった京都では、知恵を働かせた数多くの惣菜ができました。野菜などの素材を、楽しく美味しくした、京都独特の**お番菜**です。ダイコン煮・揚げ出しナス・芋棒・湯葉と野菜の炊き合わせ・オカラ・キンピラ・小芋・タニシ・胡麻豆腐・田楽・ハモのかば焼き・身欠きニシンとナスの煮付け・肉ジャガ・トウガンの葛ひき・どぼ漬けなどがあります。洋風化がドンドン進んでも、お番菜は、1000年以上の歳月を費やした伝統の味であり、京都の日常食のおふくろの味といえます。

おふくろの味に共通する一般的な特徴は、①土産土法の理により、その土地の素材を用いて、②日本独特の出汁を使い、③時間をかけて炊き合わせ（煮込み）、④味噌・醤油・味醂などで調味したものです。おふくろの味には、日本人好みの旨味成分が、豊富に含まれています。味噌・醤油・昆布に含まれる、グルタミン酸ソーダーなどのアミノ酸系の味、煮干し・かつお節・シイタケに含まれる、イノシン酸・グアニル酸などの核酸系の味、貝に含まれる、特有のコハク酸系の味などです。

日本料理では、出汁の取り方に細心の注意を払い、ご馳走から立ち上る匂いも大切にします。おふくろの味の原点は、単なる郷愁の感覚だけではなく、胃袋の落ち着きを取り戻す美味しさにあります。伝統食品や郷土料理にも、おふくろの味は生かされています。

Q44　フランス料理が、美味といわれるわけは？

フランス料理は、どのようにして、美味しさを追究してきたのでしょうか。ジャン・アンテルム・ブリア＝サバラン（1755〜1826）を登場させてみます。**ブリア＝サバラン**は、フランスの有名な法律家・美食家・社交家・音楽家・哲学者です。料理の専門家ではありませんが、スクランブル・エッグの技法に通じ、偉大なる食通として知られました。1825年に、『味覚の生理学』（邦訳は『美味礼賛』岩波書店）を出版します。美味

学の永遠の基礎となる20項目のアフォリズムを提唱します。美食について、科学的・哲学的な視点から眺めています。感覚・味覚・美味学・食欲・渇き・グルマンティーズ・食卓の快楽などです。美味学のバイブルとして、世界中で翻訳されています。余談になりますが、洋菓子の**サバラン**は、彼の功績を賞賛して創作されました。美味学について、つぎのようにあります。

美味学は人間の一生を支配する。全く、人は生まれおちるや呱々の声をあげて母の乳を求めるし、死に瀬してもなお若干の喜びをもって、かわいそうにも消化する力もないのに！最後の一さじを吸うのである。またそれは社会のすべての階層につながりを持つ。まったく王者参集の供宴を主宰するのも美味学なら、ころあいの半熟卵を得るのには何分間煮ればよいかを教えるのもまた美味学なのである。

　美味学（ガストロノミー）は、博物館・物理学・化学・料理術・商業など、広い学問領域に及んでいます。ギリシャ語で、ガストロとは胃袋や腸のこと、ノミーとは学問や法則のことです。ですから、ガストロノミーとは、美味しく食べるための方法や学問の追求をすることになります。美味を求め続けたフランス料理の歴史は、Q26にまとめました。この章では、フランス料理の美味を追究しつづけた人々を、あらためて、**表9-1** に示します。

　ところで、19世紀のフランス料理は、美味の頂点に達し、黄金時代を迎えます。一方、美味を格付けする動きも活発になります。なかでも、1900年創刊の『ミシュラン・ガイド』は、ホテルやレストランの格付け情報を満載しつづけています。**グルマンディーズ**（美食愛・うまいもの好き・食道楽・食通）が誕生し、わが世の春を謳歌しています。

表9-1　フランス料理の美味を追究しつづけた人々

人名	主な業績
アピキウス	マルクス・ガウィウス・アピキウスは，紀元前2世紀の古代ローマ皇帝ティベリウス，ネロの頃の貴族で，**美食家**として知られる．美味・珍味に傾注し，数多くの料理を創作する．フラミンゴの舌・干しイチヂクで飼育した豚の肝臓（後のフォアグラ）・**発酵調味料のガルム（魚醤）**などがある．最も古い料理書の『ラルス・マギリカ』の写本が伝えられる．アピキウスの著作の日本語訳に，『**古代ローマの料理書**』『**古代ローマの調理ノート**』がある．
タイユヴァン	タイユヴァン（1310〜95）は，中世の末期に，**フランス料理の最初のグランシェフ**として出現する．フランス語の料理書の『**ヴィアンディエ（食物譜）**』を著わし，200年間に及ぶ超ロングセラーとなる．
ブリア＝サバラン	ブリア＝サバラン（1755〜1826）は，フランスの有名な法律家・美食家・社交家・音楽家・哲学者で，**偉大な食通**として知られる．1825年に，『**味覚の生理学**』（邦訳は『**美味礼讃**』）を著わす．美味学のバイブルとして，世界中で翻訳されている．洋菓子の**サバラン**は，彼の功績を賞賛した創作菓子である．
カレーム	アントナン・カレーム（1784〜1833）は，居酒屋・菓子職人から身を立て，ロシア皇帝やイギリス皇太子の料理長を歴任したフランスの**名料理人**．今日のフランス料理様式の大半を創造し，とくに，大規模な祝宴を得意とし，**19世紀の近代料理最高の巨匠**として知られる．『**19世紀フランス料理術**』『**パリの料理人**』など，数多くの著作がある．
エスコフィエ	オーギュスト・エスコフィエ（1846〜1935）は，**フランス近代料理の巨匠**．経営能力にも秀でた才能があり，ロンドンのサヴォイの再建などにも尽くす．レジオン・ドヌール勲章を受ける．『**エスコフィエ・フランス料理**』『**メニューの本**』『**ロウ細工の華**』など，数多くの著作がある．**ピーチ・メルバ**など，多くの料理や菓子を創作する．

第 **10** 章
食卓の演出と食事作法

Q45 食卓の演出には、どんな効果が期待できますか？

　食卓を演出することにより、さまざまな効果が期待できます。なぜでしょうか。食は文化であるとともに芸術であり、芸術性を高めることができるからです。演出は、料理そのものだけでなく、食器・インテリア・デザイン・サービスの仕方など多岐にわたります。とくに、21世紀は、モノよりもヒトを大切にする時代になり、食卓の演出にも、ヒトを大切にする芸術性が求められます。

　日常の食事と異なり、芸術性の高い食事は、①精神に作用する価値観を中心に、②美的感動のある食を作りあげ、③栄養よりも美味、美しさを追求し、④料理人は、芸術家の立場で仕事を進めることができます。

　このような考え方は、昔からあるようです。例えば、木下謙次郎は、『美味求真』（大正14年〈1925〉）に、「至味は芸術なり」と強調しています。また、北大路魯山人は、料理の芸術性を主張し、料理に見合う食器などは、自らの手で創作しています。料理を作る喜びは、芸術作品の創造にも通じています。もう少し具体的に触れていきましょう。

気配りのよい食卓の演出

　料理を作る喜びは、同時に、料理を味わう幸せに通じています。どんなに素晴らしい料理も、一人で密かに食べたのでは、少しも美味しさを感じません。集まって食べる共食の楽しさには、ココロの通じ合う食卓

の演出が不可欠となります。ですから、席順・食事空間・もてなしの心などが大切になります。**食事空間は、今までになくファッショナブルなもの**になります。食卓の演出には、①食卓の雰囲気づくり、②真心をこめたメニュー、③趣味のよい配膳やテーブルセッティング、④会食者の席の配置、⑤行き届いた心遣いによるサービスが不可欠になります。このような食卓の演出は、料理様式により異なりますので、中国料理・西洋料理・日本料理に分けて話を進めます。

中国料理の食卓の演出

中国料理は、**味を楽しむ料理**であり、円卓を囲む食事には、独特の和やかな雰囲気があります。①円卓は8人が基本で、②料理は大皿に盛られ、各自が好みの量だけ取り回し、③いくつかの料理が並ぶ**時系列型**で、④食器は各自の前にあらかじめ用意され、⑤料理の変わり目に新しい皿と交換します。**図10-1**は、中国料理の食卓の整え方を示します。

西洋料理の食卓の演出

フランス料理は**香りを楽しむ料理**であり、油絵的で重厚な芸術的センスがあります。①個人用の食器を配置し、②献立表により一品ずつ供する**時系列型**で、③食卓にはテーブルクロスをかけ、④飾り花・ナプキン・食器・グラスなどをセッティングします。**図10-2**は、西洋料理の食卓の整え方を示します。

日本料理の食卓の演出

日本料理は**目で楽しむ料理**であり、淡泊で繊細な味覚は、日本画的な芸術といわれます。①和室では、床の間の前が正客の座となり、②違い棚や床脇のある方向に交互に席を決め、③主人は末席につき、④床の間のない場合は、入口より遠い方が上席となり、⑤一人ずつに膳が供され、⑥**空間展開型**で、⑦テーブルの場合は、個人別の配膳が基本となり、⑧情緒豊かな漆器や陶磁器を用い、⑨盛り付けにも細心の注意を払

図10-1　食卓の整え方（中国料理）

資料）新調理研究会編『これからの調理』P214，理工学社

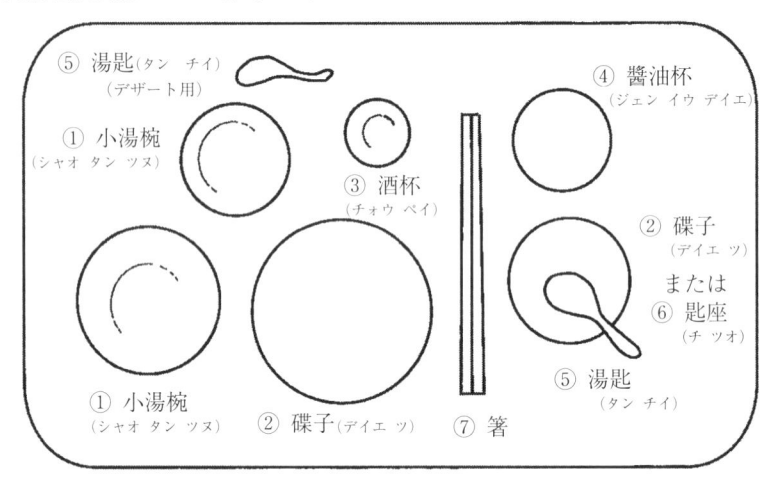

①	小湯椀…取分け用スープ椀	④	醬油杯…醬油入れ小皿
②	碟子…取皿	⑤	油匙…散りれんげ
③	酒杯…酒盃	⑥	匙座…散りれんげ置き

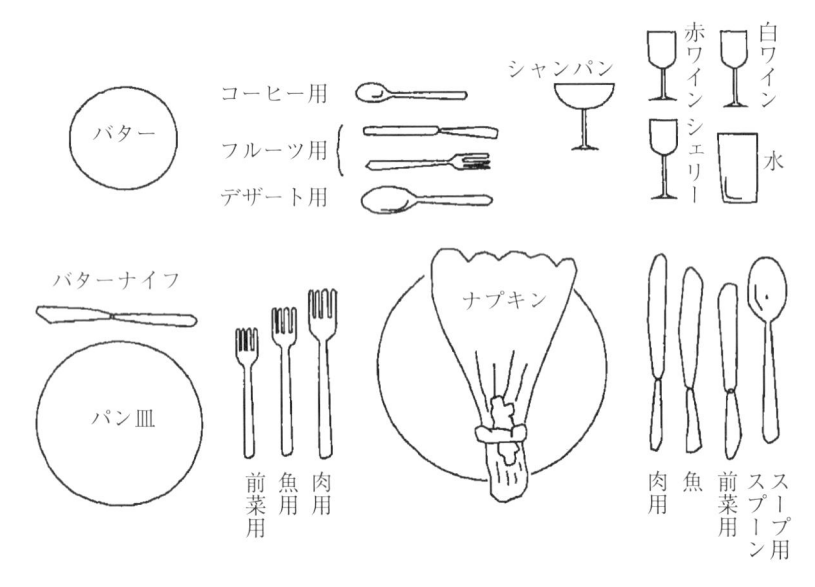

図10-2　正餐のテーブルセット（西洋料理）

資料）新調理研究会編『これからの調理』P216，理工学社

い、⑩酒宴の場合は、酒の肴が数品並び、後に、飯と汁で食事をします。『新版調理学』（地球社）に、最も相応しい演出法について、つぎのようにあります。

> 日本料理は、常に季節感を大切にし、材料の選択のみならず、盛りつけにも自然を形どったり、草木の芽や花を配し、色彩の美を楽しむ風潮がある。食卓における献立構成には、能楽や演劇・音楽・映画などの時間的芸術と同じように、静かに盛りあがるリズムがクライマックスとなり、その後はテンポも早く幕を閉じる。

Q46　食事作法は、どのようにしてできたのですか？

　食べ物を公平に分配するために、家族や仲間という共食の基本的な集団のなかで、**分配のルールが発生し、儀式化して発達したものが食事作法**です。限られた食べ物を、我さきにと取り合わない習慣をルール化しています。さらにまた、知らない者同士が出会ったときに、他人の目を意識しながら食べることが食事作法とみることもできます。

　食事作法のなかでも、食事をするときの姿勢は、国により民族によりさまざまです。①寝ころんで、②座って、③椅子やスツールに腰かけて、④立ったまま、などがあります。

　食べ物の分配の仕方には、個別型と共通型があり、それぞれに食事作法は異なります。一つの大きな食器に盛り、皆で手をのばして食べるのが共通型です。Q22に、手で食べる民族ついて触れています。しかし、実際には、これらを併用した食べ物が一般的です。例えば、中国料理では、主食である飯は個人別ですが、料理は共通の食器に盛り付けます。西洋料理では、19世紀までは料理は共通型で、パンは個人に分配されました。ところが、その後は時系列的に、一皿ずつ供されるように替わり

ます。肉食は、とくに、冷めると脂が固まり美味しくないので、個別型に配膳するロシアンサービスが好まれたためです。

Q47　中国料理の食事作法の常識って何？

　道教や儒教により育(はぐく)まれた中国の食には、敬天・仁・不老長寿などの思想があり、さまざまな厳しい掟(おきて)が支配しています。宮廷料理から庶民料理に変貌し、その間に外来の文化も取り入れて、食事作法も大きく変化します。そして、厳しい形式に拘(こだわ)らずに、和やかな雰囲気のなかで、コミュニケーション作りを大切にする庶民の社交の場になります。

　客を招く一般的な食事作法は、①客を控室に招じ入れて茶を勧め、②食事の用意ができると、主人は客を案内し、③入口に最も遠い食卓の中央に主客が座り（名札のあるときは名札のところに座り）、④料理が運ばれたら、主人が先に箸をつけてから客に勧め、⑤温かい料理は、温かいうちに食べ、⑥必要に応じて取り皿を替え、⑦好まないものは無理に取らず、取り過ぎないように、残さないように留意し、⑧客が遠慮しないようにリラックスした楽しい会話の雰囲気で、⑨食事中は、他人に不快感を与える行動は慎み、⑩食事が終わると、主客は謝辞を表して先に退席します。

Q48　西洋料理の食事作法の常識って何？

　ヨーロッパの食事作法は、中世末期（12〜13世紀）頃から、現在のような形が整えられ始めます。有力者に気に入られるように振る舞ったり、気分を害さないことが大切でした。ですから、中世ヨーロッパでは、内容よりも振る舞いが非常に重要視されます。食事のエチケットは、宮廷生活のなかで成立します。さらに、宗教的なタブーなどの規制

を受けています。

『「食」の歴史人類学—比較文化論の地平』（人文書院）によると、古代ヨーロッパの豪華絢爛な饗宴は、びっくりするほどの不潔さや乱雑さでした。13世紀頃から近世にかけて、多くのテーブルマナーの本が出版され、その頃の食卓が描かれているようです。例えば、①しゃぶった骨をそのまま鉢に戻すのは下品であり、②テーブルの上に唾を吐かないようにし、③口をすすぐときは、他の客にも配慮して、盥へ水を吐き出さないようにし、④テーブルクロスで洟をかむのは下品であり、⑤ソースや脂で汚れた手を、自分の衣服で拭かないようにし、⑥スープに浸したパンや噛みちぎったパン、一口かじった料理を、鉢や皿に戻さないようにし、⑦食事中に、手を耳のなかに突っこんだり、目をこすったり、鼻糞をほじくったりしないようにし、⑧決して汚れた手で食べ物を取らないようにし、⑨食べ物がまだ口に入っているのに、獣のように飲んだりしないで、⑩脂でぎとぎとの口をつけて飲まない、などとあります。今日の食事作法からみると、呆れ返るほどの食卓の光景です。

　18世紀になり、フランスの宮廷料理を中心に、テーブルマナーも整備されます。そして、フランス革命（1789）を契機に、料理は民衆化へと転換されます。西洋料理のテーブルマナーが確立されてから、わずかに200年しか経過していません。

『食卓のフォークロア』（柴田書店）に、テーブルマナーについて、つぎのような興味のある指摘があります。

　　食物を切るときはフォークを左手に、ナイフを右手に持ち、それを切ってしまったらナイフを皿の上において、フォークを右手に持ちかえるのはアメリカの流儀で、イギリスでは持ちかえないで、左手のフォークで食べる。ナイフをおくとき、それを皿のふちにたてかけてはいけない。ナイフ全体を皿の上におくようにする。ナイフを立てかけると、イギリス人はびっくりすると、フランスの作法書では注意をうながしている。（中略）皿の上に十字に交差させておく。

そうすれば食べかけの皿を給仕人は持って行かれない。食べ終わったらナイフとフォークを並行に皿の上におく。

このような紆余曲折を経て、今日のテーブルマナーができあがります。国により多少の違いがありますが、心を込めて客をもてなし、楽しい雰囲気で食事をすることは、すべてのマナーに共通しています。ナプキンを膝の上におくタイミング、ナイフとフォークの使い方、パンを食べる時期、ワインの飲み方なども大切です。

西洋料理のディナーの食事作法は、①テーブルに向かい椅子の左側から着席し、男女交互になるように配慮し、②ナプキンは、料理が運ばれる頃合いを見計らって、輪になった方を手前に膝におき、③スープは食べるもので、音を立てて飲まないようにし、啜るのではなく、スプーンで舌の上にのせて味わい、一呼吸おいてから飲み込み、④パンはスープが終わった頃から食べ始め、⑤ナイフやフォークは外側から使い、デザート用は、手前から使い、コーヒースプーンが一番遠くにあり、⑥魚料理には白ワイン、肉料理には赤ワインを選び、⑦楽しい食事の雰囲気づくりをし、⑧コーヒーが出るまでは煙草は控え、⑨食事中は他人に不快感を与える行動は慎み、⑩食事が終わると、主客は謝辞を表して先に退席します。

Q49　日本料理の食事作法の常識って何？

日本料理の食事作法は、鎌倉期になるまでは不明確で、公家の儀式典礼の有職故実に頼っていました。中期になると、永平寺を創建した道元禅師は、食事作法について、『典座教訓』や『赴粥飯法』を著わします。『調理文化学』（建帛社）に、つぎのようにあります。

『典座教訓』は、調理する人の心構えが語られており、材料の揃え

方、献立の立て方、米のとぎ方、食器の整理整頓、道具に接する態度など調理する者の根本精神が美文調で語られている。『赴粥飯法』は前著と異なり、箸の上げ下げから、食器の並べ方・納め方など事細かに述べられている。

　室町期になると、大草・四条・進士などの料理の流派が形成され、一方、小笠原・伊勢などの食事の諸礼が現れます。厳しい礼法の小笠原流は、今日まで伝えられています。

　ところで、一口に日本料理といっても、本膳料理・懐石・会席料理・一品料理などにより、さらに、客の酒の好みなどにより、実際の食事作法は異なります。共通点としては、人前での格好のよさを意識していることです。

　膳にすべての料理を並べる、本膳料理の食事作法は、①本膳が客の正面に、二の膳が下座に並べ終えられると食事を始め、②期待感に心を膨らませながら、食器の全部の蓋を取り、もてなしの心を感じとり、食事中は、蓋は膳のわき下におき、③（世界に例のない作法ですが）飯茶碗を持って一口食べ、汁椀にかえて一口吸う動作を3回繰り返し、④まんべんなく、平・膾の料理に一通り箸をつけ、箸で取りにくいときは、食器を手に持ち、⑤菜から菜への移り箸はタブーとされ、⑥焼きものにも箸をつけ、姿焼きの魚の場合は、骨を取り分けて裏返しにしないようにし、⑦飯は一口残して湯漬けにし、香の物と一緒に食べ、湯は少し残して箸を洗い、⑧食器に蓋をすることで、食事の終わりを告げ、⑨菓子は懐紙にとり、楊枝で切り分けて食べ、⑩食事が終わったら、周りの人と静かに歓談します。

　しかし、このような堅苦しい日本料理の食事作法は、一部の愛好家を除き、徐々に失われてきています。今日では、会話が弾み笑いを誘う楽しい雰囲気の日本料理になりました。

第**11**章
異文化の食べ物を理解する

Q50　人種や民族の異なる食文化を理解する方法は？

　人種や民族の異なる食文化を理解する、そんな便利な方法があるのでしょうか。自分の立場だけの一方通行で考えないという方法です。しかし、実際にはなかなか難しいのです。①自分を中心に置いてみる、②どうすれば理解できるか、③差別と偏見、④異文化への適応という、四つの視点からみていきましょう。

自分を中心に置いてみる

　私たちには、数多くのお付き合いがあります。しかし、夫婦→親子→兄弟→友達→他郷の人と遠ざかるにつれて、生活感には、さまざまな違いが出てきます。それは単なる距離の感覚ではなく、生活様式や文化に差が出てくるのです。このように異文化とは、外国人との関係だけに限りません。自分と行動パターンが異なれば、すべての人間が異文化を持つことになります。異なる食文化を理解しにくい、最大の原因がここにあります。

どうすれば理解できるか

　それでは、どうすれば理解できるのでしょう。繰り返しになりますが、この地球上には数え切れないほどの異なる食文化が存在します。例えば、私たち日本人は、①血の滴るステーキ、②昆虫食、③ウシ・ブ

タ・ヒツジの頭の料理などは受け入れにくいもので、嫌悪感を催す人が多いようです。しかし、日本人の好きな、④フグの刺身、⑤酢ダコ、⑥たくあん・納豆・味噌汁に、外国人は眉をしかめたり恐れたりします。私たちは、こんなに美味しいのにと首を傾げます。このように、異文化に直面しますと、ときには、カルチャーショックの衝撃が走ります。なぜでしょうか。お互いに、異文化を認め合っていないためです。『異文化とつき合うための心理学』(誠信書房) に、つぎのようにあります。

> 文化を一つの物差しだけで理解しようとするのは、その文化を正しく理解するのを妨げ、逆に限られた片寄った理解 (すなわち誤解) につながってしまう。文化というのは、単純な一つの理解の仕方ではなく、いくつもの概念や幾つもの観点からとらえていくのが正しいやり方である。そうすることにより、文化というものの持つ複雑さを正しく認識することができる。

それでは、どうすればよいのでしょう。①自分も相手も同じ人間であり、②その上で、お互いを理解する知識を持ち、③相手の持つ文化との違いを知るように努力することです。このような対応を繰り返すことにより、自分なりの新たな文化観を作り上げることが必要です。しかし、実際には、口で言うほど容易なことではありません。

差別と偏見

差別と偏見は大きな課題であり、永遠のテーマでもあります。例えば、世界的な偏見として、①ユダヤ人、②南アフリカ共和国のアパルトヘイト、③黒人差別などがあります。また、日本のなかにも、長年にわたり多くの差別がありました。このような文化の違いを理解することは、お互いの食べ物を認め合うことと密接に関係しています。さらにまた、第12章で触れるように、宗教上の戒律という大きな課題もあります。

異文化への適応

　このような異文化への適応には、いくつかの段階があります。①まず、平坦なプロセスではなく、時間を追ってさまざまに変化していき、②接触の前後、接触開始、好奇心の満足、慣れ、別離の予感、納得の時期などを経て、③個人差はあっても、自分の体験を自分なりに理解していくことです。時間をかけることで、不安は取り除かれていきます。

Q51　民族により、どんな食べ物の好き嫌いが?

　個人的な嗜好の好みは別として、人種・民族・国により、さまざまな食べ物の好き嫌いがみられます。『食文化の国際比較』（日本経済新聞社）に、東京・ニューヨーク・パリのフィールドワークから、日本・アメリカ・フランスの食文化の違いを比較分析して、好きな食べ物と嫌いな食べ物について、つぎのようにあります。

　　ある国で大好物とされるものが、他の国ではゲテモノといわれ、ほとんど食べられていないということがある。同じ地球に住みながら、食べているものは地域によってずいぶん違う。気候・風土が異なると、そこから生まれる食文化も、当然異なる。味付け・料理方法の好み以前に素材自体にも、食べる食べない、好き嫌いがある。

　具体例として、ニューヨークでは、①ワシントン大統領の好物となり、アメリカで大衆化され、世界の各地に普及したアイスクリームの人気が続いており、②Tボーンステーキやワンパウンドステーキが好まれ、③ファストフード発祥地として、ハンバーガーが売れている。パリでは、①さまざまな種類の固焼きパン（フランスパン）が首位にあり、②クロワッサンやクレープも、フランスの庶民の好みで、③スモークサーモンが好まれている。私たちの東京では、①和食がずらりと並んでい

て、②すき焼きもあり、③エビフライやカレーライスは、代表的な和洋折衷料理である、と指摘しています。

さらにまた、気持ちが悪く、絶対に食べたくないものに、アメリカ人は馬肉・生卵・牛刺し、フランス人はタコ・生卵・海藻、日本人はカエル・ウサギ・豚足があるといいます。**表11-1**は、気持ちが悪く、絶対に食べたくないと思うもの、**表11-2**は、好きでよく食べる料理を示します。何か思い当たることがありませんか。

また、忌避する動物の違いという視点で眺めてみます。人類の食べ物は肉食に始まり、山野を駆け回り、野生動物を求めました。しかし、民族により、忌避する動物に違いがあります。『肉食文化と魚食文化』（農山漁村文化協会）によると、オーストラリアではクジラ・アザラシ・ウマ、イギリスでもクジラ・アザラシ・ウマ、ドイツではアザラシ・クジラ・野鳥、日本ではカンガルー・アザラシ・シカ、とあります。

さらにまた、『食の文化史』（中央公論社）に、動物を食べるときの民

（単位：％）

	東京	ニューヨーク	パリ
タコ	2.6	65.4	31.2
イカ	1.5	56.9	18.2
うなぎ	5.8	73.2	18.8
エスカルゴ	30.6	67.7	5.8
カエル	63.6	78.9	13.9
うさぎ	52.8	77.8	2.3
豚足	39.9	78.4	16.9
生卵	4.9	81.6	31.2
生魚（刺身）	1.8	77.4	27.9
牛刺し	13.2	82.4	20.9
馬肉	26.0	94.4	14.1
海藻	2.3	79.3	38.4
匂いの強いチーズ	39.1	50.4	10.5

表11-1　気持ちが悪く，絶対に食べたくないと思うもの
資料）飽戸弘『食文化の国際比較』P47，日本経済新聞社

表11-2　好きでよく食べる料理のベスト10
資料）飽戸弘『食文化の国際比較』P45，日本経済新聞社

（単位：%）

順位	東京		ニューヨーク		パリ	
1	味　　　噌　　　汁	72.1	ベークドポテト	90.2	フランスパン	76.8
2	寿　　　　　司	69.1	アイスクリーム	85.5	グリーンサラダ	75.2
3	刺　　　　　身	67.8	スパゲッティ	83.9	スモークサーモン	74.4
4	豆　　　　　腐	63.2	ビーフステーキ	78.9	ビーフステーキ	73.1
5	ご　　　　　飯	62.5	ピ　　　　　ザ	77.7	アップルパイ	71.3
6	す　き　や　き	57.4	グリーンサラダ	77.2	ベークドポテト	69.4
7	エ　ビ　フ　ラ　イ	48.8	ハンバーガー	76.8	クロワッサン	69.3
8	カ　レ　ー　ラ　イ　ス	48.7	ト　ー　ス　ト	75.0	ク　レ　ー　プ	67.4
9	餃　　　　　子	47.9	ご飯（ライス）	74.5	チ　ー　ズ	66.1
10	目　玉　焼　き	44.0	チ　ー　ズ	72.8	ラムチョップ	64.8

族による残酷さの違いについて、つぎのようにあります。

　　　私たちと欧米人との間には、動物を愛する姿勢について、根本的な
　　ちがいがあるようだ。それは単に肉を食うというよりも、動物のか
　　らだ全体を神が人間に与えた人間の食物と考える、いやにおおらか
　　な感覚なのだ。切身になった肉など、かれらにとって肉食の一部に
　　しかすぎないらしい。だから、かれらは姿のままであろうがなんだ
　　ろうが、動物を殺して食べて残酷とは感じない。いや、残酷の感じ
　　方がちがう。

　日本人は、鯨・小鳥・尾頭つきの鯛の塩焼き・鯛の目玉が付いた潮汁
を好みます。欧米人は、雄鶏の頭・犢の面皮・ウサギの丸煮・豚の血だ
らけの頭を好みます。私たち日本人には、1200年にわたり、仏教の教え
による肉食禁忌の思想があります。そのために、もとの姿形が連想され
る動物は、食べたくない、気持ち悪いとする食習慣が形成されました。
ところが、欧米人は、神から与えられた肉食ですから、食卓の姿形には
全く拘りません。

Q52　魚食と肉食には、どんな違いがありますか?

『肉食文化と魚食文化』(農山漁村文化協会)に、興味深い肉食や魚貝の
グラフがあります。次ページの**図10-3**は、国別の食肉と魚貝の供給量
を示します。この図により、民族による食文化の違いを展望することが
できます。要約しますと、食肉供給量70キロ、魚貝供給量70キロの点
を結ぶと、上方は主としてヨーロッパ系の国々であり、下方はほとんど
が当時の開発途上国で、コメを主食とする東南アジアの国々が多いよう
です。ところが、日本だけが信じ難い位置にあり、魚貝に依存する世界
でも特異な食文化であることが理解できます。

　さらに、肉食一人当たりの種類別の消費量は、①アメリカは、鶏肉が
世界一で、脂肪の多い牛肉を避け始め、②アルゼンチンは、牛肉が群を
抜き、③カナダは、牛肉も豚肉も多く、④オーストラリアやニュージー
ランドは、羊肉が多く、⑤ドイツは、豚肉が世界一で、⑥ヨーロッパ諸
国(フランス・スイス・イギリス・オランダ・スウェーデン・ノルウェー)は、
豚肉が牛肉よりも多く、⑦メキシコ・日本・韓国・中国・フィリピン
は、豚肉が多く、⑧マレーシアは、鶏肉が多い、とあります。さらにま
た、魚食の最近の消費動向から、ヨーロッパの肉食国で、魚の消費が増
えているようです。

Q53　日本で嫌われる虫を好んで食べる民族がいる?

　昆虫を食べるとなると、私たち日本人は、強い抵抗感や嫌悪感を示し
ます。しかし、昆虫は、この地球上に180万種類が棲息し、たんぱく
質・脂肪・ビタミンに富み、成長が早く増殖率も高いのです。『虫を食
べる人びと』(平凡社)に、つぎのようにあります。

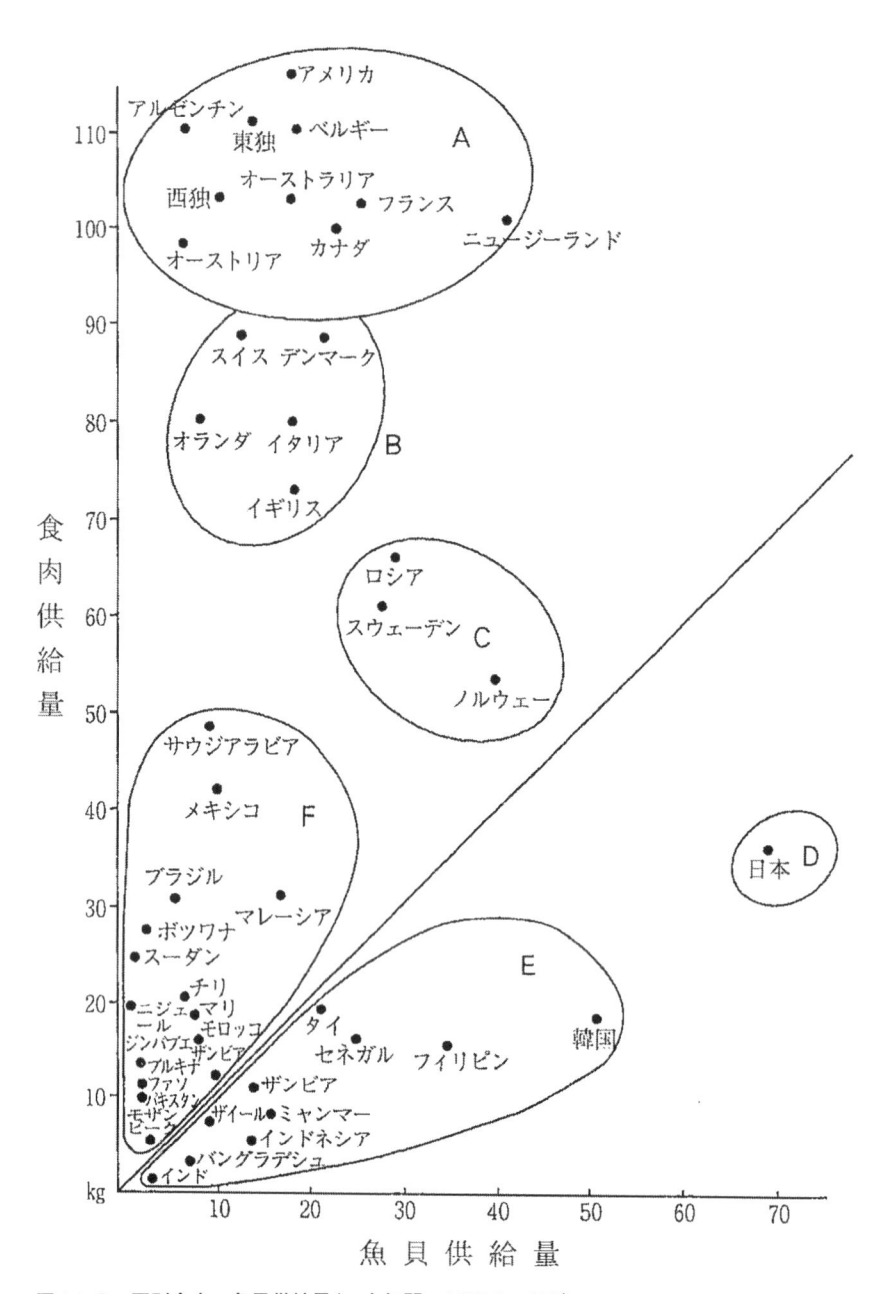

図11-3　国別食肉・魚貝供給量（一人年間，1984～86）

資料）長崎福三『肉食文化と魚食文化』P72，農山漁村文化協会

ヒトの食生活は昆虫食に始まり、次に果実食となり、動物を狩ることができるようになると肉食となり、また紀元前7000～8000年頃、農耕が始まると穀物が主食となり、そしてついに現在のように何でも食べる雑食性となったと考えられている。（中略）狩猟・農業が発達してくると、昆虫はしだいに大型動物の肉に置き換えられていったと思う。しかし、大型動物が穫（ママ）れないときは昆虫が動物たんぱく質として重要な役割を果たしていた。農業が進み、野生動物の家畜化、そして畜産が行われるようになると、大型動物の肉の供給が安定してきて、人びとの嗜好はしだいに昆虫を離れていったものと思う。

　今日の私たち日本人は、昆虫食を毛嫌いしますが、先人たちは、重要な食料源として利用しています。さらに、世界の昆虫食については、①世界で食べられる種類は、少なくも500種類はあり、②メキシコでは、300種以上を食べ、③熱帯や亜熱帯で多く、アフリカの消費量が最も多く、④タイ・中国・メキシコには、昆虫料理のレストランがあり、⑤欧米でも最近になり、アメリカで一部に関心が高まり、虫入りキャンディ・スナック昆虫などが市販され、昆虫料理のレシピには、つまみ・スープ・サラダ・グラタン・シュウマイ・カレー・ピザ・ピラフ・てんぷら・野菜の煮物・デザートがあり、⑥日本では、大正8年（1919）の調査で、イナゴ・ザザムシなどの55種が知られている、とあります。
　中国の昆虫食（**図11-4**）について、『中国の食文化』（創元社）に、①大部分の昆虫は、無毒で食べられ、②たんぱく質・脂肪・ビタミンに富み、③特有の味・風味・くせがなく、④料理・味付け（塩・砂糖・香辛料）が容易であり、⑤生のまま・焼きもの・から揚げ・油炒め・茹でものなどに料理します。昆虫食は、21世紀のたんぱく資源として、颯爽と登場するかもしれません。私たち日本人にとっても、他人ごとではありません。

図11-4　中国の屋台に並ぶ昆虫食。ムカデやサソリだけでなく、タツノオトシゴやヘビもみえます。

Q54　お酒を飲むのは、食前？食中？それとも食後？

　お酒の飲み方が、国によりさまざまであることを、ご存じでしたでしょうか。『食文化の国際比較』（日本経済新聞社）によると、世界の酒の文化は、**ワイン文明圏**（フランス・イタリア・スペイン・ポルトガル・ギリシャ）、**ウイスキー文明圏**（イギリス・オランダ・スカンジナビア諸国・アメリカ・日本）に大別されます。

　そして、これらの国々の飲酒と食事の習慣が異なっています。①ワイン文明の国では、酒を飲みながら食事をします。とくに、フランス人は、ワインと食事の調和に異常なほどの拘りがあります。フランス料理は、ワインとともに味わうグルメ志向だからです。②ウイスキー文明の

国では、酒を飲み終わってから食事をします。アメリカにはカクテルがあり、食前酒が多いようです。日本は、ウイスキー文明圏に属しながら、食べながら飲むワイン文明圏の要素もあります。フランスとアメリカの中間という曖昧さです。

　人は、なぜ、飲むのでしょうか。Q18では、ハレの日に酒を飲む習慣について触れました。ここでは、さらに、食事との関わりについて触れます。フランス人は、料理の味を引き出すために、こだわりのワインを飲み、アメリカ人は、健康志向で食欲増進のために、強い酒は好まずビールやワインを飲み、会話そのものを楽しみ、日本人は、人間関係を確認し合い信頼を深めるために、銘柄に拘らずに日本酒やウイスキーを飲みます。工業が発達したイギリスやドイツでは、プロテスタント系でよくビールを飲み、文化の国のフランスやイタリアでは、カトリック系でワインをよく飲むとする説もあります。

Q55　美味しさの評価は、民族により、なぜ違いが?

　第9章で、美味しさについて触れました。異文化と美味しさについて、もう少し触れてみます。『調理文化学』（建帛社）に、つぎのようにあります。

　　食嗜好は文化圏によってそれぞれ異なる。これは主として食習慣の違いによるものとされている。食習慣は、人が生れ育った土地、そこで入手し得る食料、可能な調理加工法などを含む多様な食環境への適応によってもたらされたものであり、このなかからそれぞれの食嗜好が形成される。いわゆる、刷り込み効果によるといってよい。

　例えば、粘りのあるジャポニカ種のコメを好む日本人は、サラサラしたインディカ種のコメを嫌います（**図11-5**）。ところが、多くの米食民

図11-5　インディカ種のコメ（左）とジャポニカ種のコメ。粒の形の違いが歴然としています。

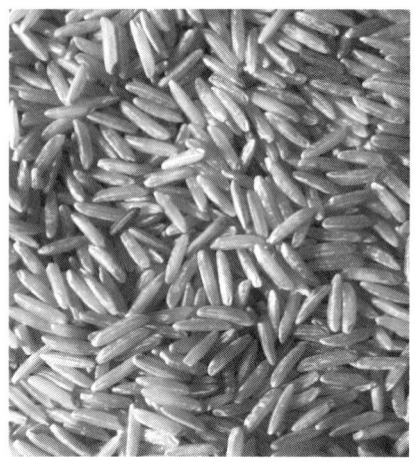

族は、インディカ種を好み、それぞれに適応した料理体系を形成しています。コメの好みについては、Q42でも触れています。さらにまた、『食文化の国際比較』（日本経済新聞社）に、つぎのようにあります。

> 食べ物はその国の人間を特徴づける。他国の人々の食べ物に関する行動や習慣をみて、「やはり自分は同じ国の人間ではないのだ」と感じることがあるだろう。つまり、人々が好んだり嫌がったりしている食べ物から、その国独自の文化がわかるのである。私たちはアメリカの食べ物というとファーストフードやステーキ、ポテトを思い浮かべ、フランスでは濃厚なソースを、日本では米や魚介を思い浮かべる。

第12章 宗教による食べ物の禁忌

Q56　宗教により、なぜ食べ物が異なるのですか？

　宗教により、なぜ、食べ物が異なるのでしょうか。世界には、さまざまな宗教があります。その宗教人口は、キリスト教徒23億8000万、イスラム教徒19億700万、ヒンドゥー教徒11億6000万、仏教徒5億2000万といわれます。宗教により食べ物が異なるのは、さまざまな厳しい戒律があるからです。具体的にみていきます。

　まず、宗教との関わりは、①神との意思の疎通を図り、②そのお告げに従って神への誠実を示し、③断食による修行を行います。これらの考え方には、Q14でも触れたように、**少ない食べ物を、公平に分かち合い、神と共に食べることで、仲間意識を強くする、人類共通の願いが込**められています。

　そして、宗教による厳しい食事制限として、①どのような食べ物は食べてよいか、また、食べてはいけないか、②いつ食べてよいか、③どのような食事をするのか、④どのような調理をするか、⑤いつ、どのぐらいの期間の断食をするか、が決められています。このような厳しい戒律を守ることにより、人類は、長い間の繁栄を約束されたのです。

Q57　どんなタブーがありますか?

　宗教によるタブーとは、どのようなことでしょうか。特定の食べ物を避けることを、忌避とか、禁忌といいます。忌避とは、食べたくないので嫌って避けることです。例えば、牧畜民族は、魚介を食べません。禁忌とは、主として宗教的な理由により避けることで、タブーと呼ばれます。宗教には、数多くのタブーがあります。**表12-1**は、食肉禁忌の分布を示します。どのようなタブーがあるのか、宗教ごとにみていきます。

ユダヤ教のタブー

　聖書に、食べ物は神が許可し命令し統合するもので、その掟に背く者は厳重な処罰を受ける、とあります。ユダヤ教には、さまざまなタブーがあります。

　『旧約聖書』の「レビ記 11」に、食べてよいものと、食べてはいけないものが規定されています。ちょっと長くなりますが、具体的に示しま

動物	否定的	肯定的	否定する理由
ブタ	イスラム社会	イスラム社会以外	宗教上の禁忌
ウシ	ヒンズー社会	ヒンズー社会以外	宗教上の禁忌
ウマ	ヨーロッパ全般, アメリカ	フランス, 日本など	宗教が関連した食習慣上の忌避
ラクダ	イスラム社会以外	イスラム社会	宗教上の禁忌と習慣
イヌ	東・南アジア, オセアニア以外	東・南アジア, オセアニア, 中央アフリカ	食習慣上の忌避
ニワトリ	インド亜大陸 中央・南アフリカ	その他の社会	隠喩（多産多淫）による忌避
動物全般	ジャナイ教徒 菜食主義者	その他の社会	宗教上の禁忌 生活信条による忌避
クジラ	日本以外	日本, 北極先住民	食習慣による忌避

表12-1　食肉禁忌の分布
資料)石毛直道, 鄭大声編『食文化入門』P126, 講談社

すと、①獣で食べてよいものは、ひづめの分かれたもの、反芻するもの（らくだ・岩たぬき・野うさぎ・豚は食べてはならない）、②海・川の動物で食べてよいものは、ひれとうろこのあるもの、③鳥で食べてはならないものは、はげわし・ひげはげわし・みさご・とび・はやぶさの類、からすの類、だちょう・よたか・かもめ・たかの類、ふくろう・う・みみずく・むらさきばん・ペリカン・はげたか・こうのとり・さぎの類、やつがしら・こうもり、④羽があり四つ足で歩くすべての這うものは、食べてはならない、⑤ただし、羽があり四つの足で歩くすべての這うもののうち、その足の上に跳ね足があり、それで地上を跳ねるものは食べてよい。すなわち、移住いなごの類、遍歴いなごの類、大いなごの類、小いなごの類は、食べてよいとあります。このほかにも、①血液は食べてはいけないとか、②肉と乳製品を一緒に食べてはいけない、とあります。

キリスト教のタブー

　キリスト教には、ユダヤ教のようなタブーは全くありません。イエスが、あなた方は、そんなに物分かりが悪いのかと、弟子たちに諭したと、『マルコによる福音書』に、つぎのようにあります。

　　外から人の体に入るもので、人を汚すことができるものは何もなく、人の中から出て来るものが、人を汚すのである。（7-15）（中略）それは人の心の中に入るのではなく、腹の中に入り、そして外に出される。こうして、すべての食べ物は清められる。（7-19）

イスラム教のタブー

　イスラム教は一神教で、神により統合された規律が守られ、1日に5回の礼拝をします。イスラム教徒は、神の前で共に祈り、食べる習慣があります。豚肉のタブーは、コーランが定める厳しい戒律です。牛・羊・山羊・らくだ・鶏・鴨・鳩は食べてもよく、アルコール飲料は禁止されます。タブーについて、『コーラン』に、つぎのようにあります。

汝らが食べてならぬものは、死獣の肉・血・豚肉・アッラーならぬ
邪神に捧げられたもの、絞め殺された動物、打ち殺された動物、墜
落死した動物、角で突き殺された動物、また他の猛獣の啖（くら）ったもの
―汝らが自ら手を下して最後の止めをさしたものはよろしい―偶像
神の石壇（ほふ）で屠られたもの、賭矢（かけや）を使い分配することも許されぬ。

ヒンドゥー教のタブー

インドでは、牛は、母性と豊穣を象徴する神聖な動物であり、崇拝の
対象です。14億超の人口に、2億近い牛を飼育し、老牛は手厚く保護さ
れます。そのために、牛肉は食べません。食べると、恐ろしい災いが起
きると信じられています。

仏教のタブー

仏教には、もともとは食べ物のタブーはありません。生き物を殺した
り、傷つけたりすることを恐れています。日本では、675年に、天武天
皇が、牛・馬・犬・猿・鶏の殺生（せっしょう）禁断令を発布します。仏教の教義に
よる日本的なタブーで、日本人の穢（けが）れ観を利用しています。さらに、歴
代の天皇により、度重なる殺生禁断令や放生（ほうじょう）令が発布されます。**表
12-2** に、これらの殺生禁断や放生令を示します。

主として飼育動物が対象で、野生動物は外されています。とくに、牛
や馬は、農耕・軍事・輸送に有用で、殺してはならない動物とされまし
た。また、「不許葷酒入山門（葷（くん）酒山門に入るを許さず）」という、酒と葷
（臭みの強い野菜、にら・ねぎ・にんにく・らっきょう・はじかみ）のタブーも
ありますが、今日ではほとんど守られていません。

同じ仏教国でも、中国では殺生禁断令はほとんど出ていません。しか
し、タブーのない中国にも、親の死に際して喪に服する期間は、肉や酒
を慎む風習があります。また、朝鮮半島では日本ほど殺生禁断令は浸透
せず、肉食は仏教や儒教（じゅきょう）の盛衰と関連しています。牛肉食は、元（げん）の頃か
ら復活し、李朝（りちょう）の頃に定着し、日本と異なる肉食文化を形成します。

表12-2　殺生禁断・放生令

資料）山内昶『「食」の歴史人類学―比較文化論の地平』P258, 人文書院

年代	布告者	動物	理由	出典
天武　4（　675）年	天武	牛, 馬, 犬, 猿, 鶏	仏教上及び実利	日本書紀29
養老　5（　721）年	元正	鷹狗, 鵜, 鶏, 猪放生	仏教上及び仁愛	続日本紀　8
天平　2（　730）年	聖武	猪, 鹿	乱獲禁	〃　10
〃　4（　732）年	〃	私畜猪40頭放生	旱魃	〃　11
〃　13（　741）年	〃	馬, 牛	実利	〃　14
天平宝字　2（　758）年	孝謙	猪, 鹿	皇太后平癒祈願	〃　20
延暦10（　791）年	桓武	牛	漢神供犠の禁	〃　46
〃　20（　801）年	〃	〃	〃	日本後紀　9逸文
〃　23（　804）年	〃	〃	実利	日本後紀12
弘仁元（　810）年	嵯峨	牛, 馬	〃	〃　20
大治元（1126）年	崇徳	鵜, 鷹, 犬放生	飢饉	百錬抄

俗信のタブー

　タブーには、俗信のタブーと称するものもあります。民間信仰的な慣行やまじないの類いです。例えば、①食い合わせ、②温冷説、③出産のタブー、④死のタブー（服忌）などです。これらのタブーの真偽のほどは、昔からかなり議論されています。ついでながら、真実かどうかを確かめずに、信用することを妄信といいます。

　日本的な食禁思想のなかに、**食べ合わせ**（さしあい）があります。食べ合わせは、古代中国の陰陽五行説に由来するもので、陰と陽の組み合わせの相性により決まるとする説があります。例えば、ウナギと梅干、タニシとそば、赤飯とフグ、牛肉とホウレン草、氷と天ぷらの類いです。江戸期までは、かなり信じられています。なかには、有毒なもの、不消化なもの、脂肪の多いものを避けるという意味もあります。しかし、科学的な論拠のないものが多く、明治から大正期の栄養学者により、ほとんど解明されています。

Q58 宗教行事には、どんな食べ物がありますか？

　宗教行事と食べ物には、さまざまな関わりがあります。視点を変えながら話を進めます。

断食

　まず、物忌みとして食べ物をとらえ禁欲する風習に、断食や精進があります。断食は、多くの宗教で、記念行事などに行う最も厳しい戒律の一つです。ユダヤ教では、聖書の掟による戒律や、両親の命日などに断食をします。イスラム教では、ラマダンと称する戒律があります。**ラマダン**の月には、夜明けから日没まで断食をします。水を飲むことも許されません。キリスト教では、近年になるまで、キリストの死を祈念するために、金曜日を中心に肉食の禁忌や断食がありました。また、**復活祭**には、肉や魚の摂取を禁じる6週間の断食があります。イエスが、宣教を開始するにあたり、荒れ野で40日間の断食と瞑想をしたことに因むものです。断食の規定や意味について、『食の思想』（ドメス出版）に、つぎのようにあります。

　　2月から4月にかけては、ヨーロッパではとりわけ食物の端境期であった。その絶対量不足に対応するかのように、禁欲を要求したのである。また場合によっては、前年末からつづく過剰栄養摂取にブレーキをかけ、体調の安全をめざしたものといえよう。

　仏教の世界では、真言密教のように、ミイラになるまで断食をする、**即身成仏**という苦しい修行があります。このように、人間は、宗教の掟により断食をします。しかし、人間以外の動物は、怪我や病気になると、断食により体の機能回復を図ろうとします。同じ断食でありながら、人間と動物では、果たす目的が全く異なっています。

キリスト教と宗教菓子

　つぎに、宗教菓子について触れます。ヨーロッパのワイン・パン・菓子などは、古代ローマ帝国が滅亡すると、領主や修道院により製造技術が引き継がれます。そのために、しだいに宗教色の強いものになります。とくに、パンや菓子には、キリスト教に関わるものが多いようです。クラプフェン、パンドーロ、コロンボ、クリーチ、ガレットデロア、ゴーフル、プレッツェル、ブリオッシュ、ビュッシュドノエル、プラムプディング、プラムケーキ、デコレーションケーキ、シュトーレン、ウェディングケーキ、パネトーネ、クレープ、マカロンなどがあります。いくつかの具体例についてみていきましょう。

　まず、**聖バレンタインデー**についてです。3世紀の頃に、ローマ帝国の皇帝・クラウディウス2世は、強い軍隊を創設するために兵士の結婚を禁じ、もっぱら厳しい訓練に明け暮れます。非人道的な命令に反対した、ローマの司祭・聖バレンタインは、逆に、結婚を奨励します。そこで、皇帝は激怒して、273年の2月14日に処刑してしまいます。ローマカトリック教会では、その死を悼み、宗教的な行事を行う祭日とします。14世紀頃になると、若い男女の愛の告白の日となり、プロポーズの贈り物の習慣ができます。チョコレートを贈る習慣は、日本のメーカーによる発想です。今日では、欧米諸国だけでなく、韓国、台湾、メキシコなどでも定着しているそうです。

　プレッツェルは、シンボルのパンとも呼ばれ、ドイツのシュヴァーベン地方の菓子として知られています。このプレッツェルは、コムギ粉・塩・水だけで作る菓子で、元来は断食用だったらしく、『パンの文化史』（朝日新聞社）に、つぎのようにあります。

　　その由来は、死者が埋葬されるときに副葬された指輪・腕輪・首輪などが元になっているらしい。死者送りに持たせた本物の腕輪の代わりに、コムギ粉でつくったものを、葬式で参会者に配るようになったのだという。プレッツェルは英語のブレスレッド（腕輪）と同

根の言葉。他説には、修道士が両腕を組んで神に服従の意を表すときの形から小さい腕にちなむとも。（中略）中世の修道院では、キリストの降誕日・過ぎ越し祭・精霊降臨祭のそれぞれ4日間は断食日と定められ、午餐に2皿の魚、晩餐に小さい腕のある菓子を食べていたことが、当時の食事メニューから分かっている。

象形パンは、宗教儀式から誕生したパンです。人々は、真心を込めて作り上げ、神に捧げ神と共に食べる祭りのパンです。『パンの文化史』に、つぎのようにあります。

> 祭りになると、コムギの生地は晴れがましく、意味あり気な形を装うのである。何かモノに象られたパンや菓子は、ひっくるめて象形パンと呼ばれている。象りによって、人はその心の内をあらわにしたのである。（中略）聖ニコラスの日や、聖マルチンの日のヒト形のパン、クリスマスの星型やモミの木形の菓子、あるいは復活祭のゆで卵を抱いた小鳥形のパンや、小羊形のパンなど、また、サンクト・ガレン（スイス北部）の故事にちなむ熊形のパンなど無数にある。記念のパンは、宗教儀式を離れ、民俗行事として伝承されている。

似たものに、神への捧げものとする編みパンがあります。日本でも、鶴や亀などのパンを、パン屋の店頭で見かけることがありますが、こちらは宗教とは関係ありません。

復活祭の卵は、イースター（復活祭）に捧げる、極彩色の卵（イースター・エッグ）です。キリスト教の復活思想によると、十字架にかけられたキリストは、新しい人間の初穂（神への捧げの）として、3日目に復活します。同じように、すべての人間は、神の恵みにより再び生きた姿で永遠の世界に復活します。春分の日の後の最初の満月のつぎの日曜日で、後の40日間の復活節には、さまざまな祈りが捧げられます。卵の殻

に、絵や模様を描いた卵菓子を作り祝います。コムギ粉に、卵・砂糖・オリーブ油・塩・酵母(こうぼ)を練り合わせた生地を茹(ゆ)でて、真ん中に彩色した茹で卵をはめ込み、オーブンで焼き上げます。卵を破って生まれるヒヨコの苦しみに続く、新しい生命の誕生を象徴しています。

パンプキンパイは、カボチャのあんを詰めた、アメリカのパイ菓子です。17世紀の頃に、イギリスの移民が、ニューイングランドで始めたサンクスギビングデー（収穫感謝祭）には、クランベリーソース付きの七面鳥の丸焼きや、パンプキンパイで祝います。パイ好きのイギリス人は、ニューイングランドではイギリスのようなリンゴが手に入らず、カボチャで代用します。ハロウィーンの日が近づくと、カボチャの提灯作りも盛んになります。うら漉(こ)しカボチャに、牛乳・生クリーム・卵・ブラウンシュガー・シナモン・クローブ・ナツメグ・ジンジャー・バニラを混ぜ合わせ、パイ生地に包んで焼きます。砕いたクラッカーを、溶かしたバターでパイ皿に張り付けた、焼かない冷製のものもあり、クリスマスにも作ります。

Q59　「最後の晩餐」では、何を食べているの？

　キリストの最後の晩餐では、パンとブドウ酒を食べています。なぜでしょうか。キリスト教の聖体拝領の儀式（聖餐(せいさん)式）では、種なしパンや赤ワインが供されます。イーストを加えない種なしパンは、イスラエル人がモーセに導かれてエジプトを脱出したときに、パン種を入れないパンを食べた故事によります。ですから、過越祭(すぎこし)は、種なしパンの祭りとも呼ばれ、ユダヤ人は、祭りの7日間、信仰により種なしパンを食べます。旧約聖書に、種なしパン（無醗酵(はっこう)パン）の作り方がよく出てきます。（『レビ記』4-11など）

　この種なしパンは、**ホスチア**と呼ばれます。コムギ粉に水を加えただけの生地を、熱した2枚の鉄板に挟んで焼き上げたもので、丸くて薄い

ウエハース状です。『食と栄養の文化人類学—ヒトは何故それを食べるか』（中央法規出版）に、つぎのようにあります。

> かつて人類学者たちが指摘したように、キリスト教の聖体拝領の儀式と古代の生贄（いけにえ）の儀式とは酷似している。最後の晩餐でイエスは「取りなさい。これは私の体である」また、「これは、私の契約の血である」（マルコ福音書14-22-24）と語っている。聖体拝領や感謝祈禱の起源は、皆でイエスの死を記憶するためで、一つのパン塊を切り分けて食べ、一つのカップでワインを回し飲みすることによって、皆の感謝の意を示したところにある。

　最後の晩餐は、数多くの画家により描かれています。なかでも、イタリアのミラノにある、サンタ・マリア・デッレ・グラツィエ聖堂は、第2次世界大戦の爆撃を免れた、レオナルド・ダ・ヴィンチの「最後の晩餐」で知られています。

図12-1　レオナルド・ダ・ヴィンチ「最後の晩餐」、15世紀末
（イタリア・ミラノのサンタ・マリア・デッレ・グラツィエ教会所蔵）

第13章
人の移動による新しい食の創造

Q60　人が移動すると、新しい食が作られるわけは?

　人が移動すると、新しい食が創造されます。なぜでしょうか。例えば、日本の稲作の栽培技術も、さまざまな外来食も、人の移動により伝えられました。中国料理も、華僑により、世界中に広がりました。同じように、エスニック料理も、当初は、東南アジアの人たちによって普及しました。

　このように、食べ物の伝播や交流には、人の移動が不可欠です。さらにまた、政治や経済などの社会的要素が加わりますと、新しい食の創造は加速されます。中国料理が世界中に普及したのは、古い伝統を持つ中国文明への世界の人々の関心が高かったからとする説があります。また、海外での日本食ブームは、日本人の積極的な海外進出によるもので、健康食志向への意思表示とも受け取れます。ソウルオリンピック（1988）が契機となり、日本では、韓国料理への関心が高まりました。

Q61　アメリカ大陸発見がもたらした食べ物とは?

　中世のヨーロッパで、衝撃的な大きな変革が起こります。コロンブスなどによる、アメリカ新大陸の発見です。『ヨーロッパの舌はどう変わったか』（講談社）によると、典型的な農民の食事は、麦粉と少量の豚肉

を煮込んだ、ごった煮スープの繰り返しでした。ヨーロッパの食卓に、おびただしい食品が登場するのは、コロンブスの大航海が契機として、つぎのようにあります。

> コロンブスは、1492年、第1回目の航路の帰路にトウモロコシを持ち帰った。これが新大陸原産の食用作物のヨーロッパ伝来の最初であろう。それ以来多くの新大陸起源の食物がヨーロッパへ伝わり、食生活の革新に大きな寄与をすることになる。代表的なものを挙げるだけで、ジャガイモ・サツマイモ・カボチャ・インゲン豆・落花生・トマト・唐辛子などお馴染みの食品が並ぶ。

　コロンブスの大航海は、新大陸起源の作物を、ヨーロッパに運んだだけではなく、①カカオやキャッサバが、アジアやアフリカの熱帯地方に移植され、②新大陸の作物の多くは、ヨーロッパから全世界に伝えられました。例えば、トウモロコシは、インドから東南アジアを経て、100年後には、長崎にやってきます。③コムギ・オリーブ・サトウキビなどの旧大陸の作物や家畜を、新大陸に持ち込み、④コーヒー・茶・砂糖がアジアから入りました。

　これらの大移動は、コロンブスの交換（クロスビー）とも呼ばれ、新しい食の創造に大切な役割を果たしました。この時代を、第2次食物革命と称するとする説もあります。ちなみに、第1次食物革命は、1万年前の植物の栽培化だとする説があります。

　コロンブスの交換により、①ヨーロッパの単調な食生活は、様変わりし、②ジャガイモやトウモロコシが、貧しい人たちの栄養改善に寄与し、③18世紀後半には、人口増加にも対応できるようになりました。

Q62　西欧の皇族の結婚で生まれた食べ物とは？

　15世紀頃までの中世のヨーロッパでは、神が中心のキリスト教全盛時代が続きます。そして、古代ギリシャやローマ時代の見直しにより、人間中心の近代文化へ脱皮しようとする転換期を迎えます。イタリアに始まるルネサンス（文芸復興）です。ちょうどこの頃に、ヨーロッパの食文化を一新する歴史に残る動きがありました。

　Q26でも触れていますが、1533年に、イタリアのメディチ家のカトリーヌ姫がフランスのオルレアン公（アンリ2世）に嫁入りします。また、1600年には、マリー姫がアンリ4世と結婚します。これらの結婚で、イタリアの菓子職人が大勢フランスに移動し、シャーベット・コンポート（果物のシロップ煮）・ゼリー・マジパン・ヌガーなどの技術をもたらし、フランス菓子に大きな影響を与えました。さらに、腕利きの料理人を伴い、リキュールや東洋の珍しい香辛料、ナイフ・フォーク・ナプキン・ムラノグラス・パラソル、また、食卓作りの技術や食事作法などを持ち込み、後のフランス宮廷料理の基盤となります。

Q63　フランスの歴史に残る、食の創造とは？

　フランスの歴史には、さらに、二つの大きな食の創造がありました。ナポレオンによる缶詰の創作と、フランス革命による宮廷料理の様変わりです。

ナポレオンによる食の創造

　ナポレオンは、軍隊を大移動させたことでも有名です。戦争による軍隊の大移動には、大量の補給食料の確保、長期保存の効く軍用食が必要になります。

缶詰の開発は、ヨーロッパ戦線で勇名を馳せた、ナポレオン1世の軍用食作りへの情熱の結晶です。フランス革命さなかの1796年に彼はイタリア遠征軍司令官として遠征を決行します。ところが、当時の軍用食は、塩蔵(えんぞう)・燻製(くんせい)・砂糖漬け・乾物(かんぶつ)による保存食が主で、輸送・調理・鮮度・品質・栄養の面で、必ずしも満足できるものではありません。

　そこで、ナポレオンは、懸賞募集により新しい軍用食の創作を促(うなが)しました。1804年に、ニコラ・アペールは、10年の歳月を費やして、ガラス瓶に入れて密封した食べ物に、加熱処理する方法を提案します。空気と接触しないようにすると、腐敗しやすいものも長期の保存が可能になります。賞金は1万2000フランでした。今日の缶詰の原型です。

　ついでながら、缶詰ができるまでを追うと、1852年に、シュヴァリエ・アペールは、殺菌機を使う方法を考案します。さらに、ルイ・パストゥールにより、腐敗は細菌によって起こることが証明されました。また、イギリスのブライアン・ドンキンは、ブリキ缶を考案して、1812年に、缶詰工場を建設します。缶詰は、アメリカの南北戦争（1861〜65）のときに、軍用食として威力を発揮します。日本でも、明治10年（1877）の西南戦争で、魚肉缶詰が活躍します。

図13-1　明治10年（1877）、北海道開拓使石狩缶詰所で作られた缶詰。以降、缶詰の商業生産が開始されました（北海道立文書館所蔵）

　ナポレオン1世の食の創造には、もう一つの挿話があります。戦争により、ヨーロッパの甘庶糖の輸入が激減すると、てんさい糖による技術革新が始まったことです。

宮廷料理の崩壊によるフランス料理の黄金時代の出現

　Q26でも触れましたが、フランス革命により、フランス料理の運命は大きく変わります。ルイ王朝の美食好みに爛熟した宮廷料理は、一気に崩壊したのです。その結果、①今までの宮廷の美味な料理が一般化し、②料理の伝統を継承しながら、質が様変わりし、③王侯や貴族お抱えの優れた料理人が大移動します。

　すなわち、パリの料理人の大移動により、フランス料理は庶民料理として再編成されます。そして、黄金時代を迎えると、短期間のうちに世界中に普及し、世界で初めてのレストランが誕生するのです。

Q64　日本では、どんな食の創造がありましたか?

　日本では、江戸期に、諸国大名の改易・転封・参勤交代による交流が、各地の食文化に与えた影響は計り知れません。例えば、宇和島のかまぼこは、仙台藩より伝えられます。また、多種多彩な食のロード(道)が開かれます。ここでは、戦争や災害により人が移動して、新しい食が創造されたことについて触れます。

戦争による食の創造

　戦争により、多くの食が作られています。例えば、①日露戦争の後に、ロシア兵が愛媛県の松山でタルトを作り、②第1次世界大戦の後に、ドイツ兵がベーカリーやハム・ソーセージ作りに貢献し、③第2次世界大戦の後に、大陸からの引揚者が餃子をもたらします。

関東大震災の後に

　大正12年（1923）の関東大震災のときにも、人の大きな移動があり、①鯖ずしや箱ずし好みの関西に、江戸の握りずしが流行し、②東京の味噌が品不足となり、新潟・長野・栃木などの地方の味噌が進出し、③支那そば屋・洋食屋・喫茶店が流行し、④また、ご飯とおかずを同じ容器に入れて立ち食いができる釜飯（**図13-2**）や、⑤串に刺して食べやすくした焼き鳥、⑥ゴマ油を、関西風のさっぱりしたダイズ油や綿実油に代えた東京天ぷらが流行します。

第2次世界大戦の後に

　ラーメンは、関東大震災のときにも、支那そば（**図13-3**）として、東京で一時流行しますが、全国的に爆発的に普及するのは、第2次世界大戦後のことです。江戸中期の頃に伝えられた餃子も、明治から昭和初期にかけては、一向に関心を呼びませんでした。そして、戦後に、大陸からの引揚者が持ち帰ると、急速に全国に普及します。

　独特のソース焼きそばは、大正期の東京・浅草で誕生しました。人と一緒に食品の製造機械が移動した事例もあります。第2次世界大戦のときに、アメリカは、世界中の戦場で、揚げたての同じドーナツを供給するために、移動しやすい小型のドーナツ自動フライヤーを開発します。戦後、これらの中古機械が数多く日本にも運ばれました。そして、戦後のアメリカでは、新しいファストフード市場が形成されます。日本でも、昭和46年（1971）頃に、ダンキンやミスタードーナツが上陸し、若い人の心を摑み、ドーナツブームが訪れました。

図13-2　「釜めし春」は関東大震災後の大正13年（1924）に東京・浅草で創業しました。釜めし発祥の店として知られています。

図13-3　來々軒は、明治43年（1910）に創業者が横浜中華街から中国人の料理人を引き連れて、東京・浅草で開店しました。支那そば（ラーメン）以外にもワンタンやシュウマイなどを初めて提供した店とされます。写真は大正3年（1914）頃（写真提供：新横浜ラーメン博物館）

第14章
日本の食の生い立ち

Q65　日本の食の生い立ちには、どんな特長が?

　日本の食の生い立ちについて、その特長の根底にあるものは、何なのでしょうか。私たち日本人の食生活は、外来食の強い影響を受けながら、今日の姿になりました。そして、外来食を吸収し同化しながら、和洋中華を中心にした混合型・折衷型の食事様式を完成しました。とくに、最近の30年間の急激な食生活の変遷ぶりは、世界に例をみないほどです。

　日本は、アジアの水田稲作農耕文化圏に属し、東西に細長い島国で、海の幸や山の幸を豊かに育む気候風土に恵まれています。季節感を重視し、**素材の持ち味を生かした日本料理**は、このような豊富な食資源により構成されます。さらにまた、私たち日本人は、環境の変化にも容易に順応できる、雑食性の強い民族です。そのために、固有の民族食の育つ余地がありませんでした。このことが、今日の日本の食を形成する基盤になっています。もしも、固有の民族食が存在していれば、**多種多様な外来食の日本化**は起こらなかったかもしれません。食に対する主体性がないことから、世界中の食を享受できる国になったのでしょう。これらの食文化形成の過程を、時代ごとの特長を把握しながら辿ってみます。

原始・古代（縄文・弥生・古墳・奈良・平安期）

　日本誕生から平安期までには、①農耕文化の興り、②1200年間続く

殺生禁断令の発生、③唐風食の伝来と日本化という特長がみられます。

　まず、**農耕文化の興り**についてです。旧石器時代から縄文時代までは、狩猟や漁撈による自然採集型の雑食が続きます。弥生時代になり、稲作農耕文化が伝来しました。この頃に、直火焼きや焼き石により、素材を加熱調理する方法を習得します。紀元前3〜4世紀頃に、大陸の稲作が九州に伝えられ、農耕を中心にした定住生活が始まりました。そして、本格的な水田稲作農耕文化は、古墳時代に成立します。この頃から、玄米中心の安定した食生活が始まり、主食と副食の概念が芽生えてくるのです。さらに、サトイモ・ヤマイモ・キビ・アワ・ヒエ・ソバ・マメ・ムギなどが、大陸より伝来します。

　1200年間続いた殺生禁断令は、今日に至るまでの日本の食文化に、決定的な影響を与え続けています。欽明天皇の538年に、百済の聖明王が仏像や経論を献上し、仏教が伝来します。そして、仏教の殺生禁断の教義により、天武天皇の4年（675）に、牛・馬・犬・猿・鶏の殺生禁断令が発布されます。その後も、たびたび禁令が出され、**1200年にわたり、日本人の食べ物は、肉食欠如という決定的な影響を受け、独特な料理様式を発達**させます。たんぱく源は、肉に代わり魚介が中心になります。Q57の仏教のタブーでも触れました。そのために、隋や唐の頃に、帰化人により、乳製品の酥や醍醐が伝えられますが、牛乳や乳製品を摂取する習慣は消えてしまいます。

　つぎに、**唐文化の伝来と日本化**も、大きな影響を与えました。4世紀頃になると、諸豪族が大和朝廷を統一します。大化改新により律令国家が成立し、中国との国交が盛んになります。**コメを租税として物納する制度ができ、日本の経済は、コメが基盤**となりました。

　貴族は、唐風食を取り入れて調理加工の技術を発達させ、宮廷料理の基礎を確立します。素材のほとんどは、干物などの保存食でした。貴族などの上流階級は米、庶民は雑穀を食べるようになります。また、**主食と副食という、日本独特の食事形態**が現れます。

　推古15年（607）に、小野妹子が隋より帰朝します。さらに、飛鳥期

から平安期にかけての260年間（630〜894）に、遣唐使が十数回にわたり派遣されました。多数の留学僧や留学生は、長安や洛陽に滞在し、唐の優れた文物を持ち帰ります。**唐菓子**も伝えられました。唐菓子は、コメ粉やコムギ粉の生地を丸めたり、薄く伸ばしてから、蒸したり揚げたりしたもので、**その後の日本の粉食加工に大きな影響**を与えます。この唐菓子には、そうめん・うどん・せんべい・かりん糖などの祖型がみられます。神に捧げたり、貴族などの上流階級の嗜好食品となり、一般庶民には普及しませんでした。今日でも、奈良の春日大社などでは、神饌に用いています。**図14-1** は、いろいろな唐菓子を示します。さらに、唐風食の影響により、調理の幅が広がりました。煮る・炊く・蒸すが容易になり、膾・羹・漬物・揚げ物などの調理法も加わります。

　ところで、日本料理の発祥には、二人の祖神が登場します。磐鹿六雁命と藤原山蔭です。『日本書紀』養老4年（720）に、景行天皇の東

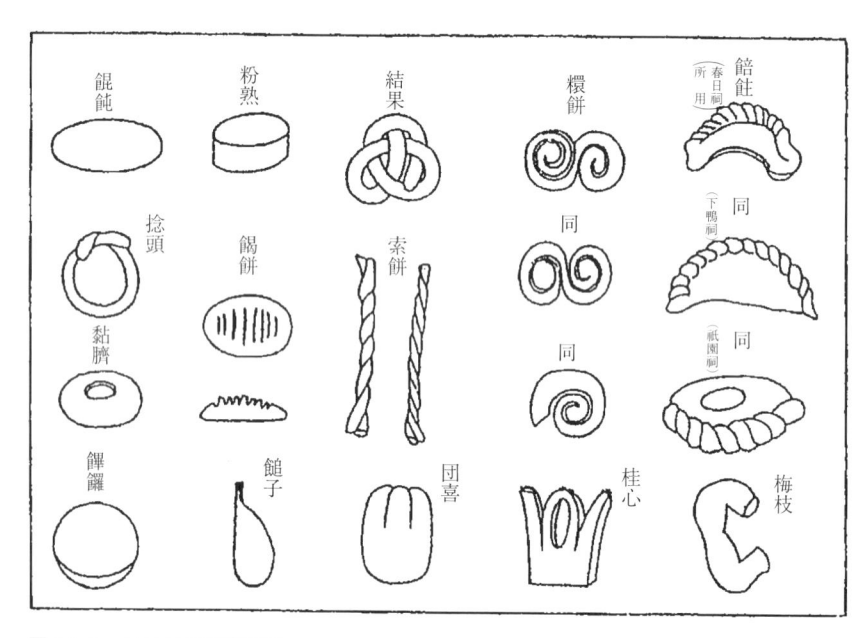

図14-1　いろいろな唐菓子
資料）桜井秀，足立勇『日本食物史』P213，雄山閣出版

国巡幸のときに、磐鹿六雁命は、淡水門（安房国）で、白蛤と堅魚を調理した膾を献上したとあります。日本で最も古い料理の記録です。同じような情報は、8世紀後半の『高橋氏文』にもあります。また、平安前期の元慶8年（884）に、58代の光孝天皇は、藤原鎌足からの料理を伝承する、四条中納言の藤原山蔭を起用して、日本料理の基礎を築きます。後の室町期に現れる四条流家元の祖といわれます。光孝天皇は、とくに料理に関心が深く、「君がため春の野に出でて若菜摘むわが衣手に雪はふりつつ」の和歌は、よく知られています。

　ここで、日本人の**米の炊き方**について、少しばかり触れます。奈良期には、貴族などの上流階級は、甑で蒸した強飯（**図14-2**）、庶民は炊いた飯でしたが、平安期には、強飯はオコワと呼ばれ、天皇の供御や節会に用いていました。庶民の炊いた飯は、水気の多い汁粥と、水気の少ない固粥（姫飯）になり、平安後期には、固粥が普及します。固粥は、日

図14-2　復原された奈良時代の貴族の食事（奈良文化財研究所）

本人好みの飯となり、汁粥は粥として発達します。その粥のなかから、カタガユとして炊干しの飯が出現します。姫飯と呼ばれるようになり、時代とともに標準化して、現在の飯になります。

中世（鎌倉・室町・安土桃山期）

つぎの鎌倉から安土桃山期には、①日本料理の発生、②南蛮文化との出会いという特長がみられます。

まず、**日本料理の発生**についてです。鎌倉期に、武士が活躍し始め、食べ物にも質実剛健さが漲（みなぎ）ってきます。食事は朝夕の2回になりました。戦陣の携帯食として、糒・餅・干魚・海藻・梅干しなどの保存食が発達します。屯食（とんじき）と称する握り飯が、貴族の接待用に登場します。

鎌倉前期（12世紀頃）に、臨済宗（りんざい）の栄西（えいさい）、曹洞宗の道元（どうげん）は、宋から禅宗を伝え、将軍や守護の間に広めます。栄西の『喫茶養生記（きっさようじょうき）』に、「茶は養生の仙薬なり」とあります。また、道元の『典座教訓（てんぞきょうくん）』には、料理や飲食の心得が詳細に記され、禅宗寺院では厳しい食事作法が行われました。この時代に**日本で初めて、食事作法が体系化**されたのです。武士の間からは、椀飯振舞（おうはんふるまい）と称する独特な食習慣が生まれ、今日の新年宴会や忘年会の源流となりました。

中国から伝えられた点心は、肉食を避けた禅林料理に取り入れられ、寺院の精進料理が発達します。また、味噌・醤油・豆腐・麩（ふ）・饅頭（まんじゅう）が普及し、調理技術の範囲が広がりました。鎌倉中期頃から、**水田裏作としてのムギの栽培**が盛んになります。食事回数も、朝廷や公家の間では、1日2食から、3食の習慣が生まれます。しかし、鎌倉期は、孟子（もうし）の「君子は庖厨（ほうちゅう）（台所）を遠ざく」の思想により、日本料理の技術が停滞したともいわれます。

一方、栄西の持ち帰った茶は、室町中期に、千利休による茶の湯として大成され、わび・さびの世界が現れます。温石（おんじゃく）に由来する軽い懐石が生まれ、精進料理が発達しました。さらに、後に贅沢（ぜいたく）な酒宴の**会席料理が現れ、日本料理の主流を形成**します。中国の普茶（ふちゃ）料理や長崎の卓袱料（しっぽく）

理も、日本料理に大きな影響を与えました。室町後期に誕生する日本料理には、日本人の食に対する遊び心が生きています。

　室町期に、日本料理は、有職故実を生かした技巧的なものになりました。式正膳・五五三膳・七五三膳などの多くの様式が現れたのです。その遊び心から、四条・大草・園部・高橋・進士・生間の流派が興り、庖丁式が盛んになり、**料理の家元制が確立**します。まな板・庖丁・箸などの扱い方や、**さまざまな食事作法**ができたのです。日本料理が割烹といわれ、庖丁を大切にする思想は、江戸期に大成します。

　安土桃山期に伝えられた**南蛮文化との出会い**は、日本の食に多大な影響を与えます。中国との接触の多い日本にとって、ヨーロッパの異文化との出会いは、初めて経験するものばかりでした。天文12年（1543）に、ポルトガル船が種子島に漂着してから、ポルトガル船やイスパニア船の来航が頻繁になり、そして、南蛮料理や南蛮菓子が伝えられます。天ぷらやカステラの祖型、タルト・コンペイトウ（金平糖）・カルメラ（浮石糖）・アルヘイトウ（有平糖）・ヒリョウス（飛竜頭）・パン・鶏卵そうめんなどです。

近世（江戸期）

　江戸期の最も大きな特長は、**料理屋の発生と、食の大衆化**といえるでしょう。寛永14年（1637）に、島原の乱が起こります。寛永16年（1639）に幕府は、ポルトガル船の来航を禁止し、さらに、キリスト教の禁止や貿易の統制のために鎖国令を発布しました。そして、庶民は、肉食禁忌の食生活のなかで、度重なる凶作や飢饉を乗り越えながら、265年に及ぶ天下太平の時代を迎えたのです。

　『長崎夜話艸』（享保5年〈1720〉）に、長崎みやげ39種が記され、「南蛮菓子色々」とあります。パンは、饅頭と異なりイーストやバター臭が強く、日本人には、なかなか受け入れにくい異国の食べ物でした。しかし、幕末の諸藩による兵糧食の研究、明治期の日本独特のあんパンの創作などにより、しだいに浸透してきます。また、ヨーロッパや南方アジ

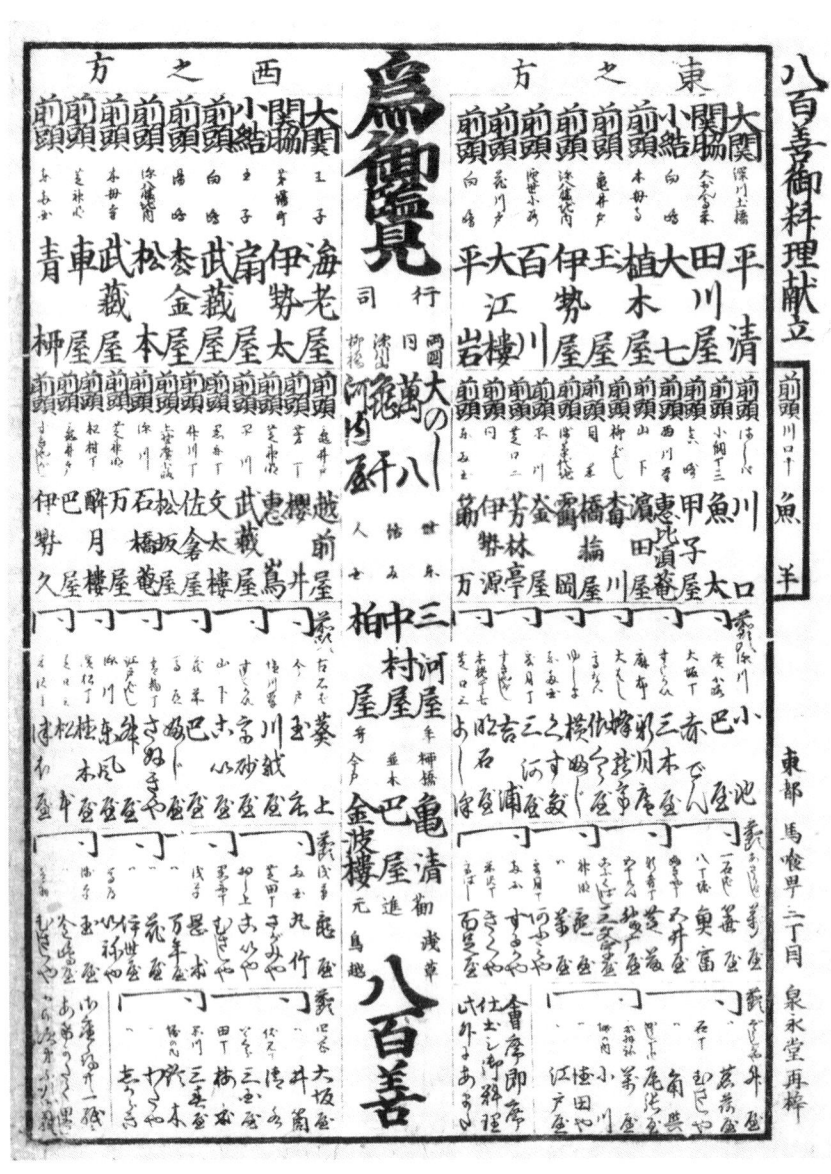

図14-3　江戸の料理屋番付（江戸後期）。最下段の勧進元に「八百善」がみえます。

アの作物や食法が伝わり、カボチャ・サトウキビ・サツマイモ・ジャガイモ・トウモロコシ・タマネギ・ニンジン・トウガラシ・スイカ・ピーナッツが伝えられます。

江戸期には、伝統的な本膳料理が現れます。前期の元禄年間（1688〜1704）に、料理茶屋が現れ、中期の文化・文政年間（1804〜30）に、八百善などの料理屋が活況を呈し（**図14-3**）、江戸の料飲店は6000軒に達します。うどん・そば・鮨・天ぷら・かば焼きなどの**屋台が普及し（図14-4）、庶民の食文化が花開き**ます。この頃から、各地に郷土料理が発達します。さらに、長崎を中心に、オランダや中国との交流が行われ、異文化を吸収し同化した卓袱料理や普茶料理が現れます。これらの料理様式については、Q37で触れました。

中国料理やフランス料理が宮廷料理から発祥し大成したのに較べて、日本料理は、町人文化より芽生えています。このような**江戸期における日本料理の大衆化は、日本の食文化の大きな特長の一つ**です。

コメについては、こんな挿話もあります。江戸では、白米（銀シャリ）の多食による江戸煩いにより、脚気がはやります。長い間にわたり原因

図14-4　江戸の屋台の様子（鍬形蕙斎「近世職人尽絵詞」、江戸後期、東京国立博物館所蔵）

が不明で、明治期の陸軍も悩まされ続けましたが、明治43年（1910）に、農芸化学者の鈴木梅太郎は、米糠（こめぬか）からビタミンB$_1$を抽出し、その欠乏症であることを突き止めます。

近代・現代（明治期以降）

　明治期以降の百数十年は、私たち日本人の食文化に、劇的な影響をもたらしました。①肉食の解禁と急速な普及、②混合型・和洋折衷型料理の出現、③第2次世界大戦後の著しい変貌（へんぼう）、④飽食の時代に突入という特長がみられます。

　まず、**肉食の解禁と急速な普及**についてです。慶応3年（1867）に、王政復古の大号令がかけられ、**明治維新を迎えると、肉食禁止令は廃止**されます。しかし、1200年にわたる獣肉禁忌の食習慣を打ち破ることは、容易なことではありませんでした。明治5年（1872）に、明治天皇は、自ら肉食を奨励され、宮中の正餐（せいさん）はフランス料理となり、庶民の間にもようやく牛肉食が普及し始めます。衣食住全般に及ぶ洋風化は、明治10年代後半（1880〜90）頃から始まり、鹿鳴館（ろくめいかん）時代に最高潮に達します。明治30年（1897）頃になると、醤油・砂糖・ネギと一緒に煮込む、和風洋食の牛鍋が大流行し、後のすき焼きに発展します。しかし、油料理を得意とする中国料理は、遅々として普及しません。

　つぎは、**混合型・和洋折衷型料理の出現**についてです。ナイフ・フォーク・スプーンを使う洋風料理は、食事作法も、バター臭い調理法も、庶民には受け入れにくいものでした。しかし、明治前期に、横浜や長崎などの港町を中心に、西洋料理店が現れます。そして、後期から大正・昭和にかけて、日本独特の混合型・和洋折衷型の料理として、カレーライス・ハヤシライス・ハンバーグ・トンカツ・カツ丼・牛丼・コロッケ・オムレツ・すき焼きなどが創作され、庶民の食卓を豊かなものにしました。粘りのある日本人好みの米飯と箸食に調和した、**洋風和食＝洋食の誕生**です。**図14-5**は、家庭での大正・昭和・平成の時代による、様式別調理の割合を示します。①大正時代（1912〜26）は、伝統的な和

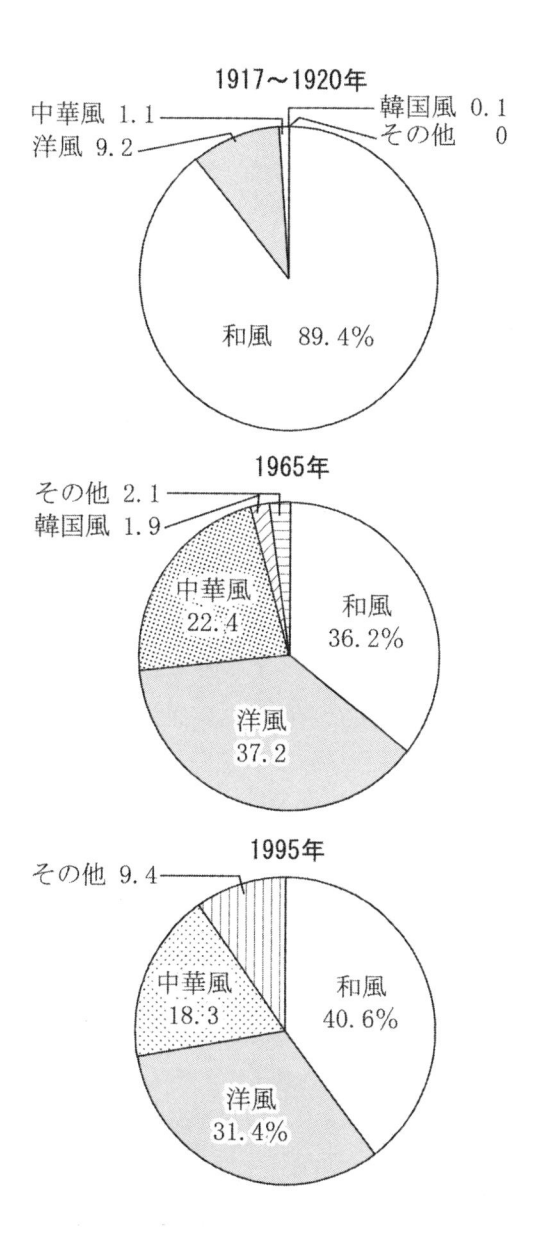

図14-5　時代による様式別調理の割合
資料)杉田浩一，石毛直道編『日本の食・100年〈つくる〉』P85，ドメス出版（下村道子「家庭料理の多様化とその背景」による）

風料理が圧倒的に多く、②昭和40年（1965）には、洋風料理や中国料理が増え、③平成7年（1995）には、健康志向により脂質の摂り過ぎを避け、和風料理が盛り返します。このようにして、**長い間にわたり油脂欠乏症料理といわれた日本料理は、獣肉・油脂・乳製品など、さまざまな新しい素材を取り入れて、今日の食卓の姿**を築き上げたのです。

　戦後の食の著しい変貌も、注目されます。第2次世界大戦後の日本は、厳しい食料難時代に突入しました。そして、昭和30年代後半になると、高度経済成長期を迎えて、食生活は一段と洋風化し、肉・卵・乳製品の需要が増大します。大陸の引揚者による餃子、ラーメンの創作、朝鮮料理のホルモン焼き、イタリアのスパゲッティなどから、世界中の本格的なグルメ料理まで、短期間のうちに普及したのです。また、家庭の台所への、トースター・ミキサー・電気釜（炊飯器）から、冷蔵庫や電子レンジの導入により、日本人の食卓は著しく変貌しました。

　日本は、1000年以上の粗食の時代を経て、**いま、世界中の食が溢<ruby>溢<rt>あふ</rt></ruby>れる飽食の時代**に突入しています。一方で、多くの困難な課題を抱え、飢餓の世紀の食文化という、最大のテーマに直面しています。**図14-6**は、日本料理の生成と発展の時代区分を示します。

Q66　日本食が、世界で注目されているわけは？

　私たちがあまり意識しない間に、世界で、日本食が注目されています。なぜでしょうか。日本人の食生活の内容は、昭和30〜40年代（1955〜74）にかけて急速に改善されます。その特長は、①米食に依存しながら、②オオムギ・コムギ・ダイズなどの穀類を配し、③魚介中心の質のよい動物性たんぱく質を摂取し、④<ruby>繊<rt>せん</rt></ruby><ruby>維<rt>い</rt></ruby>質の多い野菜も豊富であり、⑤洋風化に伴い肉・牛乳・乳製品も増加しました。このように理想化された日本型食生活の基盤には、和洋中華の混合型・折衷型の外来食の日本化があります。そして、全体の食品構成のバランスのよさが、世

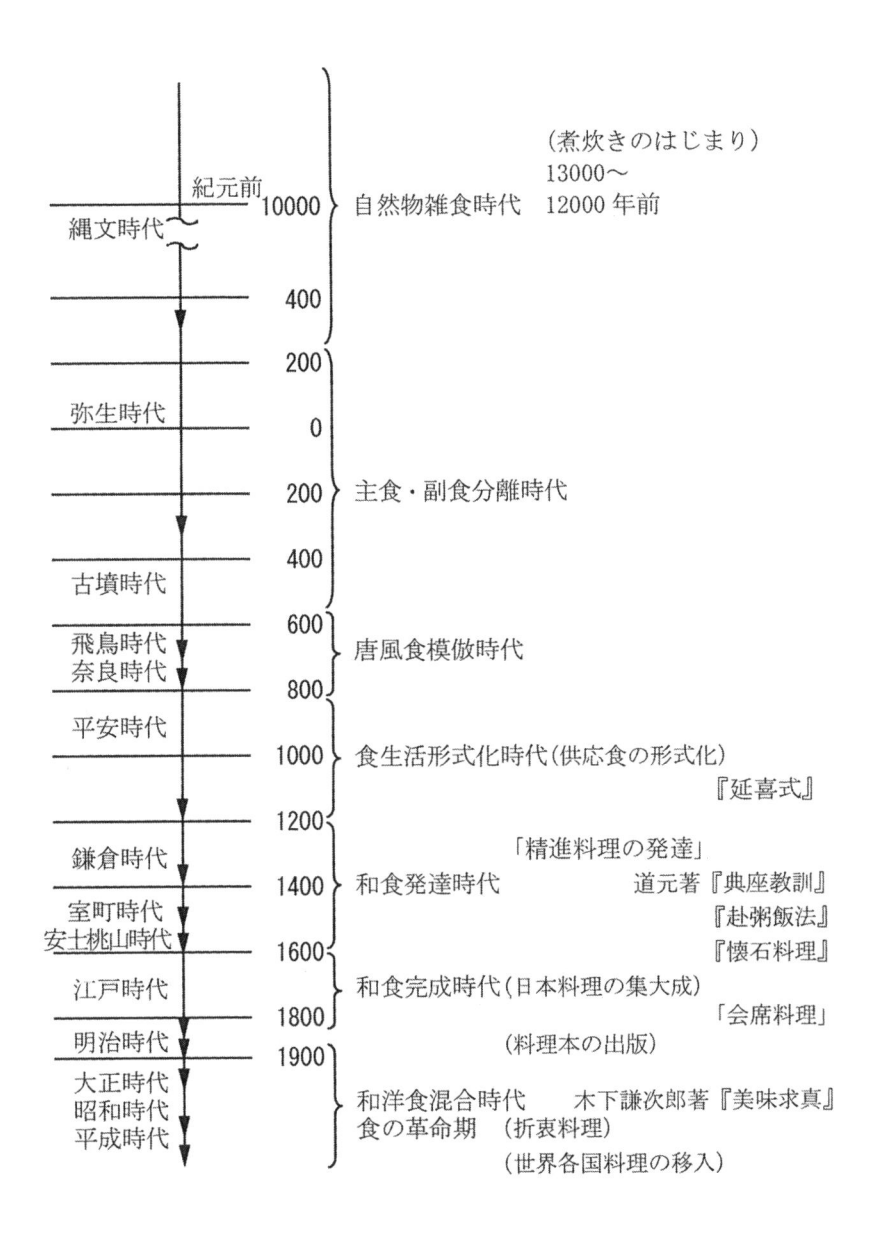

（煮炊きのはじまり）
13000〜
12000年前

紀元前 10000	自然物雑食時代	
縄文時代		
400		
200		
弥生時代 0		
200	主食・副食分離時代	
400		
古墳時代		
飛鳥時代 600	唐風食模倣時代	
奈良時代 800		
平安時代	食生活形式化時代（供応食の形式化）	
1000		『延喜式』
1200	「精進料理の発達」	
鎌倉時代		
1400	和食発達時代	道元著『典座教訓』
室町時代		『赴粥飯法』
安土桃山時代 1600		『懐石料理』
江戸時代	和食完成時代（日本料理の集大成）	
1800		「会席料理」
明治時代 1900	（料理本の出版）	
大正時代		
昭和時代	和洋食混合時代　木下謙次郎著『美味求真』	
平成時代	食の革命期　（折衷料理）	
	（世界各国料理の移入）	

図14-6　日本料理様式献立生成発展の背景

資料）熊倉功夫，川端晶子編著『献立学』P81，建帛社

界の注目を浴びることになったのです。

　例えば、アメリカでは、動物性たんぱく質や脂肪の摂り過ぎによる、肥満という最大の課題を抱えています。寿命を縮めているという統計も出ています。それゆえ、昭和30年代の日本食が、理想的な食事として注目されているのです。例えば、①米・魚・野菜・海藻の素材バランスがよく、②オオムギ・コムギも上手に使い分け、③海藻から作る海苔は、栄養的・医学的にも注目され、④日本茶・日本酒・薬用ワイン・強壮酒もよい、とされます。

　一方、西欧の栄養学者たちは、①カロリー源を減らし、②脂肪や糖分の摂取量を大幅に少なくし、③動物性脂肪を植物油に代え、④白砂糖を減らし、⑤脂肪の少ない魚・鶏肉・豆腐を摂ることを指摘し、日本食は、これらの課題のすべてを満たしていると評価します。とくに、精進料理は、長命の食事として完璧であるとする説もあります。このような優れた食を持つ日本人は、逆に、アメリカの悪しき食習慣を取り入れ過ぎていないでしょうか。伝統的な日本の食品は、ますます国際性を高めていくとする意見もあります。

Q67　外来食と伝統食には、どのような関わりが?

　日本の食を、外来食と伝統食に分けることは、かなり難しいことです。日本の食のほとんどは、外来食の影響を受けているからです。固有の日本料理とする精進料理・懐石料理・会席料理・本膳料理なども、中国から伝えられています。

　日本人の食に対する逞しさは、何でも日本化してしまう凄まじいエネルギーであり、世界でも希な和洋中華の混合型・折衷型料理が数多く創作されていることです。中国や朝鮮半島から、ヨーロッパから、アメリカから、エスニック的な世界の国々から、外来食が伝えられます。鮨・天ぷら・トンカツなども、もともとは、外来食を日本化したものです。

　私たち日本人は、数多くの外来食を受容し定着させ、同化してきました。そのなかから、新しい食品・調理法・食べ方を生み出し、外来食的な要素の強いものと、伝統的な要素の強いものに変容させています。

　日本の伝統食は、塩の過剰摂取、動物性たんぱく質の不足が、長い間の栄養学的な課題でした。しかし、肉・卵・牛乳・乳製品が豊富な外来食の取り込みにより、世界が注目する日本食が誕生したのです。しかし、世界が注目する日本食にも、家庭の食事内容の大きな変化により、成人病の低年齢化という課題が出てきています。『調理工学』（建帛社）に、つぎのようにあります。

　　従来の栄養改善の目標であった食事の欧米化の影響により、若年期からの嗜好傾向が大きく変化し、欧米型の食品構成になる可能性がでてきた。これは成長期・成人期を通じて成人病の発症傾向を増加させる要因になることが懸念されるようになった。

　日本の食習慣が欧米化したことで、穀類の主食が主、副食が従という今までの食事形式が逆転し、副食が主、主食が従という食事内容になり、このことが成人病の低年齢化の問題と関連していると言われます。

Q68　21世紀の食事内容は、どうなるのでしょう？

　今、**世界中で、食の多様化と無秩序**が起こっています。21世紀の食事内容には、栄養の過剰摂取や偏りなど、さまざまな難問が山積しています。そして、日本をはじめとして先進諸国では、これらの課題の見直しが始まっています。『これでいいのか日本人の食卓』（日本放送出版協会）に、つぎのようにあります。

　　今、飽食の時代で、食の無秩序状態が起こっている。これは世界各

国も同様で、だからこそ、米国のマッカバン委員会の報告を始め、デンマークやノルウェーなど先進諸国で食事目標の見直しが行われている。その中に共通して流れている思想は、かつての食糧不足の時代とはまったく違った食事目標、食糧過剰の時代に通用する食事目標を確立することが大切だという認識ではないか。

アメリカでは、現代の食事は、脂質や糖質を摂り過ぎているために、糖尿病・動脈硬化・心筋梗塞などの疾病が増加傾向にあります。1990年に、上院のマッカバン委員会は、アメリカの食事目標について、①肥満を避けるために、過剰なカロリーを摂取しないようにし、②穀物などのでんぷんを増やし、③砂糖や脂肪を減らし、④肉よりは飽和脂肪酸の少ない魚介を増やし、⑤コレステロールは1日に300ミリグラム以下にし、⑥塩は1日に5グラム以下に減らすとあります。そして、これらの目標を達成するために、①穀物・野菜・果物を増やし、②砂糖を減らし、③鶏肉や魚を増やし、④低脂肪乳製品を選択し、⑤牛乳・バター・クリーム・卵を減らし、⑥塩を減らすなどの素材や食事内容の変更が必要である、と指摘しています。例えば、アメリカで日本の醤油が注目されるのは、脂質系調味料の使い過ぎが問題視されているからです。

日本では、どうでしょうか。昭和60年（1985）に、当時の厚生省（現、厚生労働省）は、健康づくりのための食生活指針を発表しています。その骨子は、①多様な食品を摂取して栄養バランスをよくし、②食べ過ぎに気をつけ、③脂肪を摂り過ぎないようにし、④塩は1日10グラム以下にし、⑤何よりも大切なことは、心の触れ合う楽しい食事、とあります。最近、疎かになってきた共食の思想を重視しています。また、農林水産省の望ましい食生活には、①牛乳を飲むことでカルシウム不足を補い、②肥満につながらない朝食を摂ることを勧めています。**表14-1** で、健康づくりのための食生活指針を示します。

表14-1　健康づくりのための食生活指針

資料）熊倉功夫，川端晶子編著『献立学』P70，建帛社

1．多様な食品で栄養バランスを

　○1日30食品を目標に

　○主食，主菜，副菜をそろえて

2．日常の生活活動に見合ったエネルギーを

　○食べすぎに気をつけて，肥満を予防

　○よくからだを動かし，食事内容にゆとりを

3．脂肪は量と質を考えて

　○脂肪はとりすぎないように

　○動物性の脂肪より植物性の油を多めに

4．食塩はとりすぎないように

　○食塩は1日10g以下を目標に

　○調理の工夫で，むりなく減塩を

5．こころのふれあう楽しい食生活を

　○食卓を家族のふれあいの場に

　○家庭の味，手づくりのこころを大切に

（厚生省保健医療局健康増進栄養課編，1985）

第15章
嗜好飲料と菓子

Q69　代表的な世界のお酒の特長とは？

　一口にお酒といっても、アルコール飲料は多種多彩です。しかし、お酒の造り方に着目しますと、①自然界の野生酵母の利用、②唾液・発芽・カビなどの酵素を利用する2系統の醸造法に分けられます。『醸酵と食の文化』（ドメス出版）に、つぎのようにあります。

> 旧世界での澱粉を原料とする酒づくりは、モヤシあるいはカビを利用する技術が主流である。ヨーロッパ・アフリカなど旧世界の西側ではモヤシの酒—即ち、穀物の発芽のさいに生じる糖化酵素を利用した酒—つくりがおこなわれる。その代表はビールである。東アジアでも穀物の発芽のさいの糖化作用は知られており、たとえば朝鮮半島には麦芽を利用したさまざまな伝統食品がある。古代の中国や日本にもモヤシを利用した酒造法が痕跡的にあったらしいことが文献に残されているし、アッサム地方では米のモヤシを使用する酒づくりが現存している。しかし、ネパールから東側のヒマラヤ南麓地域から東南アジア・東アジアでは酒造にさいしては、もっぱらカビ—すなわち麹を使用している。

　ところで、ウイスキーとワインの文明を比較すると、そこには大きな違いがあることが分かります。『食文化の国際比較』（日本経済新聞社）に

よると、**ワイン文明圏**に属するフランス・イタリア・スペイン・ポルトガル・ギリシャでは、料理と酒の組み合わせを大切にします。ワイン、リンゴ・ナシ・サクランボなどの果実酒から、コニャック・アルマニャックなどの蒸留酒まで多種多彩です。また、**ウイスキー文明圏**に属するイギリス・オランダ・スカンジナビア諸国・アメリカ・日本では、ムギ・コメ・イモで造るウイスキーが中心です。ジン・ウォッカ・シナップス・日本酒などがあります。Q54でも触れていますが、ウイスキーやワインの楽しみ方の違いについて、つぎのようにあります。

　　特に興味深い点は、ウイスキー文明では、お酒を飲んでから食事をするが、ワイン文明の国では、お酒を飲みながら食事をする。そして何よりも、食べたり飲んだりすることが大好きで、特にワインと食事との調和を重視する真のグルメは、ワイン文明圏にしかない。

日本のお酒

　アルコール飲料について、個々の特長について触れていきます。まずは、日本のお酒についてです。日本の酒造りは、麹カビを用いて、コメを糖化し発酵させる独創的な方法です。古代は、唾液と混ぜ合わせる口かみ酒が主流でした。麹カビによる糖化へと進み、さらに、量産化を模索する方向を辿ります。奈良期に中国大陸より米麹が伝えられ、日本酒の祖型ができあがり、平安期には、酒造係の杜氏が形成されます。

　流行の**吟醸酒**は、杜氏の腕の見せどころで、最高の原料を用い丁寧に造り上げます。日本のように各地で酒造りが行われ、多種多様な銘酒があるという国も珍しいことです。8000種類にも及ぶといわれます。なかでも、灘五郷の酒造りは、江戸中期の天保年間（1830～44）に遡ります。西宮一帯は宮水に恵まれ、辛口の灘の生一本として知られています。また、灘の辛口、伏見の甘口、伏見の酒は女酒、灘の酒は男酒といわれる伏見の酒は、発酵や熟成期間が長く、味に丸味がありまろやかな甘口が特長です。16世紀末の安土桃山期頃より酒造りが盛んになります。

ビールの生い立ち

　つぎは、ビールについてです。ビールの歴史は古く、バビロン（メソポタミア）で発掘された紀元前4200年代の板碑（たっぴ）に、自然発酵法によるビールの記録があります。紀元前1300年に、古代エジプトの貴族はビールを飲用しています。パンの糖質からビールを造り、そのビール酵母を利用してパンを焼きました。オオムギパンを細かく千切り（ちぎ）水に浸し、オオムギ麦芽を加えて発酵させ、パン生地を膨らませました。労働者の賃金は、パンとビールで支払われています。**図15-1** に、古代エジプトのビール造りを示します。

　このような発酵技術は、ギリシャ・ローマからヨーロッパ各地に広がり、13世紀の頃には、修道院を中心に改良が進み、ドイツやスイスでホップを使い始めます。そして、オオムギ麦芽・ホップ・水で麦芽汁を作り酵母を加える、今日のビールの祖型ができあがります。18世紀に、イギリスで産業革命が起こると、ビール造りも本格的になります。

　ビールの語源は、ラテン語の飲み物を表すビベルに由来します。**ラガービール**は、下面発酵をさせてから、貯蔵し熟成するビールです。**生ビール**は、濾過（ろか）後の殺菌処理をしませんので、独特の喉越しの爽快感（そうかいかん）が楽しめます。アルコール分は、5パーセント前後です。上面発酵のビールはイギリス系で、エールやスタウトがあります。しかし、世界の多くの

図15-1　古代エジプトのビール造り
ビール造りの場面（テーベ西岸ケンアメン墓，第18王朝）.

ビールは、下面発酵で造られます。さらに、麦芽の焙焼（ばいしょう）の程度により、①軟水系の淡色ビール、②硬水系の濃色ビールに分けられます。濃色ビールには、**黒ビール**や**スタウト**があります。日本には、慶長5年（1600）に、オランダ人により伝えられます。ヨーロッパでは、ビールは飲用するだけでなく、ワインのように料理にも用います。

ワインの生い立ち

　こんどは、ワインの生い立ちについてです。ワインは、フランス語でバン、イタリア語でビノ、ドイツ語でヴァインといいます。ワインの語源は、ラテン語のブドウ酒を意味するビヌムに由来します。一粒のブドウが地に落ちて、野生酵母により自然発酵すると、ワインができあがります。ワインは、有史以前から存在し、神の飲み物といわれています。ワイン発祥の地は、古代ペルシャとする説があります。

　Q59で触れていますが、イエスと弟子たちの最後の晩餐は、イエスの体と血を意味する、パン酵母を使わない種なしパンと赤ワインです。『旧約聖書』に、ワインは500回も登場します。古代ギリシャでは、酒神ディオニュソスの血とされ、古代ローマでは、バッカスの神に捧げています。そして、ワインは、ヨーロッパの食事に欠かせない飲料となります。

　ヨーロッパ系のブドウ品種からは、優れたワインが得られます。中世になると、修道院のワイン造りが盛んになり、時代とともに、神→王→貴族→庶民へと楽しむ階層が変わります。

　ブドウ栽培は、雨の少ない温暖な地域が適しています。ブドウの絞り汁を主発酵させ、酵母菌により時間をかけて熟成します。製造法の違いから、①非発泡性ワイン、②発泡性ワイン、③アルコール強化ワインに分けられます。また、色調の違いから、①赤ワイン、②白ワイン、③ロゼワインに分けられます。アルコール分は、12パーセント前後です。また、醸造法の違いにより、さまざまなワインができます。例えば、①赤ワインは、絞り滓（かす）を一緒に仕込み、皮の中の赤い色素のアントシアンを

溶出させます。②**シャンパン**は、フランスのシャンパーニュー州で偶然に発見されたもので、ワインを再発酵して造ります。

　ワインはアルカリ性の強い果実酒ですから、肉などの酸性食品に最適の飲料といわれます。消化を促進し栄養分が多く、健康飲料としての価値も高いのです。日本へは、室町期に、南蛮文化とともに伝えられます。フランシスコ＝ザビエルをはじめ多くの宣教師により紹介され、キリシタン諸大名・信長・秀吉・家康も、ワイングラスで飲んでいます。

（"BIBLIOTHECA BACCHICA" André L. Simon 1927 より）

ウイスキーの生い立ち

　さいごは、ウイスキーについてです。『食卓のフォークロア』（柴田書店）に、ヨーロッパのアルコール飲料について、つぎのようにあります。

> アルコール分を強めたブランデーやウィスキーのような蒸留酒は、16〜17世紀にはヨーロッパのいたるところでつくられるようになった。それが材料の関係で、ヨーロッパの北部では穀物をつかったウィスキーになり、南部ではブドウ酒をもとにしたブランデーになった。

　ブランデーには、オランダ語の焼いたワインという意味があります。ウイスキーは、オオムギやライムギなどの穀類に、オオムギ麦芽のモルトを加え、糖化・発酵させた蒸留酒です。カシ樽で3年以上貯蔵すると、熟成により独特の芳香と鮮やかな褐色を呈します。アルコール分は高く、40〜43パーセントあります。

　ケルト語で生命の水を意味するウイスゲバハは、16〜17世紀にかけて、スコットランドの家庭で造られます。そして、18世紀頃から商業的に出回るようになり、ウイスキーと呼ばれるようになります。発祥地には、スコットランド説やアイルランド説があります。19世紀の後半に、**スコッチウイスキー**が現れます。製造方法から、モルトウイスキー・グレインウイスキー・ブレンデッドウイスキー・バーボンウイスキーに分けられます。今日では、スコッチ・アイリッシュ・アメリカン・カナディアン・ジャパニーズなどが好まれています。麦芽ウイスキー・穀物ウイスキーを混ぜ合わせた、ブレンデッドウイスキーが、世界の主流をなしています。

　日本には、嘉永6年（1853）に、ペリーが来航したときに伝えられます。国産ウイスキーは、スコットランドと気候風土が似ている山崎の地（京都府）で、大正12年（1923）の関東大震災の1カ月後に誕生します。ちなみに、薄めて飲む**水割り**は、日本人の創作です。

　茶の生い立ちから、話を進めていきます。茶はツバキ科に属する常緑低木で、原産地は、東南アジアです。茶の呼び名は、広東語系はチャであり、福建語系はテといいます。最初の積出地から陸路を伝わった地域はチャ、海路を伝わった地域はティの発音が転訛しています。例えば、同じヨーロッパ諸国でも、ポーランドはチャイ、ポルトガルはチャ、イギリスはティー、ドイツはテーです。茶の文化は、そのまま各国語のなかに定着しています。

　中国で喫茶の習慣が盛んになるのは、隋の文帝（在位：581～604）の頃からです。ヨーロッパに伝えられるのは、1000年後のことで、1610年に、オランダの東インド会社により、ヨーロッパへ盛んに輸出されます。茶の主要な栽培地は、中国・日本・台湾・インド・スリランカです。葉に含まれる酵素の発酵の仕方により、①非発酵系の緑茶、②発酵系の紅茶、③半発酵系のウーロン茶の3系統に分けられます。ここでは、紅茶と緑茶について、日本人との関わりのなかで、その特長をみていきます。

紅茶と日本人

　『日本の食・100年〈のむ〉』（ドメス出版）に、つぎのようにあります。

　　日本が紅茶を知ったのは、開港後欧米諸列強が日本の輸出品として茶に注目していることがわかったときである。そもそも紅茶という言葉は江戸時代にはなかった。開港後外国人が日本の茶に関心をもっているというので、外国の文献によって調査中、ブラック・ティーをはじめ黒茶と訳したが、やがてこれを紅茶という日本語にしたのが多田元吉である。明治初年（1868）のことである。多田元吉はやがて内務省勧業寮農政課製茶掛の役人となり、日本における紅

茶製造に生涯をかけた人物である。

日本では、コーヒーは舶来の飲み物となり、紅茶は、もっぱら輸出用の茶になります。不思議なことは、紅茶がコーヒーの同類として扱われたことです。ですから、明治になり飲用が始まると、紅茶も、コーヒーも、砂糖を入れて飲む習慣が定着します。

緑茶と日本人

つぎは、緑茶についてです。平安初期の延暦24年（805）に、天台宗の開祖・最澄が唐より茶の種子を伝えます。さらに、翌年の大同元年（806）に、真言宗の開祖・空海が持ち帰った種子を、比叡山の麓に移植します。**日本の茶の始まり**です。中国の茶種と製茶の技術は、鎌倉初期の建久2年（1191）に、臨済宗の開祖・栄西により伝えらえ、茶の栽培が本格的になります。そして、**寺院中心の抹茶の習慣から、独特な茶の湯の文化を形成**します。

近代になりますと、日本の緑茶は、幕末の開港を契機に一転して輸出用の商品として注目されはじめます。ところが、明治の初めに生産額の70〜80パーセントを占めていた輸出量は、アメリカやカナダが、インド・セイロン（スリランカ）の紅茶を買うようになり、昭和になると20パーセントにまで落ち込んでしまいます。その理由として、①日本茶はミルクや砂糖を入れない飲み方であり、②日本文化のムードが受け入れにくいから、とされました。

しかし、日本国内の消費が拡大して、煎茶・番茶・焙茶が好まれ、茶の大衆化時代が到来します。ところが、第2次世界大戦の後に、日本人の嗜好飲料の60パーセント以上は、コーヒーが占めるようになります。イギリスのティーブレイクのように、ゆっくり茶を喫するいう楽しみ方は、世界的にも二極分化しはじめます。ティーバックやインスタント・ティーが急速に普及し、缶ドリンクの立ち飲みが一般化します。一方、ヘルシードリンクが続々と登場し、茶の薬用効果が見直され始め

す。さらにまた、日本では、酒はハレの行事と直結し、茶は日常のケの飲料になります。このように、茶の食文化史には、先人たちの並々ならぬ苦労の跡が印されています。

Q71　コーヒーは、どうして一般化したのですか？

　こんどは、コーヒーについてです。その生い立ちから話を始めます。コーヒーは、アカネ科に属する常緑灌木で、原産地は、エチオピアです。1500〜2000メートルの高原に野生種が繁茂していたといわれます。コーヒーの語源は、アラビア語のクァウ、トルコ語のクァヴェに由来します。イタリアに伝わり、カァフェになります。エチオピアのカッファ州の転じたものとする説もあります。

　コーヒーの発見には、一つの挿話があります。あるとき、エチオピアに住む山羊番が、コーヒー豆を食べた山羊が、興奮し踊り回るのを眼にしてびっくりします。それから、イスラム教の修道僧が秘薬として、眠気覚ましに用いたそうです。コーヒーの実は、秘蔵されて門外不出となります。ところが、苗木の持ち出し禁止令の間をぬって、15世紀に、対岸のアラビア半島のメッカとメディナに伝えられ、紅海に面したイエメンの港モカを通じて、しだいに普及しはじめます。イスラム教の聖地のメッカでは、カルダモンを入れて煮出した飲料が流行します。

　ヨーロッパには、オランダ人が伝えます。アラビアからジャワに持ち出し、17世紀にアムステルダムの植物園に移植されます。1652年には、ロンドンに最初の**コーヒーハウス**が開業します。そして、フランス革命の前に、ルイ王朝のサロンに入ります。ヨーロッパでは、この頃から文明の飲み物として根付き始めます。イタリアのヴェネツィアのサン・マルコ広場には、1720年に開業したコーヒーハウスのカフェ・フローリアンが、今も健在で盛業です。当初は、郵便局と商工会議所を兼ねたような存在で、集まって情報を得る場所でもありました。**図15-2**は、18世

図15-2　18世紀初頭、ロンドンのコーヒーハウスに集う貴族たち

　紀初頭のロンドンのコーヒーハウスの様子です。アムステルダム植物園のコーヒーの苗木がフランスのルイ14世に寄贈され、中南米の西インド諸島、メキシコ湾沿岸各地のフランス領植民地に移植され、後に、ジャマイカでブルー・マウンテンが誕生します。

　アムステルダム植物園から、フランスを経由してマルティニーク島、ギアナを経てブラジルへ伝えられます。その伝播の過程で非常に興味深いことは、一本のコーヒーの苗木が元となり、世界の各地に伝えられたことです。17世紀の半ば頃から、コーヒーに砂糖を入れて飲む習慣が、エジプトのカイロで始まります。牛乳を入れたのはオランダ人で、ミルクティーの代用として好まれます。フランス人は、牛乳をたくさん入れた**カフェ・オ・レ**を創作します。17世紀の後半には、アメリカにコーヒーハウスができます。**図15-3**は、コーヒーの木の伝播経路とその年代を示します。**缶コーヒー**は、20世紀の初頭に、アメリカで製造法特許が申請され、発売は日本が世界初です。**インスタントコーヒー**の発明者は、加藤サトリという在米の日本人です。第2次世界大戦のときに戦場

図15-3　コーヒーの木の伝播経路とその年代（山下亮の原図より）
資料）中尾佐助『栽培植物の世界』P13，中央公論社

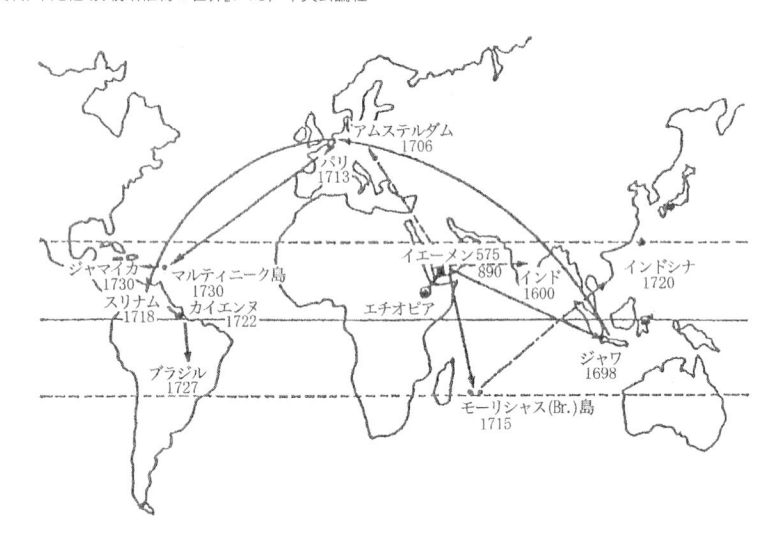

図15-4　1901年、パンアメリカン博覧会で配られたKato Coffee Co.のパンフレット

で大活躍し、その後に世界に普及します（**図15-4**）。

　ところで、コーヒーと紅茶の文化には、3つの大きな出来事が絡んでいます。

　①ドイツのマイセン窯により大量の磁器が出回ると、飲料の習慣が容易になる。

　②セイロン（スリランカ）のコーヒーが、サビ病により全滅すると、紅茶の栽培に一大転換が図られる。

　③イギリスと同じように、アメリカの家庭では、紅茶を飲む習慣が定着しますが、紅茶に高い関税をかけたために、ボストンに入港中の東インド会社の商船の紅茶を、海に投げ込む事件が起こる。

これが、独立戦争（1776）にエスカレートします。その結果、イギリスは紅茶を飲む国になり、紅茶の入手難から、アメリカはコーヒーを飲む国になります。

コーヒーと日本人

　日本には、17世紀の半ばに、長崎出身のオランダ商館から伝えられます。カウヒイ（コーヒー）は焦げ臭くて、とても、当時の日本人の嗜好には適応しませんでした。飲用の習慣ができるのは、明治21年（1888）に、喫茶一号店の可否茶館が、上野の黒門町に開店してからです。全国的に普及するのは、第2次世界大戦後のことです。

　今日のコーヒーの動向には、二極化現象がみられます。インスタント・コーヒーによる簡便化、レギュラーコーヒーによる高級化です。コーヒー好きは、時と場所により使い分けています。今日の飲料事情は、まさに百花繚乱です。ビール・ウイスキー・ブランデー・ワインなどの酒類が続々と登場し、また、コーヒー・紅茶・ウーロン茶・清涼飲料・ジュース・牛乳など、多種多彩なソフトドリンクが鎬を削っています。

Q72　健康飲料がはやるのは、どうして?

　若い世代を中心に、どうして健康飲料がはやるのでしょうか。ウーロン茶が肥満防止に効果があると伝えられると、ハーブティー・ミックスティー・スポーツドリンクなどの健康飲料が、つぎつぎに登場します。牛乳も、健康保持によいと再認識されています。これらの飲料が注目される背景には、**健康志向に対する人々の願いが込められています**。『日本の食・100年〈のむ〉』（ドメス出版）に、つぎのようにあります。

　　食の充足は、まず量的な満足が求められ、次の段階では質的な満足が追求される。量・質ともにほぼ充足された段階で表面に出てくるのは、健康や美容によい食事である。一億総グルメといわれる世相にさしかかったときに、健康食品と称される商品が氾濫するようになった。飲みものも、それに歩調を合わせたのである。

Q73　クリスマスケーキは、どこの国でも同じ形?

　クリスマスケーキは、どこの国でも同じ形でしょうか。答えは、否です。なぜでしょうか。欧米のクリスマスケーキを中心に、話を進めていきます。欧米には、宗教菓子、とくに、キリスト教と関わりの深い菓子が多いようです。また、菓子の歴史は、祝福の歴史でもあります。クリスマスシーズンになると、キリスト教徒のみならず、世界中の人々がクリスマスの祝い菓子で喜びを分かち合います。

　ローマ帝国が滅亡すると、中世のヨーロッパは混乱状態に陥りますが、製パンや製菓技術は、ローマ教会に受け継がれていきました。その結果、ヨーロッパのパンやケーキの多くは、宗教色の濃いものになります。クリスマスのような宗教的儀式には、パンやケーキは欠かせません。

　ドイツの**シュトーレン**（**図15-5**）
は、コムギ粉に、砂糖・卵・バターを
たっぷり入れ、ドライフルーツやナッ
ツを練り込み、パウダーシュガーを振
りかけて、雪の世界を表現した白いパ
ンです。キリストの揺籠、馬小舎のか

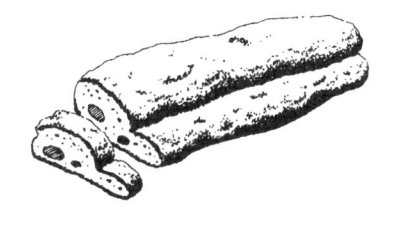

図15-5　シュトーレン

いば桶を象っています。ロシアの**クリーチ**は、フルーツの入った筒型の
パンで、フォンダン（シロップを煮詰めて作る菓子にかける砂糖衣）で飾り付
けます。スイートドウ生地（歯切れがよくなるように、あらかじめ材料をホイ
ップして空気をふくませた生地）を用いています。オーストリアの**フルーツ
ブレッド**は、日持ちのよいドライフルーツを入れた豪華なパンです。イ
タリアの**パネトーネ**（**図15-6**）は、ロンバルディ
ア地方の名物で、11世紀以来の伝統があります。
ミラノ近郊のコモ湖畔の天然酵母を入れて発酵さ
せた生地を、半球型のどっしりした感じに焼き上
げます。レモンピール・レーズン・生レモンを入
れます。数カ月は日持ちするケーキのようなパン
です。フランスの**ブッシュ・ド・ノエル**は、ロー
ルケーキを薪の形に飾り付けます。菓子のマッシ
ュルームを添えた、フランスらしい夢のある祝い

図15-6　パネトーネ

菓子です。イギリスの**プラムケーキ**は、バターケーキに、ドライフルー
ツやナッツを練り込みます。ブランデーに漬け込み、日持ちのするケー
キです。アメリカでも、プラムケー
キを作ります。
　ユダヤ教の宗教伝説に登場する**ガ
レット**（**図15-7**）は、イエスが生ま
れたとき（1月6日の公現祭）の祝い
菓子です。東方から訪れた3人の占
星術の学者が捧げた贈物で、クリス

図15-7　ガレット

マスプレゼントの習慣は、このときにはじまります。日本のクリスマスケーキは、どういうわけか、スポンジケーキ台にバタークリームや生クリームを飾ったものが多いようです。なぜでしょうか。

Q74　和菓子は、いつ頃からあったのでしょうか?

　和菓子は、日本独特の菓子です。日本の菓子の歴史は、奈良から平安期に、中国より伝来した**唐菓子**（本書168頁）に始まります。唐の果物という意味から、唐果物とも呼ばれます。平安前期頃までに、8種類の唐菓子と14種類の果餅が、遣隋使や遣唐使により伝えられます。京都の加茂神社・松尾大社・奈良の春日大社では、今日もなお、神饌菓子として供されています。

　鎌倉・室町期に、宋から**まんじゅう**が伝来し、後に、塩瀬系と虎屋系に発展し、和菓子の基盤ができます。安土・桃山期に、茶の湯が盛んになり、点心の菓子が発達します。茶の子とか、茶菓子とも呼ばれます（**図15-8**）。千利休は、茶懐石用に**麩の焼き**を創作します。お好み焼きの祖型といわれます。コムギ粉を水で溶いた生地を、焼き鍋の上に薄く流し、最中の皮のように仕上げ、味噌を塗りグルグル巻きにしたものです。

　さらに、南蛮船の来航が頻繁になり、カステラ・ボーロ・コンペイトウなどの**南蛮菓子**が伝えられます。砂糖は、天平の頃に、唐僧・鑑真が伝えたといわれます。砂糖のない頃の甘味は、甘葛・飴・蜂蜜・柿の粉でした。室町期に、しだいに入手が容易になり和菓子の発展に拍車がかかり、無糖から有糖（黒糖→白糖）時代へと移行します。

　江戸期に、砂糖の輸入や生産量が増加し、前期の元禄年間（1688〜1704）頃に、和菓子づくりは目覚ましい発展を遂げます。中期の文化・文政（1804〜29）頃には、今日の和菓子の基盤が整えられます。有職故実に基づく**京菓子**、庶民が中心の江戸の上菓子と**雑菓子**を中心に、**蒸し**

表15-1　菓子の歴史的推移

資料）石毛直道, 熊倉功夫編『日本の食・100年〈のむ〉』P112, ドメス出版（杉田浩一「日本の菓子100年」による）

時代区分	年代	菓子に関する記事
弥生式時代	紀元前	果実・木の実・穀類の簡単な加工品（糒, 焼米, もち）の利用
奈良・平安時代	～1192年	唐菓子の移入, 餅菓子の出現, 糖化飴の利用
鎌倉・室町時代	～1573年	ういろう, 蒸しようかんの出現 デンプン, 小豆, 米粉の利用（唐菓子時代）
安土・桃山時代	～1603年	茶道とともに点心の発展（くず餅, わらび餅）（点心時代） 南蛮菓子の輸入（こんぺいとう, カステラ, ボーロ）（南蛮菓子時代）
江戸時代	～1867年	製糖菓子, 和菓子の完成（練ようかん, まんじゅう, だんご, せんべい, らくがん, おこし, 飴, きんつば）
明治・大正時代	～1926年	西洋菓子の輸入（クッキー, ドロップ, チョコレート） 乳製品の輸入（牛乳, バター, チーズ）
昭和時代	～1989年	和洋折衷菓子の出現 菓子量産化, スナック菓子の出現

図15-8　茶の湯と和菓子。和菓子は見た目にも美しく、四季を感じるものが多くあります。

菓子・干菓子・雑菓子（駄菓子）などが創作されます。例えば、江戸では、銀つば・金つば・助惣焼き・文字焼きが流行します。

　明治期になると、銘菓作りが盛んになります。また、欧米の菓子が続々と登場し、**洋菓子**と呼ばれます。**表15-1**は、菓子の歴史的推移を示します。

　日本人の心を表現する和菓子の特長は、①気候風土や文化とのつながりが大きく、都として栄えた京都や奈良は勿論のこと、弘前・名古屋・金沢・松江・岡山などの城下町には、優れた和菓子が多く（**図15-9**）、②四季折々の自然・山紫水明・花鳥風月を美しく描写したものが多く、③茶の湯の発達により、茶の湯の菓子が誕生し、④色彩や形状が豊かで、⑤あん物が中心で、⑥日持ちの程度により、生菓子・半生菓子・干菓子に分けられる、などです。**表15-2**は、菓子の分類を示します。

　日本の菓子の将来には、伝統菓子と量産化、高級化と簡便化、造型と実質などの二極化現象がみられます。また、本物志向・健康志向・低糖・低脂肪・高繊維・栄養成分の添加、和洋を区別しない日本の菓子の創作など、新しい時代の創作菓子が期待されます。

図15-9　金沢の和菓子。（左：福梅、右：金菓糖）。伝統・文化が生活の中に残っています。
（197頁の写真と共に、©金沢市）

表15-2 菓子の分類

資料)石毛直道, 熊倉功夫編『日本の食・100年〈のむ〉』P111, ドメス出版(杉田浩一「日本の菓子100年」による)

大分類	中分類	小分類	品名
和菓子	生菓子	餅もの類	安部川餅, うぐいす餅, おはぎ, かしわ餅, 鹿の子, ぎゅうひ, 切り山椒, 草餅, くず餅, 桜餅, 大福餅, だんご, つばき餅, ゆべし, わらび餅
		蒸しもの類	ういろう, かるかん, きみしぐれ, くず桜, ちまき, くず饅頭, そば饅頭, 利久饅頭, 酒饅頭, 薄皮饅頭, 蒸しよかん
		焼きもの類	今川焼, どら焼, きんつば, 唐饅頭
		流しもの類	淡雪かん, 錦玉かん, 水ようかん
		練りもの類	練り切り
	半生菓子	焼きもの類	カステラ, くり饅頭, タルト, 茶通, 桃山
		流しもの類	のし梅, 練りようかん
		おかもの類	もなか
	干菓子	焼きもの類	瓦煎餅, 南部煎餅, 巻煎餅, 塩煎餅, 品川巻, 松風, 八ツ橋
		揚げもの類	かりんとう, 揚げ煎餅, 揚げおかき
		打ちもの類	落雁, 麦落雁, 秋田諸越
		押しもの類	おこし, ごかぼう, しおがま
和菓子	干菓子	飴もの類	あるへいとう, カルメラ, こんぺいとう, ひき飴
	缶詰菓子		水ようかん缶詰, ゆで小豆缶詰
洋菓子	生菓子	菓子パン類	ドーナッツ, あんパン, クリームパン, ジャムパン
		ケーキ類	ショートケーキ, シュークリーム, ワッフル, エクレア
		デザート菓子類	ババロア, プリン, ゼリー
	半生菓子	ケーキ類	パウンドケーキ, バームクーヘン
		パイ類	アップルパイ, パルミエパイ
	干菓子	ビスケット類	ビスケット, クッキー, ボーロ, ロシアケーキ
		ウエハース	ウエハース
		クラッカー類	ソーダクラッカー, オイルスプレークラッカー
		チョコレート類	板チョコ, 被覆チョコ, 棒チョコ, フィンガーチョコ
		キャンデー類	キャラメル, ゼリービーンズ, ヌガー, チャイナマーブル, ドロップ, マシュマロ
		チューインガム	板ガム, 風船ガム, 糖衣ガム
		果実菓子類	マロングラッセ
		スナック菓子類	ポテトチップス, コーンチップ
	缶詰菓子		ババロア缶詰, プリン缶詰, ゼリー缶詰
中華菓子			月餅, 中華まんじゅう, (あん, 肉)

第16章
微生物を利用する知恵

Q75　発酵させる知恵は、どうして生まれたの？

　人類は、おそらく偶然の機会に、発酵すると美味しい食べ物ができることを知ります。そして、知恵を尽くして、さまざまな発酵食品を創作していきます。

　まず、発酵とはどういうことかについて触れます。自然界には、数え切れないほどの微生物が存在します。不思議なことに、発酵の働きにより、より香味が増すのです。発酵を意味する英語のファーメンティションは、ラテン語のフェルフェーレに由来します。沸き立つとか、ブクブク泡立つという意味です。**微生物により有機化合物が分解すると、新たな有用化合物が生成**されます。そして、多種多様な発酵食品が誕生します。アルコール飲料・乳酸飲料・発酵パン・チーズ・ヨーグルト・味噌・醬油・魚醬・酢・発酵調味料・漬物・納豆・塩辛・かつお節・くさやなどです。発酵により私たちの食卓は、より豊かになります。

　発酵に利用できる微生物の種類には、①細菌系の納豆菌や乳酸菌、②カビ系の麹カビ・青カビ・黒カビ、③酵母系のビール酵母・ブドウ酒酵母・清酒酵母・パン酵母があります。**表16-1**は、微生物を利用した食品の分類を示します。

　それでは、すべての微生物が発酵に利用できるのでしょうか。答えは否です。食べ物を腐らせる場合もあります。実際のところ、発酵も腐敗も、似たような現象なのです。微生物により、有機化合物を分解するメ

表16-1　微生物を利用してつくられる食品の分類
資料）石毛直道，鄭大声編『食文化入門』P57，講談社

	食品名	おもな原料	おもなる微生物の種類
1）酒類	ビール	オオムギ	ビール酵母
	清酒	コメ	麹カビ，酵母
	ブドウ酒	ブドウ	ブドウ酒酵母
	果実酒	各種の果実	果実についている酵母
	焼酎	コメ，イモ，廃糖蜜など	麹カビ，酵母
	その他の蒸留酒	穀類，果実，廃糖蜜など	酵母
2）調味料類	みそ	ダイズ，コメ，コムギ	麹カビ，酵母，乳酸菌
	しょうゆ	ダイズ，コムギ	麹カビ，酵母，乳酸菌
	グルタミン酸	廃糖蜜など	細菌（グルタミン酸菌）
	核酸系調味料	①酵母菌体	カビ
		②ブドウ糖	細菌
	食酢	アルコール	細菌（酢酸菌）
	カツオ節	カツオ	麹カビ
	ブドウ糖（水あめ）	各種デンプン	細菌，カビ
	異性化糖	ブドウ糖	細菌（放線菌）
3）副食類	漬け物	野菜	乳酸菌，酵母
	なっとう	ダイズ	細菌（なっとう菌）
	ヨーグルト	牛乳	乳酸菌
4）飲料類	各種の生菌乳酸飲料	糖，牛乳	乳酸菌
	ケフィア，クミス	牛乳，やぎ乳	乳酸菌，酵母
5）その他	パン	小麦粉，ライ麦など	パン酵母
	チーズ	牛乳	乳酸菌
	食用酵母	廃糖蜜	トラル酵母
	リシン（アミノ酸）	廃糖蜜	細菌（リシン菌）

カニズムは全く同じです。人間にとって、より価値が高まるときには**発酵**、有害物質ができるときは**腐敗**として区別します。

　興味深いことに、この価値判断は必ずしも同じではありません。強烈な発酵臭を伴う場合に、珍重されたり、逆に、忌避されたりします。味噌・納豆・なれずし・漬物・魚醤・特定のチーズなどの臭いを、享受するか忌避するかは、それぞれの民族の文化の領域の問題になります。地

域別に、少しばかりみていきます。例えば、同じ北半球でも、ヨーロッパと東アジアでは、全く異なる発酵文化圏を形成しています。『食の周辺—食文化論へのいざない』（建帛社）に、つぎのようにあります。

> 西方地域と異なった発酵食品が、乳酸発酵や小麦粉の発酵とちがったタイプの発酵、例えば、魚醤・漬物・ナットウ・味噌・醬油など、独特の発酵が東アジア圏や東南アジアで発展している。世界の北半球で、このように異なった種類の発酵圏が大きく二分されて、それぞれの文化圏をつくっていることは、とても興味深い現象の一つといえる。

　さらにまた、東アジアのダイズ発酵食品には、無塩の納豆、加塩の味噌や醬油の二つの発酵の系統があり、これらの分布地域は、大三角形と楕円になります。『料理の起源』（日本放送出版協会）によると、①ジャワ（テンペ）、ヒマラヤ（キネマ）、日本（ナットウ）を結ぶと、無塩ナットウの三角形ができ、②中国北部を中心に、中国中部・日本・朝鮮半島を含めた地域を囲むと、加塩ダイズ発酵食品（味噌醬油タマリ）の楕円形（ミソ楕円）ができ、③そのなかに、スシやコンニャクが分布するといわれます。**図16-1**は、ナットウの大三角形と味噌楕円を示します。

Q76　発酵パンは、どこから始まったの？

　発酵パンは、どのようにしてできたのでしょうか。世界のパンは、発酵型と非発酵型の二つの系統に分かれます。食べ物を意味するパンという言葉は、スペイン語はパン（pan）、ドイツ語はブロート（Brot）、オランダ語はブロート（brood）、フランス語はパン（pain）、イタリア語はパーネ（pane）、中国語は麺麴（ミェヌバ）といいます。中国のパンは、焙焼パンではなくて蒸しパンでした。

図16-1　ナットウの大三角形とミソ楕円
資料）中尾佐助『料理の起源』P123，日本放送出版協会

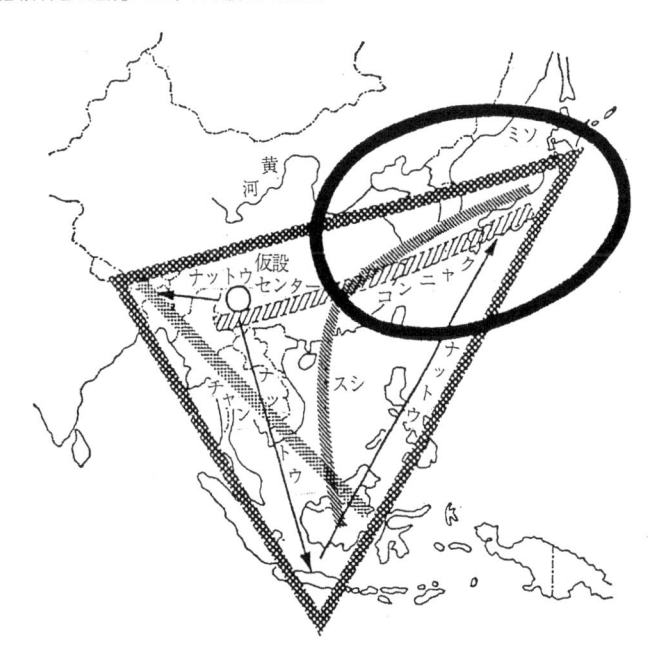

　古代エジプトでは、パンの糖質からビールを造り、そのビール酵母によりパンを焼いています。原料はオオムギからコムギに変わり、無発酵から発酵生地をオーブンで焼く焙焼パンに発展します。**図16-2**は、ラムセス3世墳墓に描かれた偉大なるパン職人たちを示します。

　古代パンから発生した**平焼きパン**（図16-3）は、インド・パキスタン・アフガニスタン・イランの発酵させないチャパティ、イラク・エジプト・トルコの発酵させるナンに分けられます。

　焙焼式の**発酵パン**は、ギリシャからローマを経て、ヨーロッパの各地に伝播します。キリスト教全盛時代の中世までは、パンの製造技術は、領主・貴族・教会・修道院により厳しく管理されます。この頃のイタリアやイギリスでは、優れた製パン技術をもっていました。イタリアでルネサンス（文芸復興）の気運が高まり、1533年に、メディチ家のカトリーヌ・ド・メディシスが、フランスのアンリ2世に嫁入りしたときに、イ

図16-2 　古代エジプトのケンアメン墳墓の壁画に描かれたパン職人たち

図16-3 　平焼きパン（左：チャパティ、右：ナン）

図16-4　焙焼パンの伝播経路
資料）越後和義『パンの研究』P45，柴田書店

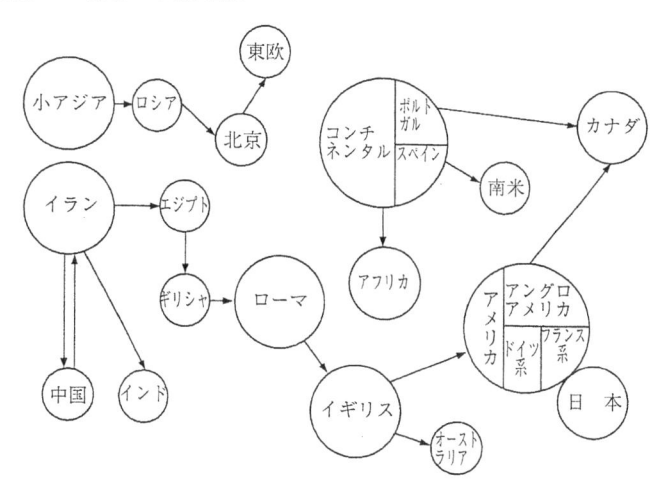

タリアのパンが、フランスに伝えられます。そして、フランスを代表するパンは、**コンチネンタルタイプ**のコムギ粉の多いリーン（副材料の少ない）な配合になります。イギリス系統のものはアメリカに渡り、**アングロアメリカンタイプ**の副材料の多いリッチな配合になります。**図16-4** は、焙焼パンの伝播経路を示します。

　日本には、400年前の安土桃山期に、南蛮船が渡来したときに、ポルトガルのパンが伝えらえます。そして、幕末の頃のフランスのパン、明治政府の時代にはイギリスからの支援を受け始めたことから山型のイギリスパン、第1次世界大戦後にはドイツのパン、第2次世界大戦後はアメリカのパンなどが、大きな混乱もなく続々と伝えられます。

Q77　東アジアの魚醤には、どんな種類があるの？

　東アジアには、さまざまな発酵食品があります。なかでも、発酵調味料の魚醤（ぎょしょう）はよく知られています。穀類が原料の味噌や醤油とは異なり、魚介の塩辛を発酵させた海洋民族独特の技術です。イギリスにマッシュ

ルームケチャップ、アメリカにトマトケチャップがありますが、もともと、ケチャップの語源は、中国語の塩蔵魚の汁を意味する茄醤（コエチアブ）に由来します。塩漬けにした魚介を、1年以上の長期にわたり貯蔵し熟成させると、酵素や微生物の働きにより、たんぱく質が分解してアミノ酸が生成されます。独特の臭みやうま味があり、東アジア地域では調味料として利用します。塩分濃度が25パーセントと高く、熱帯地方でも長期に保存できます。中国のエビペーストの蝦醤（シャジャン）、カキのひしおの蠔油（ハオイウ）、朝鮮半島のジョッカル、ベトナムのニョクマム、ビルマのガンピャエ、タイのナンプラー、フィリピンのパティス、カンボジアのタクトレイ、ラオスのナムパー、インドネシアのケチャップカンがあります。

　魚醤に共通した特長は、①魚介の塩漬けを原料として、②乳酸発酵により発酵や熟成をさせ、③強烈な臭いや独特なうま味が生成され、④万能調味料となり、⑤長期に保存が可能です。**世界的なエスニックブームの原因の一つには、このような魚醤のうま味の誘惑にある**ともいえます。日本にも、独特な魚醤油があります。例えば、秋田のしょっつる、香川のいかなご醤油、石川のいしる、鹿児島のかつおせんじなどです。

Q78　なれずしは、魚醤と同じもの？

　なれ（熟（馴）れ鮨（鮓、寿司））ずしという言葉は、私たち日本人の大好きな鮨の祖型です。魚の貯蔵法として発達しました。塩蔵した魚介を、時間をかけて自然発酵させたものです。乳酸菌が繁殖して腐敗を防ぎ、長期保存できるので、魚醤と同じ手法といえます。『東アジアの食の文化―食のシンポジウム'81』（平凡社）に、つぎのようにあります。

　　台湾・インドシナ半島・マレーシア・インドネシアとフィリピンの
　　一部にもナレズシは分布する。朝鮮半島と台湾の高山族で粟を使っ
　　たナレズシがあること、ボルネオで焼畑耕作民が陸稲でナレズシを

つくることをのぞくと、ナレズシの分布は伝統的水田耕作地帯と一致している。

日本のなれずしには、琵琶湖周辺の**ふなずし**（源五郎鮒ずし）があります。平安期には、盛んに食された、食文化的に大変に貴重なものです。

Q79　日本の味噌には、どんな種類があるの？

日本の気候風土は、はっきりした四季と、夏の高温多湿が、食品の発酵に適していて、さまざまな発酵食品が発達しています。まず、味噌という独特の調味料についてです。海水より採取した塩は、ニガリが多く潮解してベタベタになりやすく、その塩を保存する工夫が試みられます。そして、ダイズに塩を混ぜた醤が創作されます。この**穀醤から、味噌や醤油ができ**ます。味噌づくりのルーツは、飛鳥時代に、朝鮮から渡来した高麗人が始めたとする説、奈良期の天平勝宝5年（753）に、唐僧の鑑真が豉を持ち帰ったとする説があります。天平期には、すでに独自の製法が見られます。ダイズを煮て磨砕し、麹や塩を混ぜ合わせ発酵させます。原料も、ダイズ・コメ・ムギと種類が増え、豆麹・米麹・麦麹により醸造が行われます。味噌の種類は数多く、①素材の違いから、豆味噌・米味噌・麦味噌、②色の違いから、赤味噌・白味噌・合わせ味噌に分けられます。**表16-2**は、味噌の種類を示します。

Q80　日本の醤油には、どうして濃口と薄口が？

醤油の歴史から触れていきます。醤油の歴史は古く、文武天皇の大宝律令（701）に、ダイズで作られた醤（醤院）の記録があります。醤は、①草醤（後の漬物）、②魚醤（後の肉醤・塩辛）、③穀醤（後の味噌）に分け

表16-2　味噌の種類

資料）みそ健康づくり委員会編集『みそ文化誌』（全国味噌工業協同組合連合会・社団法人中央味噌研究所）

調合味噌	豆味噌	麦味噌		米味噌						原料による分類
		辛口味噌	甘口味噌	辛口味噌		甘口味噌		甘味噌		味や色による分類
				赤	淡色	赤	淡色	赤	白	
中京、関西地方	中京地方（愛知、三重、岐阜）	九州、四国、中国地方、関東地方	九州、四国、中国地方	関東甲信越、北海道、東北、その他全国各地	関東甲信越、北陸、その他全国各地	徳島、その他	静岡、九州地方	東京	近畿各府県、岡山、広島、山口、香川	産地
赤出汁、桜味噌、米・麦合わせ味噌	東海豆味噌、八丁味噌、三州味噌、伊勢味噌、名古屋味噌	麦味噌	麦味噌	津軽味噌、仙台味噌、越後味噌、佐渡味噌、赤味噌	白辛味噌、信州味噌	御膳味噌	相白味噌	江戸甘味噌	白味噌、関西白味噌、府中味噌、讃岐味噌	通称
	光沢のある濃赤褐色	光沢のある赤褐色	光沢のある黄褐色	光沢のある赤褐色	光沢のある鮮やかな山吹色	光沢のある赤褐色	光沢のある明るい淡黄色	光沢のある赤褐色	光沢のあるクリーム色	色
豆味噌特有の香り		濃い麦味噌特有の香り	淡い麦味噌特有の香り	発酵した濃厚な香り	発酵したさわやかな香り	発酵した香り	さわやかな香り	香ばしい香り	かるい香り	香り
濃厚なうま味		甘味とうま味の調和した濃厚な味	甘味とうま味の調和した味	濃厚なうま味のある辛味	さっぱりとした辛味	さっぱりとしたうま味	のびのある甘味とうま味	濃厚な甘味	まろやかな甘味	味

表16-3　醤油の種類
資料)柴田書店編『伝統食品の知恵』P194，柴田書店

種類	特色		主産地
	麹の原料，その他	色の濃化	
こいくちしょうゆ	大豆にほぼ等量の小麦	——	全国
うすくちしょうゆ	同上および米を使用することあり	抑制する	ほぼ全国
たまりしょうゆ	大豆のみ，または大豆に少量の小麦	——	愛知，三重，岐阜
さいしこみしょうゆ	生揚げにこいくちしょうゆの麹を仕込む	——	中国，九州
しろしょうゆ	少量の大豆に小麦	強く抑制する	愛知，千葉

各種類ごとに本醸造，新式醸造，アミノ酸液混合の3方式がある．

られます。

　奈良期に、中国から唐醬、朝鮮から高麗醬が伝えられ、鎌倉前期の建長6年（1254）に、禅僧の覚心が宋より径山寺味噌を持ち帰り、紀州湯浅の村人に教えます。味噌樽の上に溜まった液汁が味がよいと珍重され、溜醬油が創作されます。安土桃山期の天正5年（1577）に、播州龍野で**薄口醬油**が作られます。このようにして、**湯浅や龍野は、西日本の醬油の代表的な産地**になります。

　それでは、薄口醬油から、なぜ、濃口醬油ができたのでしょうか。京都で発達した精進料理は、高野豆腐や湯葉など、自然の色に炊き上げる薄口の調味になります。ところが、京都から紀州を経て、利根川流域に船で運ばれた京都の下り醬油は、関東の野田や銚子地方で大きな変化をみせます。オオムギを原料に取り入れてムギ麹になり、東京湾でとれる豊富な魚の付け醬油から、**濃口醬油**が創作されたのです。江戸前期の寛永17年（1640）に、江戸川を利用して江戸に運ばれます。そして、後期には、**濃口醬油は関東に定着**します。

　日本全国の醬油は、濃口醬油・薄口醬油・溜醬油・さいしこみ醬油・しろ醬油に分けられます。**表16-3**は、醬油の種類を示します。

図16-5　『齋民要術』豉を作る

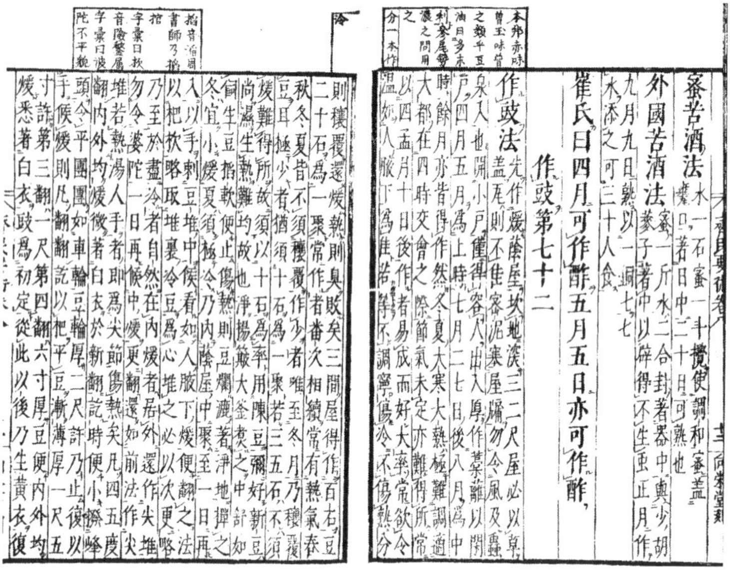
蜜苦酒法水一石蜜一斗攪使調和蜜蓋甕口著日中二十日可熟也
外國苦酒法蜜一斤水三合封著器中與少胡荽子著中以辟得不生虫正月作
九月九日熟以一銅七七水添之可三十人食
崔氏曰四月可作酢五月五日亦可作酢
作豉第七十二
作豉法先作暖蔭屋坎地深三二尺屋必以草蓋瓦則不佳密泥塞屋牖勿令風及蟲
鼠入也開小戶僅得容人出入厚作藁籬以閉
戶四月五月為上時七月二十日後八月為中
時餘月亦皆得作然冬夏大寒大熱極難調適
大都在四時交會之際節氣未定亦難得所常
以四孟月十日後作者易成而好大率常欲令
溫如人腋下為佳若等不調寧傷冷不傷熱
則穰覆還暖熱則臭敗矣三間屋得作百石豆
二十石為一聚常作者番次相續常有熱氣春
秋冬夏皆不須穰覆作少者唯至冬月乃穰覆
豆耳極少者猶須十石為一聚若三五石不須
暖難得所故須以十石為率用陳豆彌好新豆
尚濕生熟難均故也淨揚簸大釜煮之中訃如
飼生豆掐軟便止傷熟則豆爛漉著淨地攤之
冬宜小暖夏須極冷乃內蔭屋中聚置一日再
入以手刺豆堆中候看如人腋下暖便翻之法
以把杴略取堆裏冷豆為心堆之必以次更略
乃至於盡冷者自然在內暖者居外還作尖堆
勿令婆陀一日再候中暖更翻還如前法作尖
堆若熱湯人手者即為失節傷熱矣凡四五度
翻內外均暖微著白衣於新翻訖時便小撥峰
頭令平團團如車輪豆輪厚二尺許乃止復以
手候暖則凡翻翻訖以把平豆漸薄厚一尺五
寸許第三翻一尺第四翻六寸厚豆便內外均
暖悉著白衣豉為初定從此以後乃生黃衣復

Q81　日本の納豆には、どんな種類があるの？

ダイズは、他の穀類と異なり、調理しにくく食べにくいものです。しかし、発酵させることにより、味噌・醤油・納豆などが創作されます。納豆は、麴カビで酒を造る地域に広く分布する、伝統的な日本の発酵食品です。

納豆の種類は、①粘りのある**糸引き納豆**、②粘りのない**塩辛納豆**（寺納豆）に分けられます。糸引き納豆は、納豆菌というバクテリアで煮たダイズを、発酵させた日本独特のもので、東北や九州で人気があります。藁苞（わらづと）に包んで、発酵を促進させます。塩辛納豆は、ダイズに麴カビを加えて発酵させたもので、糸は引かず味噌に近いともいえます。寺納豆・唐納豆ともいい、浜納豆や大徳寺納豆が知られています。

日本の各地には、多彩な納豆伝説があります。例えば、糸引き納豆

は、偶然に発見されたとする説、八幡太郎義家（源義家）が東北遠征のときに創作したとする説、聖徳太子が伝えたとする説もあります。徳川家康は、納豆を好んだともいわれます。6世紀の中国古代の農書『斉民要術』に、豉の作り方が出ています（**図16-5**）。納豆の原型といわれる豉は、中国より平安期の頃に伝えられ、僧侶が納所の豆として用いたので、納豆という呼び名ができたともいわれます。

Q82　乳製品には、どんなものがありますか？

　東アジアの穀醤や東南アジアの魚醤に対して、**ヨーロッパでは、乳の発酵によりバター・チーズ・ヨーグルト**が作られます。牛の発祥地のインドでは、紀元前20世紀に、ヒンドゥー族が、バターを宗教儀式に用いています。仏典の涅槃経には、仏教徒の聖なる食べ物として、醍醐（バター）が記され、最高の味（醍醐味）とされています。ところが、古代ギリシャやローマでは、バターは、野蛮な食べ物になり、もっぱら塗り薬に使われます。

　バターを食べ始めて、急速に普及するのは、ずっと後のこと、19世紀の末頃からです。世界で最もバターを多用するのは、美味・美食を誇るフランス料理です。

　チーズは、アジアで偶然に発見されます。古代アラビアの隊商が、山羊の乳を羊の胃袋の水筒に詰めて旅したところ、白い固まりの凝乳（カード）が生成しこれが美味であり、その技法がヨーロッパに伝えられます。『美味礼讃』の著者のブリア＝サバランは、「チーズのないデザートは片目の美人」と記しています。欧米の多種多彩な料理に多用されます。

　ヨーグルトは、もともとはブルガリア地方の原住民の伝統食です。コーカサスの羊乳酒の**ケフィア**、中央アジアの馬乳酒の**クミス**も知られています。20世紀の初頭に、微生物学者のイリア・メチニコフにより、不老長寿の霊薬として騒がれ、世界的に広まります。

第17章
変貌を続ける家庭の台所空間

Q83　家庭の台所は、どのように変化してきたの?

台所の発生

　日本の家庭の台所は、どのように変化してきたのでしょうか。まずは、台所の発生から話を進めていくことにします。古代人の調理法は、焼き石を利用したもので、地面に穴を掘り水をはり、そこに焚火で焼いた石を投げ込む方法でした。縄文時代には、土器によるツボ・カメ・ハチができ、食べ物の貯蔵や加熱調理が容易になり、弥生時代に引き継がれます。

　少し余談になりますが、今日でもなお、日本料理の調理の基本が、煮る・炊く・蒸すの巧みな水の加熱利用であるのは、これらの時代の長い間の経験の積み重ねによります。日本には、中国のように独立した青銅器や鉄器の時代がなく、炒めるなどの高温加熱は行われていません。古墳時代に、朝鮮半島から竈が伝えられ、奈良から平安期にかけては、竈が調理の中心になります。一方、奈良期には、庖丁・まな板・箸などの台所道具が、中国より伝えられます。竈は、日本式の囲炉裏に発展して、新たな家族団欒の場となります。

　鎌倉期に、中国から禅宗とともに精進料理が伝えられます。この頃に、日本食の原型が形成され、料理の場としての台所の概念が芽生え始め、すり鉢や鍋も伝えられます。**台所は、調理のための機能と、食事を受け持つ者から形成され、武家の生活から発生します。**儀礼を行うハレ

の間の空間、日常のケの空間（台所）が、書院造りに組み込まれます。

江戸期の台所

　そして、江戸期に入ります。慶長8年（1603）に、徳川家康は、江戸に幕府を開き、その後の270年余りは、天下太平の時を迎えます。江戸市中には、水道がひかれ、日本橋周辺に食品市場が現れ、都市生活は活況を呈します。武家・料理屋・農家・商家・仕舞屋などに、さまざまな台所が現れます。日本料理の主流は、中期の頃にできあがります。また、日本人好みの粘りのある飯の炊き方として、ジャポニカ種による炊干し法が確立し、普及します。

　江戸期の台所に関連した言葉として、玄関口に対する裏口は、勝手と呼ばれます。また、家の奥の担当者を意味する、奥様という言葉ができます。もともとは大名や旗本などの武家の夫人の呼び名でしたが、明治以降は、他人の妻や女主人を敬っていう語になります。勝手道具として、ねずみいらず・かまど・ながし・まな板・庖丁・すり鉢・おろし金・鍋・ざる・さい箸・七厘などが出揃います。

明治・大正期の台所

　明治中期頃までは、江戸時代の台所が続きます。**図17-1**は、明治の中流家庭の典型的な座式流しの台所です。大きいまな板で、ダイコンを切る姿は、今日のように立式ではなく座式であり、立ち流しが床上に置かれています。明治30年代の理想的な台所として、大隈重信邸や岩崎弥太郎邸の台所が評判になります。**図17-2**は、大隈重信邸の台所を示します。その後の家庭の台所空間は、目まぐるしく変化していきます。洋風化による西洋式の調理器具、新しく創作された調理器具が流入し、今まで使い慣れていたものは死蔵化します。さらに、**日本独特の和洋中華の混合型・折衷型の調理器具が、続々と登場**します。

　大正期になり、設備が近代化すると、台所の機能は大きく変化します。ガス天火・火のせ天火・西洋庖丁とぎなど、西洋式の調理器具が定

図17-1　明治期の座式台所
資料）石井泰次郎『四季料理』口絵，博文館

図17-2　大隈重信の台所（明治期）
資料）村井弦斎『食道楽 春の巻』口絵，報知社出版部

着しはじめます。昭和になると、今までの座式台所は、立式に大きく変化します。**図17-3**は、昭和初期の台所器具を示します。

昭和の家庭電化ブーム

　第2次世界大戦後の混乱期を経て、昭和30年代（1955〜）には、**家庭電化ブーム**を迎えます。そして、台所空間の機械化や自動化が加速され、日本の台所は、さらに、その機能を一変します。ダイニング・キッチンが流行し、便利な**自動炊飯器**が出現します。「目が覚めたときに米飯が炊けていたら」という、主婦の夢を実現させたのです。バイメタル・サーモスタット（自動温度調節器、温度過昇防止装置）を二重釜に同調させた本格的なものは、昭和30年（1955）に現れます。そして、紆余曲折を経ながら多様化し、津々浦々、日本中の家庭に普及します。また、マイクロ波を利用した**電子レンジ**も、再加熱器として登場します。

Q84　今日の台所空間には、どのような問題点が？

　今日の台所空間には、さまざまな問題があります。調理器具を中心に、①台所空間の機能、②雑居する調理器具、③調理器具の死蔵化、④調理技術の進歩と台所の変貌、⑤食の二極分化と台所、⑥和洋中華の調理器具という面から触れていきます。

台所空間の機能

　台所の機能には、①必要な素材を取り揃え、②調理の仕方を決め、③できあがった料理を食卓に送り出すという、3つの目的があります。調理のシステム化からみますと、台所空間は調理空間ともいえます。その役割を果たすためには、どのような条件が必要なのでしょうか。『家庭の食事空間』（ドメス出版）によると、①素材や食器を収納保管し作業できるスペースの確保、②換気や照明などの設備、③調理に必要な水やエ

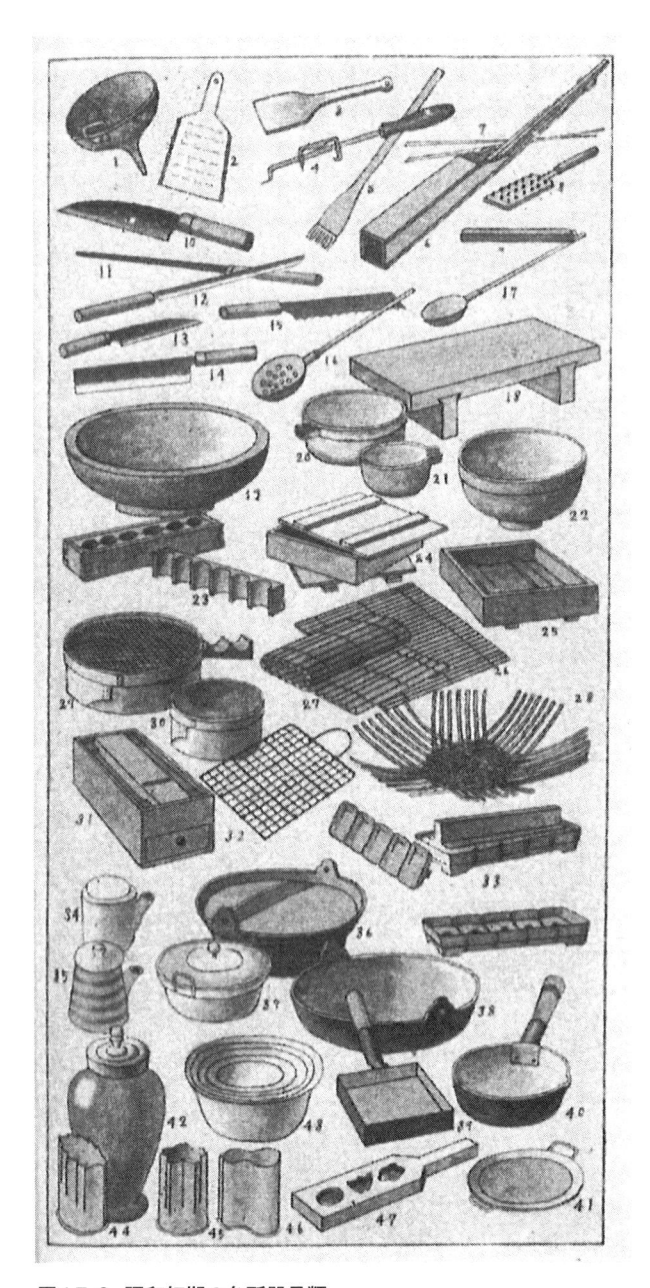

図17-3_昭和初期の台所器具類
資料）赤堀峯吉『日本料理法』口絵、大倉書店

ネルギーの供給、④必要な調理器具の取り揃え、⑤素材・中間品・できあがり料理や、破棄物を入れる食器や容器などが必要です。これらの台所空間を満たす条件は、決して固定したものではありません。

Q83で触れたように、台所空間の機能の内容は、時代とともに移り変わっています。とくに、明治の文明開化による食生活の洋風化、関東大震災後の東西の食の活発な交流、第2次世界大戦後の中国料理の大衆化など、調理技術の面にも、さまざまな変革があります。①生活習慣や意識の変化、②食品の流通手段の変化、③熱源や動力源の進歩、④食事内容の変化、⑤素材の変化などです。

雑居する調理器具

ところで、日本の台所空間には、大きく和・洋・中華という異質な3つの料理様式が導入されています。このような台所空間は、諸外国では全く例を見ません。さらにまた、日本人が好む食事には、天ぷら・すき焼き・ラーメン・トンカツ・ハンバーグ・カレーライスなど、外来食が日本化された混合型や折衷型料理もあります。そのために、庖丁1本に、まな板や中華鍋だけでもよい中国料理とは異なり、日本の台所は、雑多な調理器具に取り囲まれています。

さらに、このような繁雑さと裏腹に、時代が移り変わると死蔵化されていくものも少なくありません。日本の家庭の狭い台所空間には、所有しているだけのものと、頻繁に使う調理器具が同じところに雑居しています。**表17-1**は、一般家庭の主な調理器具を示します。

調理器具の死蔵化

調理器具の死蔵化について、もう少し触れます。台所から出るゴミ、使われている調理器具により、その家庭の食事内容が分かるといいます。また、使われていない調理器具から、家庭の調理法の移り変わりを知ることができます。『地域性からみた日本』（新曜社）によると、①一番使うのはまな板で、②庖丁の種類は多く、万能庖丁・出刃庖丁・菜切

物理的調理操作	洗浄用器具		洗い桶, 水切りカゴ, ザル, たわし類, ふきん, ビン洗い, コップ洗い, 食洗器
	切砕・成形用器具		包丁（刺身, 菜切り, 出刃, フレンチ, スライサーなど）, まな板, 皮むき, 卵切り, パン切り, チーズ切り, 細切り器, しん抜き, 野菜抜き, ポテトカッター, 料理ばさみ, かつお節けずり, 氷かき
	混合・攪拌用器具		泡立て器, しゃくし, しゃもじ, へら, フライ返し類, ハンドミキサー, シェーカー
	磨砕用器具		卸しがね, チーズ卸し, すり鉢, すりこぎ, ごますり器, ポテトマッシャー, ミンチ, ミキサー（ブレンダー）, ジューサー
	濾過用器具		裏ごし器, 粉ふるい, 味噌こし, すいのう, こし器,（スープこし, 茶こし, 油こし）
	圧搾用器具		のし棒（めん棒）, のし板, 肉たたき, 押し枠, ライス型, 菓子型, 絞り出し, すだれ, 卓上漬物器
	計量用器具		はかり, 計量カップ, 計量スプーン, 温度計, タイムスイッチ, 時計
	運搬・保存・供卓用器具		缶切り, 栓抜き, ボール, バット（流し箱）, 冷蔵庫, 冷凍庫, 温蔵庫
加熱調理操作	熱源専用器具（授熱器具）		こんろ（ガス, 石油, 木炭）, 電熱器, アルコールランプ, かまど, 七輪, 電磁調理器
	直接加熱用器具	支持体用	焼き網, くし
		熱源・支持体兼用	トースター, ロースター（グリル）, ブロイラー
	間接加熱用器具	支持体・中間体兼用（授熱器具）	鍋（煮物鍋, ソース鍋, シチュー鍋, ミルクパン, 中華鍋, 揚げ鍋, すき焼き鍋, 無水鍋, フォンデュ鍋, 圧力鍋など）, フライパン, 卵焼き器, 鉄板, ほうろう, 天火（コンロ用）, 羽釜, 蒸し器, せいろ, やかん, ポット, コーヒーサイフォン
		熱源・支持体・中間体兼用	オーブン（熱源つき）, レンジ, 電子レンジ, 自動炊飯器, パーコレーター, ホットプレート, その他各種の電化器具

表17-1　一般家庭の主な調理器具

資料）石毛直道, 山口昌伴編『家庭の食事空間』P53, ドメス出版（杉田浩一「台所の変化と調理への影響」を元に作成）

り庖丁・サシミ庖丁・肉切り庖丁があり、万能庖丁・菜切り庖丁はよく使うが、サシミ庖丁・肉切り庖丁はあまり使わず、③魚をおろす出刃庖丁も、あまり使わず、④おろしがね・すり鉢はよく使い、⑤めんを打つ家庭は、それほど多くなく、⑥蒸し器・中華鍋・すき焼き鍋・シチュー鍋は、使う家庭と使わない家庭がある、とあります。また、地域によりかなり異なります。

調理技術の進歩と台所の変貌

　明治以降、日本の台所空間には、さまざまな変革が起こり、そのたびに、台所機能は、大きな変革を繰り返しています。『家庭の食事空間』によると、これらの変革の10項目として、①上水道や下水道の整備、②熱源や動力源の発達と普及、③ダイニングキッチンの出現、④換気装置の普及、⑤外来の調理器具の普及、⑥冷蔵庫や冷凍庫の普及、⑦電子レンジやガス高速オーブンの導入、⑧電磁調理器の開発、⑨自動炊飯器や家庭用パン焼き器の開発、⑩計量用器具の普及をあげています。

　その結果として、①豊富な飲料水が確保され、②和・洋・中華の加熱調理に容易に適応でき、③台所と食卓が一体化し、④魚焼きや揚げ物の調理が容易になり、⑤料理は、混合型・折衷型などに多様化し、⑥作りおきや長期保存が可能になり、⑦便利な再加熱方式が利用でき、⑧空気汚染に一役かい、⑨誰でも失敗なく米飯が炊けるようになり、⑩経験や勘の世界から、計量化された調理技術が確立しています。

食の二極分化と台所

　『家庭の食事空間』によると、調理技術の変化に伴い、調理器具も著しく機能化されています。また、人体機能の補助、コツの一般化、人力の軽減の方向に向いています。伝承技術が発達し、味は平均化され、調理の大量化が可能になりました。食生活の多様化志向と、簡便化志向により、家庭の台所は、二極分化の時代に進んでいます。しかし、調理器具の機能と台所の変化は、定量的には掌握しにくく、両者は相互に影

響し合う因果関係にあります。また、食の外部化に伴い、調理のかなり
の部分は、外部依存型に変貌していきます。Q4で触れたように、食文化
の伝統は、変貌しながら伝承されていきます。

和洋中華の調理器具

　表17-2は、和洋中華の調理器具の特長を示します。例えば、庖丁の
使い方の違いは、日本料理は切って並べることが主で、中国料理は重い
庖丁で切り刻み中華鍋に放り込みやすくし、フランス料理は煮込みが中

	火場	主役のなべ順	包丁	まな板
日本料理	鍋釜のそれぞれに対応した小さなかまど．火口は大家族の家では七つも八つも並んだ．小まめに火加減をみるので，手前に焚き口がある．	蓋つきの，あまりおおきくない（調理ごとの）丸底鍋と，飯炊き専用の鍋＝釜．	刺身用の柳刃包丁があるように身幅は細く，包丁さばきの腕によって切れる．	厚板に下駄の歯のような脚をつけたもの．
中国料理	大鍋一つを据えた大かまど．火口は一つ，または二つ．強大な火を焚き続けるので焚き口は料理人の立つ側と反対側（むこう側）または横にある．	丸底大鍋一つが基本．大鍋に，ころあいを見てはからって次々と刻んだ材料を放りこんでいく．ふたはほとんど用いない．次の料理も同じ大鍋で．	身幅は広く，重い中華包丁，包丁の重みを利用して，均等に切り刻み，包丁の身幅にのせて鍋へ放り込む．	切株型の重くて大きな台．
フランス料理	クッキングストーブと，その一部に設けられたオーブン（イタリアでは独立した窯でピザパイを焼く）．熱板の上で鍋を移動させる（エチュベという）．	底の平たいふたつき寸胴の大小を使い分ける．イタリアでは柄の長いフライパンがこれに加わる．	切れればいい，といった感じのナイフ．	みじん切りなどには板を用いるが，煮込む調理なので包丁さばきにはあまり重視されていない．まな板を正面に据えるといったことはない．

表17-2　和洋中華の調理器具の特徴
資料）石毛直道，鄭大声編『食文化入門』P100，講談社

心になります。19世紀の産業革命により、ヨーロッパでは、マヨナイザー・コーヒーミル・アイスクリーマーなど、回転機能付きの調理道具が人気を呼びます。また、第2次世界大戦後の日本では、ミキサー・ジューサー・もちつき機・フードプロセッサーが普及します。欧米をはじめとして、スジ肉もやわらかくなる圧力鍋が普及し、日本では、自動炊飯器が開発されます。

Q85　21世紀の台所は、どう変貌するのでしょう?

　21世紀の台所の変貌を予測することは、難しいことです。ここでは、①エコ・クッキング、②ソーシャル・キッチンについて触れます。

エコ・クッキング

　21世紀の台所空間は、大きく変わろうとしています。その一つに、エコ・クッキングがあります。平成2年（1990）に、石川県は『エコ・クッキングブック』を発行して、「地球への思いやりは家庭から」をモットーに、地球環境保護に取り組んでいます。『環境調理学』（建帛社）に、つぎのようにあります。

　　エコ・クッキングという言葉は、エコ（生態学的・経済的の両面）とクッキング（料理）を合わせた造語である。したがって、エコ・クッキングは、台所から地球環境を考えることであり、台所から毎日出る排水や生ごみ、廃油の量を抑え、環境にやさしく、地球に負担をかけない、いわば、地球にやさしく暮らすことをねらいとしている。さらに、日常の暮らしのなかで、ふだん廃棄物として取り扱われている栄養価値の高い食材料に付加価値をつけた利用や、料理のリサイクルを対象に、食生活を合理的にしかも環境にやさしい方向へと啓発していくことを包括するものである。

また、地球に負担をかけない調理の仕方として、①購買・素材調達は計画的に行い、資源のむだを抑え、②家族の栄養と分量を考え、③材料の無駄がないように工夫し、④調理器具を上手に活用し、⑤火加減は料理に合わせて調節し、⑥排水に配慮し、節水を心がけ、⑦油は効率よく使い、⑧残った料理は再利用を考え、⑨調理の後片付けは、愛情をもって行うこと、をあげています。未来の台所空間は、調理をするだけの場所ではなくなります。地球環境を守るために真剣に取り組まねばならない、さまざまな課題を抱えています。

ソーシャル・キッチンの実現

　21世紀の家庭の台所空間は、個人の自由という立場を離れていきます。専業主婦の憩いの場とか、単なる調理だけの場という時代は、すでに過ぎ去ろうとしています。組織化された調理システムのなかで、台所は急速に社会化されていきます。そして、台所空間の機能は、新たな調理法や食べ方を模索しはじめています。あらたな生活様式（ライフ・スタイル）の芽が、私たちの台所に兆しています。21世紀の台所を予測する一つの見方として、『台所道具の歴史』（柴田書店）に、つぎのようにあります。

　　私たちは夢を叶える方向に進むであろう。そのひとつの方向は、台所の社会化、社会的に支えられた台所の安定と調理の簡略化である。家庭の台所、閉じた台所での道具が減少していき、社会的な道具、ないし設備が拡充されていく方向である。そしてもうひとつの方向は、料理をつくる楽しみ、そして共に食べる楽しみを通じて、あらたな〈つくり方やたべ方〉を探究する─味の探究と作法の探究の方向である。これは、台所道具の増加する方向である。専門家はだしの台所道具を求める人々もふえてきている。おそらく、この相矛盾するかにみえる二方向が、ともに高度化していき、相補って、美しい綾を織りあげていくのが、未来の姿である。

第18章
どうなる食のライフスタイル

Q86　家庭料理は、どうなってしまうのでしょう?

　家庭料理の基盤は、ドンドン変化しています。どうしてでしょうか。最近は、時間をかけて調理をする家庭が少なくなり、家庭の調理は急速に社会化しているからです。

　第2次世界大戦後の日本は、苦難の戦後の時代を脱けて、朝鮮戦争を契機に高度経済成長時代に突入し、その後は急速に近代化します。家庭の居住空間は徐々に電化され、台所は合理化・省力化されます。加工食品や簡便食品（電子レンジなどで調理が完結でき短時間で手間なく簡単に調理ができる食品）などの手軽な食品が続々と登場します。1日中、家事労働に追われていた専業主婦は、心の余裕や時間の余裕を取り戻します。そして、自分自身の生きがいを求めるようになります。また、女性の社会活動への参加が増大します。一昔前の専業主婦には、家事のサシスセソがありました。サ（裁縫）・シ（躾）・ス（炊事）・セ（洗濯）・ソ（掃除）です。ところが、近代の社会は、これらの家事労働を合理化・省力化・外部化してきています。子供の躾だけが、大きな社会的問題を残しています。そんななかで、家庭の食卓は、大きく変貌しつづけたのです。

Q87　食事の仕方の変化がもたらす影響とは？

食事の仕方の変化

　食事の仕方に、大きな影響が出ています。調理したり食べたりする場所は、必ずしも家庭の食卓とは限らなくなりました。内食・中食・外食の3通りに分かれてきました。

　内食（ないしょく）は、家庭で調理し家庭で食べる食事のことです。手間隙（ひま）かけた本格的な手作りから、インスタント食品・調理済み食品・半調理食品・レトルト食品・加工食品により、家庭で、ほんの少し手をかけるものもあります。**中食**（なかしょく）は中間食ともいわれ、外で調理したものを家庭で食べる食事です。1970年代の後半から急成長した、内食と外食の中間的な新しい形態です。持ち帰り弁当・出前・惣菜・テイクアウト食品があります。家庭では調理することなく、すぐに食べられる便利性があり、外食と同じような外部依存型です。**外食**（がいしょく）は、外で調理したものを外で食べる食事です。ファーストフードやファミリーレストランから、雰囲気を楽しむ高級レストランまで、選択の範囲が広いのも特長の一つです。このように、上手に使い分けて、豊かな生活を求める、内食・中食・外食の並立は、新しい日本型の食文化ともいえます。

食の社会化（外部化）の功罪

　食が社会化されると、どのような問題が生ずるのでしょうか。食の社会化に伴い、調理は大量化の傾向となります。『食生活と調理』（朝倉書店）に、つぎのようにあります。

　①衛生面から、製造・流通・保管の不備による安全性への不安、②栄養面から、栄養価の算出困難による、健康上の不安、③嗜好面から、家庭の味の個性が消失、④生活面・受け身の食生活から、料理意欲が減退する。

さらにまた、おふくろの味・郷土料理・伝統食品や、家庭のよき食習慣が失われるという課題も予想されます。しかし、一方では、大量調理の技術により、新しい調理技術が生まれる可能性があります。Q4で触れましたが、大量調理には、変貌しながら伝承される食文化の一つの姿があります。

Q88　食の二極分化とは、どういうことですか？

まさしく、今日の食は、二極分化の傾向にあります。すなわち、食生活は、①**簡便化**、②**多様化**という二つの志向が強くなりました。一見すると矛盾するようですが、日常生活のなかに、巧みに取り入れています。**表18-1**は、食事における二極分化と食の社会化の要因を示しています。言葉を変えれば、**手抜き料理と手作り料理の共存**です。また、T（時間）・P（場所）・O（場合）の使い分けから、TPOとも呼ばれています。

食の簡便化は、手軽に食事を済ませたいときの、手抜き志向です。ファーストフード・調理済み食品・持ち帰り総菜・持ち帰り弁当などが利用され、その結果、女性の社会進出が著しくなりました。食の多様化は、自由な時間のなかで、美味しさと雰囲気を求めて、高級化や多様化

	簡便化・実用化の要因	高級化・多様化の要因
生活面	就業主婦，単身者，核家族の増加 男女均等による家事労働の社会化 社会参加のための簡便化志向 生活時間の変化による食事の個別化 意識変化による食事の機能の変革	家計収入の増加 生活文化欲求の高まり 知識の普及と価値観の多様化 食情報の増加と広域化 健康志向と手づくりへの欲求
技術面	給食産業の発達 新しい調理加工技術の発達 調理済み食品，持ち帰り惣菜の普及 居住空間の制約（厨房の狭さ） 効率・経済性の追求	食物供給量の増大 食品生産，流通技術の発達 外食産業の発達と多様化 高級料理の調理技術の一般化 嗜好の多様化・高級化

表18-1　食事における二極化現象・食の社会化の要因
資料）日本家政学会編『食生活と調理』P203，朝倉書店

していく傾向です。国内や海外での食べ歩きにより、グルメ志向や美味の追求を満足できます。また、美味しさへの期待は、内食・中食・外食でも求められます。

Q89　新しい食の価値観とは、どういうことですか?

　これからの食品は、新しい価値観を求め続けて①多元化し、②個性化しながら、21世紀のココロの時代に突入しています。生活の価値観が、食のなかでも大きく変わろうとしています。高度成長期には、効率性や生産性だけが重視されました。これからは、生活アメニティ（生活の快適性）の欲求増大が注目されます。新しい食の価値観とは、具体的にはどのようなことなのでしょう。さまざまな視点から考察してみましょう。

自然・健康・本物（グルメ）志向
　今日の食のライフスタイルは、飽食の時代のなかで、大きく揺れ動いています。食の二極分化により、インスタント食品・調理済食品・冷凍食品などの簡便食品が出回り、一方で、①加工度が低く自然に近いもの、②社会化や高齢化に適合した減塩食・健康食・美容食・低カロリー食・老人食が求められ、③さらにまた、より価値の高い本物が、試行錯誤を繰り返しながら展開されています。

楽しみとゆとりの食卓
　また、日常生活のなかに、楽しみ・ゆとり・豊かさが求められています。団欒・雰囲気・手作りの三つの欲求から、例えば①家族・知人・友人との団欒には、おでん・すき焼き・鍋物・焼き肉・手巻き鮨が利用され、②食卓の飾り付けや豪華な食器で食事の雰囲気を盛り上げ、③パン・ケーキ・クッキー・漬物から飲み物まで、ときには手作りを楽しむ時間が求められます。素材缶詰・パイシート・複合調味料など、便利な

手作り食品が出回り、野菜サラダ・デリカ食品・チルドデザートなど、購入するだけで簡便な手作りムードが楽しめるものが普及しています。

　一方、豊かな食卓づくりにより、共食の型が大きく変わろうとしています。『献立学』（建帛社）によると、家庭の食事は、主食・主菜・副菜というパターンから、個人の嗜好を重視した単品メニューへと変化しています。21世紀の食卓について、つぎのようにあります。

　　家族がそろって食卓に向かう機会が次第に薄れていく傾向がみられるが、若年層では〈仕事が生きがい〉が減少し、家庭の役割として〈休息・安らぎ・互いに助け合い支え合う〉など精神的機能が重視されてきた。（中略）個人の嗜好を取り入れ、栄養のバランスのとれた合理化された食事計画のもとで調整された食事が、コーディネイトされた食卓に賑々（にぎにぎ）しく並ぶ。そこで、主婦を含めた話し合い中心の家族団欒の新しい共食場面が展開されるものと考える。

食のファッション化

　若い世代層は、レジャー世代ともいわれ、食に対する遊び心や楽しむ心があります。『戦後にみる食の文化史』（三嶺書房）に、つぎのようにあります。

　　食べ物に対して、楽しさ・ファッション性・カッコよさが強く求められるのもこの世代の特徴である。キャラクターのついた菓子・アイスクリームショップ・ファーストフードショップが10代に強い支持を得ているのもこうした背景があるからであろう。

孤食化・個食化・ながら食

　また、孤食化・個食化・ながら食が、増大しているという大きな課題もあります。24時間営業のフードサービスの店が盛況を極めています。自分の食事を、自分自身で手軽に選択できる便利な世の中になり、家庭

のなかで、孤食・個食・ながら食が増えています。

　孤食とは、家族の一人一人が、別々の時間にバラバラに食事をする風潮です。生活習慣の異なる家族は、集まって食べる喜びを失いかけています。個食とは、個人の好みにより、異なる食事をすることです。例えば、同じ家族のなかで、父親は酒・刺身・米飯で、子供はテイクアウトのハンバーガーで食事を摂ったりします。ながら食とは、父親は新聞を見ながら、子供はテレビを見ながら、別々に食事をする傾向で、家族の団欒がありません。また、歩きながら食べることに、全く抵抗がなくなっています。

Q90　食の産業化・情報化は、どう進展するの？

共食の喜びが失われて

　これからの食には、心配なことが多いようです。もともとの姿の共食の喜びは、どうなるのでしょうか。食品産業の巨大化により、大量生産による食品の均一化が進みます。マスメディアにより、たえず食の情報が流されます。孤食化・個食化・ながら食が、静かに浸透します。『食の周辺―食文化論へのいざない』（建帛社）に、つぎのようにあります。

　　他者（食品工業）により与えられた食料をこれといった料理の手間をかけることもなく食べ合うわけであるから、食料の獲得・分配・料理の各段階が不明確になり、結果として、摂取だけが残されたにすぎない状況の中では喜び合うことはできるはずがない。喜びあうことの薄い共食は、もはや人間的な生活とはいえない。それはまさに人間性の喪失である。（中略）21世紀の社会状況は生産力の増加と労働時間の短縮、余暇の拡大が予想されるが、余暇の利用さえも与えられたレールに乗って消化しようとするならば別であるが、それから脱皮し、自前のものをつくりあげねばならないと考えると

き、21世紀における家族の共食こそ、最も大きな生活基盤の条件の一つとなることはまちがいのないところと考える。

　家庭の味とか、おふくろの味の復権こそ、家族の凝集の絆にとって大切です。食の情報化の大波や小波のなかで、食の本来の姿を見つめ直し、家族の共食を取り戻すことは、これからの豊かな食文化を進める上で、最重要課題の一つになってきます。

　このように、食の産業化や情報化が、ドンドン進展しています。人口は都市に集中し、都市化の傾向が強くなり、核家族は増加し、子供の数は減少し、生活は多様化し、外食が増加しています。今日の食生活は、社会的や経済的な要因により大きく変わっています。

　さらに、ライフスタイルが変化すると同時に、食品工業の役割も大きく変わってきます。食の産業化は、世界的な傾向であり、食の機能が、家庭から社会に移るなど、さまざまな課題を投げかけています。家庭のなかで営まれた、**台所である食品産業と、食卓である外食産業が、家庭の食生活を大きく変えていくの**です。

Q91　食の国際化・世界化とは、どういうこと？

　食の国際化・世界化もドンドン進展しています。食文化のアイデンティティ（同一性）と国際化・世界化という二面性が、クローズアップされています。

　食のアイデンティティとは、例えば、水田稲作地帯に住む日本人は、米食民族として固有の食文化を築き上げます。そして、ご飯を主食とし、魚介や野菜を素材として、味噌や醤油で調味する日本型の食を実現します。このような日本人の間で共有される食の形を、食文化における同一性と考えます。

　一方、天ぷら・とんかつ・カレーライス・餃子・ラーメンなどの日本

人の好きな食べ物は、もともとは外来の食であり、素材と調理の国際化の所産です。このような**国際化**は、①情報化により急速に加速され、②国際化という交流は、一方通行ではなく進んでいます。

　食の世界化（共通化）について、もう少し触れてみます。第2次世界大戦後に、紆余曲折を経ながら、日本の食生活は急速に洋風化します。そして、昭和60年代頃（1985〜）になると、それまでと異なった食の世界化が始まります。**グローバリゼーション**と呼ばれるものです。すなわち、この頃から、世界的に企業の海外事業活動が活発になります。グローバリゼーションとは、企業の世界的規模での事業展開やネットワーク形成のことです。研究・開発・原料調達・生産・流通・販売など、あらゆる分野にわたり国境を意識することなく、効率的な活動が推進されます。そして、海外投資により相手国の経済の発展に貢献し、国際的な水平分業を促進し、相互依存を深めていきます。このような動きが、食の世界化なのです。世界は一つという見方でしょうか。

　『戦後にみる食の文化史』（三嶺書房）によると、世界化には3つの展開があります。①日本の食生活は、世界の国々とより密接になり、食料輸入量は激増し世界一となり、②世界中の食品が食品売り場に並び、大都市では世界中の本物の料理が食べられ、③通信衛星などのマスメディアや、気軽な海外旅行により、食の情報の世界化が展開されています。例えば、日本人の大好きな鮨は、ほとんどの素材が、江戸前ならぬ輸入品という世界化のなかで存続しています。

　ところが、食の世界化には、困った問題も発生しています。ODA（政府開発援助）は、開発途上国に対して、食糧援助を実施しています。ところが、先進国の食糧を供給することで、食生活の共通化が起こります。そのために、それぞれの地域や民族の伝統的な食形態が変貌していきます。固有の食文化が、崩壊してしまうのです。例えば、お腹一杯食べる伝統的な食習慣のあるトンガでは、極度の栄養過剰に陥り、肥満という大きな難問に直面しています。

第19章
21世紀の調理文化の展望

Q92　家庭の調理は、どのように変わりますか?

　18章で、家庭料理や食のライフスタイルの移り変わりについて触れました。ここでは、少し視点を変えて、家庭の調理の変貌ぶりを眺めてみます。

　ひと頃、「私作る人、僕食べる人」という言葉が流行し、差別表現ではないかと話題になりました。近年の家庭の調理の移り変わりから、もう一度この言葉を考えてみましょう。『食卓革命』(日本経済新聞社)によると、家庭の調理文化には、手抜き料理と手作り料理が目立つようになり、T(時間)・P(場所)・O(場合)の使い分けが巧みになったとあります。さらにまた、家庭料理の美味しさへの期待は、絶対的なものではなく、受け入れ側のTPOにより変化していくものです。主婦の手作り料理は、夫のためから子供主体に移り、作る人の上位時代を迎えています。『食卓革命』に、つぎのようにあります。

　　　時間のゆとりがあって、主婦が腕をふるいたい料理は、①スパゲッ
　　　ティ、②ハンバーグ、③ステーキ、④コロッケ、⑤グラタンで、主
　　　人が、もっと作って欲しい料理は、ステーキ・野菜の煮もの・茶碗
　　　むし・天ぷら・すき焼き・おでん・焼き魚などである。主婦が得意
　　　でつくりたがる料理は、どちらかといえば子ども向きで、ステーキ
　　　を除くと、夫の好む和風料理とはギャップがある。

さらにまた、我が家の昔と今の食卓の様変わりを思い出してください。一昔前の日本では、娘に伝えるおふくろの味が、家庭で大切にされ、語り継がれ受け継がれていました。ところが、近年の急変ぶりはどうでしょう。おふくろの味は影を潜め、おの字がとれてふくろの味となり、どこの家庭でも、特長のない同じものを食べていると嘆く人もいます。手軽なインスタント食品を購入し、袋の説明通りに温めるだけでは、家庭の個性ある調理文化は育ちません。**おふくろの味・郷土料理・伝統食品の急激な衰退が心配**されます。

Q93　集団給食の調理は、どのように変わりますか？

　集団給食には、さまざまな課題が山積しています。外食や給食産業が発達し、学校・工場・病院・保育所・高齢者向け施設などの給食施設で、大量調理が行われています。『総合調理科学事典』（光生館）によると、これらの集団給食の目的は、健康を保ち、疾病に効果を期待し、栄養的にバランスのとれた食事により栄養改善をする、とあります。食事を給する立場からは、管理面や栄養面の強化が求められます。病院の場合は、栄養の補給よりも、治療食としての役割が大切です。しかし、これらの集団給食には、一方的であったり、美味しくなかったり、食べ残したりなど、文化的な課題が多いことも事実です。

　集団給食は、給食から食事へ脱皮すべしとする説もあります。それには、文化の視点に立たなければなりません。『給食と文化』（同時代社）に、つぎのようにあります。

　　給食は、家庭と違って多数の人たちに食事を供することをいう。その食事は栄養管理や給食管理としてとらえるのではなく、文化としてとらえなくてはならない。まさしく文化として食事を考えるとき、食事とはココロの問題にかかわるものでなくてはならない。

　集団給食には、①おふくろの味・家庭の味・ふるさとの味に欠け、②あてがいぶちであり、③食べ残しや、④冷えた料理があり、⑤食器が貧弱で、⑥好きなメニューを選べないなどの改善点があるといわれます。また、学校給食では、バイキング・おかわり式・グルメ化・和風メニューの増加など、さまざまな改善が試みられています。さらに、好物メニューの手作り、好きなメニューの商品化、おふくろの味、手作り料理などへの関心が高まっています。このように、集団給食も、**モノからココロの時代に突入しており、古い型の給食から脱却し、文化に立脚した食事**が求められています。

Q94　調理と文化には、どんな関わりがありますか?

　調理と文化の関わりを、歴史的な流れからみていきましょう。江戸後期に集大成された日本料理は、その調理特性から**割烹**(かっぽう)とも呼ばれています。割は、庖丁で切りさくこと、烹は、火にかけて煮ることを意味します。そして、割主・烹従という世界に類を見ない日本料理の体系ができあがります。

　さらに、カンやコツに頼る経験的な積み重ねにより、独特な**板前**の世界が形成されます。日本の板前は庖丁、欧米のシェフは鍋を大切にします。明治になり、日本料理の手法は、村井弦斎(むらいげんさい)・石井泰次郎(いしいたいじろう)・赤堀峰吉(あかほりみねきち)らにより、さらに磨きがかけられます。割烹と料理は、どこが違うのでしょう。料理には、はかりおさめるという意味があります。もともとは、計測することでしたが、食べられるように調理すること、調理されたものを指すようになります。

　調理と調理科学についても触れていきます。カンやコツを尊重する割烹や料理に、科学的なメスが加えられるのは、第2次世界大戦後のことです。**調理学や調理科学が学問として登場**します。調理には、ととのえおさめるという意味があります。素材にさまざまな操作を加えて、食べ

られるようにすることです。そのためには、①有害物や不要なものを取り除き、②食べやくして栄養効果を高め、③外観や風味をよくし、④貯蔵性を高めることも必要です。洗う・切るなどの物理的操作と、茹でる・煮るなどの加熱操作があります。

　この調理という手法は、長い間にわたり、科学的には説明しにくいものでした。ところが、大規模調理という集団調理や集団給食が始まると、様相は一変します。明治から大正期の軍隊給食や糧食に、兵食の基本としての定量定額方式が定められ、調理操作をシステム化する兆しが現れます。昭和10年頃に、軍隊給食のなかで、初めて調理科学という言葉が使われたともいわれます。しかし、学問として認められるのは近年のことです。昭和24年（1949）に、お茶の水女子大学の家政学部に、栄養学・食品学・調理学の講座が新設され、昭和43年（1968）に調理科学研究会、昭和60年（1985）に日本調理科学学会が設立されます。昭和62年（1987）に学術団体に登録され、調理科学は名実ともに公式な学問となります。

　このような経緯により、食べ物をモノとして科学する体系ができ、多くの研究や教育の成果が積み上げらます。しかし、調理学と調理科学の区別は、今一歩はっきりしません。ときには、同義語として用いられます。献立から食べ方までが調理、素材の調理による変化を研究するのが調理科学という分け方もあります。食べられる状態にする調理と、貯蔵性を持たせる加工、この二つの区別もはっきりしません。

　電子レンジや真空調理など、**新調理システムの動き**が活発になってきています。新調理システムとは、伝統的な調理法に代わる調理で、調理の質と量を兼ね備えています。安全・栄養・嗜好の三つの要求を満たす未来技術ともいわれます。クイックフリーズ（急速冷凍調理）、クイックチル（急速冷蔵調理）、真空包装後の加熱殺菌、真空調理などにより、調理システムを飛躍的に発展させることが期待されます。

　調理科学の進歩により、製造年月日は、**期限表示**に変わります。平成7年（1995）の**製造物責任法**（PL法）により、生産者が責任を負う食品表

示です。しかし、厳しくすると、店頭破棄が増大し、環境汚染の課題が発生する心配もあります。

　さらにまた、昭和50年代になり、食文化への関心が高まるなかで、ココロの領域にまで調理学を広げる考え方が出てきます。調理の研究が進展するなかで、調理を理解するためには、①献立・盛り付け・配膳などの科学と、芸術の接点が大切になり、②科学的な素養だけでなく、感性の世界が必要となります。第2次世界大戦の後に、自然科学の立場でスタートした調理学は、食文化という時代の要請に、文化との新たな体系化を求められています。

Q95　調理科学は、どのように進展するのでしょう？

　新しい調理学体系化への試みが進んでいます。調理は食の文化の原点であるという考え方により、新しい調理学体系化への模索が始まっています。なかでも、共食・行事食・食事計画・献立・盛り付け・配膳・料理構造・調理空間・美味学などは、とくに、文化的な要素が強いといわれます。21世紀の調理学は、調理文化学・献立学・美味学・食品調理機能学・臨床調理学・調理工学・環境調理学などの分野に発展するともいわれます。江戸後期に集大成されたカンやコツの割烹の世界は、さまざまな調理操作を自然科学的に分析する調理学や調理科学の時代を経て、ココロを重要視する文化の領域に踏み込んでいます。

　調理学の周辺には、他の多くの学問体系があり、これらのフィールドを無視することはできません。現在の科学的な分析に立脚する調理学に、文化的な要素を一つずつ加えるのではなく、調理が食の文化の原点である以上、文化という大きな土俵の上に、新たに調理学の再編成をすることが望まれています。モノ（食品側）よりも、ココロ（人間側）を中心にした調理学体系は、人間の幸福につながる魅力的なものです。食べ物は、素材・道具・技術を駆使しながら、人間が作るものであり、その

なかに調理のシステムがあるからです。

Q96　サイコレオロジーって何？

　21世紀の新しい研究分野に、サイコレオロジー（人間の動きの様子を心理学的に解析する学問領域。『栄養・生化学辞典』より）があります。美味しさを追及する調理学は、化学的な五味（甘味・酸味・辛味・苦味・うま味）や、物理的なテクスチャー（組織・構造）だけでは説明できません。例えば、ジャポニカ種やインディカ種の米の評価は、文化により異なることから、人間が生まれ育つ文化的環境との関連が注目されます。そこに、サイコレオロジーの考え方が出てきます。『美味学』（建帛社）に、つぎのようにあります。

> サイコレオロジーとは、英国の心理学者であるスコットブレヤーらが提唱した学問領域であり、食品のレオロジー的性質と、人間の生理的感覚および心理的判断である圧力感覚・弾性感覚・粘性感覚・温度感覚などの物理的感覚を実験心理学の観点から解析するものである。いわばレオロジーと心理学の境界領域の学問である。

　Q41で触れましたが、**レオロジー**とは、1929年に、アメリカのE・C・ビンガムにより提唱された学問です。食べ物が持つ、弾性（変形）と粘性（流動）の両面の挙動を、科学的に分析しようとする手法です。レオメーターという装置ができました。このような機器により、美味しいパンの弾性、ソースの粘性などの特長を解析します。異文化との比較や、テクスチャーとの関連を調べることも可能になると期待されます。

第20章
どこまで続く飽食の時代

Q97　飽食の時代は、どこまで続くのですか？

　飽食の時代は、これからもずっと続くのでしょうか。お金さえ出せば、これからも欲しい食べ物が自由になるのでしょうか。答えは、否です。現状の正しい認識が必要です。

　日本は、1000年以上の粗食の時代を経て、1970年代の後半頃からは、豊かさを通り越して、飽食の時代にあります。飽食とは、古くは暴食ともいわれました。『広辞苑』（岩波書店）に、①腹一杯に食べること。②食物に不足のないこと。③生活に何の不足・不自由のないこと。とあります。こんな経験はありませんか。ホテル・レストラン・居酒屋などでの宴会が終わり、食卓の周囲を見回すと、ご馳走の山があちこちにたくさん残っています。戦中・戦後の厳しい生活を経てきた著者には、一瞬、立ち去りがたい気が起こります。支払いを済ませば、店の経営者の負担が増えるわけではありません。しかし、そんな考え方でよいのでしょうか。

　日本人の食べ残しについて、例えば、都内の小中学校だけで1日に28トン、都内の家庭の残飯は、米だけで80トンが捨てられているとする説があります。『飽食日本とアジア』（家の光協会）によると、家庭から出る台所ゴミの40パーセントは食べ残しで、捨てられる食料は、1年間で1000万トンになり、米の年間消費量に匹敵する。この大量の毎日の残飯は、開発途上国の5万人相当分の食料に当たる、とあります。これ

が飽食の実態です。

注2023年段階の「食品ロス」の現状（＊注は編集部による注コメント）

日本の1年間の食品ロスは約612万トン（事業系食品ロス328万トン、家庭系食品ロス284万トン）。国民1人あたりに換算すると、毎日お茶碗1杯分の食料を捨てていることになります。（農林水産省のデータによる）

このように、食べ物が粗末に扱われると、おふくろの味を忘れた、食文化ならぬ食餌文化ではないかと心配する人もいます。飽食の特長は、①学校給食をはじめ、食べ物が無国籍化し、②アメリカ型の簡便なファッション食品に慣らされ、③おふくろの味を忘れ、④伝統食品を顧みず、⑤過食から少食やスナック化が心配されること、です。戦後生まれの新世代は、どのようにして飽食の時代を切り抜けるのでしょう。食べるために生きるのか、生きるために食べるのか、それぞれの国には、興味深い民族性があるともいわれます。経済成長率の鈍化から抜け出せない日本には、その盛んな食文化の裏側に、食についての多くの悩みや課題を抱えています。飽食の時代が、いつまでも続くわけがありません。

Q98　一連のグルメブームなど、食のファッション化？

このような飽食の時代になった、大きな理由の一つに、健康志向やグルメブームへの過剰な取り組みが指摘されています。簡便化や国際化により日本型食生活が定着すると、健康食品・低カロリー食品・ダイエット食品・美容食・機能性食品など、ヘルシーを志向した健康食品が続々と市場に登場します。このような動きを、消費者ニーズを先取りした消費者志向と呼ぶ人もいますが、どうでしょうか。

『飽食の軌跡』（日本経済評論社）によると、日本の食文化は、虚像と実像、一億総グルメ症候群、軽薄短小の食文化狂時代とあります。また、ヘルシーブームが浸透すると、食文化の概念が、生産から消費＝食卓へと対象が移行して曖昧化するとあります。

　さらに、一連のグルメブームが、食文化を濫用しているともあります。消費者は、食文化といえば食べ歩き、食べ歩きといえば食文化のような錯覚に陥り、個性のない1億総グルメ時代が到来しているようです。例えば、大型商業施設の食品売り場に行きますと、高級にして豪華な食べ物が目立ち、文化を売りものにした食品が氾濫しています。このような一過性の食のファッション化は、食文化の実像ではなく、虚像に過ぎないともいわれます。**食のファッション化に陥る危険性**について、多くの心配する意見が提示されています。

Q99　食料輸入大国として、日本が抱える問題とは？

　ご存じでしょうか。日本は、世界最大の食料輸入国です（注2023年は世界第7位）。世界中からの輸入により、世界中の食べ物が市場に氾濫しているのです。そして、食の国際化が進むにつれて、輸入量はますます増大しています。輸入総額は、年間5兆円（平成14年度〈2002〉）（注2021年は食料品の年間輸入額は7兆円を超え、輸入総額の8.7％を占めています。——財務省のデータによる）に迫る勢いで、2位の石油を大きく引き離しています。世界中の魚介類を独り占めにし、コムギの90パーセント、ダイズの98パーセント、ソバの80パーセントを輸入に依存しています。『献立学』（建帛社）に、つぎのようにあります。

　　豊かに見える日本の食料について、自給率国際比較をみると、穀物ではアメリカ109パーセント、フランス222パーセント、旧西ドイツ106パーセント、イタリア80パーセント、イギリス105パーセントに対し、日本は22パーセントと著しく低い。豆類・野菜類・果実類・肉類・卵類・牛乳・乳製品・魚介類・油脂類についても100パーセントに達しているものはなく、卵類の96パーセントが最も高い比率となっている。

注 2023年のカロリーベースでの食料自給率は38％、重量ベースでの穀物自給率は29％と、先進国の中でもかなり低い数値となっています。

さらに、供給熱量自給率に至っては、1960年の80パーセントから、38年後の1998年には40パーセント（注 2023年は38パーセント——農林水産省のデータによる）に激減していて、諸外国に較べて著しく低い数値です。これらの膨大な輸入の助けにより、飽食の時代が成り立っています。一方、国内産業の空洞化という大きな問題が起こっています。また、『飽食日本とアジア』（家の光協会）によると、輸出側にとっても、さまざまな環境破壊が心配されています。例えば、インドネシアは、トロール漁により大量のエビを日本に輸出し、沿岸漁民は魚がとれないそうです。トロール網の使用禁止区域を設定すると、エビ業者は、日本の養殖技術により、エビの養殖池を開発します。そのために、マングローブの林が伐採されるという連鎖的な事態が生じています。日本の豊かな食文化の陰に、これでよいのかという課題が山積しています。

伝統食品の行方についても心配です。伝統的な日本料理の衰えや、外食の国際化が懸念されるからです。手間隙かけた本物の伝統食品は、市場から姿を消していく傾向にあります。『伝統食品の知恵』（柴田書店）によれば、くさや・塩辛・煮干し・かつお節・かまぼこ・寒天・納豆・豆腐・味噌・醤油・漬け物などの伝統食品の製法が、①機械化や量産化により、見かけは似ていても中身は別物であり、②発酵食品には人為的な制御が行われ、③工程の能率化が優先され、④消費者の嗜好の変化により、採算ベースにのる商品を作ることが先行しているなど、本物の伝統食品存続のための、さまざまな問題点が提起されています。

Q100　21世紀の食料問題は、どうなるのでしょう？

人類は、食べ続けられるのでしょうか。21世紀は、食糧の増産と人口

の増加による食糧の絶対量不足のシーソーゲームになるといわれます。『飢餓の世紀』（ダイヤモンド社）によると、2030年の穀物収穫量は21億トンあり、消費水準の程度により、養うことが可能な人口の試算には大きな差があります。アメリカの消費水準（一人当たり年間800キロ）で25億人、イタリアの消費水準（400キロ）で50億人、インドの消費水準（200キロ）で100億人とあります。2003年段階の情況は、①開発途上国の9億人がカロリー不足に悩み、②就学前児童の36パーセントが発育不全で、③国連人口基金は、2050年までに、世界の総人口を、今日の60億人から78億人で安定化させる、とあります。

> 注 農林水産省「2050年における世界の食料需給見直し」（令和元年〈2019〉）によると、世界の人口は86.43億人に達する見通しで、その人々を養うためには、食料需要量は58.17億トン（2010年の34.30億トンの1.7倍に相当）となり、穀物需要量は36.44億トンとなる見通しとなっています。

『「飢餓」と「飽食」』（講談社）によると、21世紀の食料の確保と人口の増加については、楽観論と悲観論があるといいます。楽観的な見方では、世界の潜在可耕地面積を40億ヘクタールとすると、当時の耕地面積15億ヘクタールに較べて、まだまだだいぶ余裕があります。平均収穫量も2倍ぐらいになります。このような数字での試算では、食料の生産量は、2003年現在の37億トンから、6倍の240億トンまで可能になります。悲観的な見方では、現状の成長率がこのまま続くと、100年以内に、地球上の成長は限界点に到達します。20世紀の人口増加は、それまでの数千年には経験したことのない急激なものであり、すでに地球上には飢えに苦しむ人々が5億人（注2024年の国連報告書によると、最大約7億5700万人が飢餓に直面しています）もいます。21世紀には、食料の確保に関わる、さまざまな難問が地球規模で発生することには間違いがない、とあります。

　それでは、21世紀の食文化は、どのような経緯を辿（たど）っていくのでしょう。『美味学』（建帛社）に、つぎのようにあります。

地球上の少なからぬ地域で飢餓が進行している現実に背を向けて、限られた地域で限られたひとびとが食材を浪費しながらグルメに浸っていられるのは、知的怠慢と倫理意識の貧しさに気づかないでいてこそできることで、その美味は知的・文化的には実に貧しいものであると言わねばならない。（中略）それゆえにこそ、21世紀に向けて、美味についても、科学的諸研究と哲学的思索が連携した知的探求の意義が高まっている。

日本の食文化の将来について、無視できない重要な意味合いを数多く秘めています。

Q補　食育の推進とは、どういうこと？

飢餓と飽食という難問山積の今日の食文化にも、曙光（しょこう）が見え始めています。①食の安心・安全、②食文化への理解、③正しい食生活という3つの視点から、食の抱える諸問題を総合的にとらえようとするもので、「食育の推進」と呼ばれています。

この食育という言葉は、今日急に浮上したものではなく、明治期の近代化が進むなかで提唱されています。明治維新後のこと、陸軍少将・薬剤監であった食養道の創始者・石塚左玄（いしづかさげん）は、『通俗食物養生法』（明治31年〈1898〉）に、「今日、学童を持つ人は、体育も智育も才育もすべて食育にあると認識すべき」と指摘し、村井弦斎（むらいげんさい）も、『食道楽』（明治36年〈1903〉）に、「小児には徳育よりも、知育よりも、体育よりも、食育がさき、体育・徳育の根元も食育にある」と記しています。

このような明治の先人たちが提唱した食育に注目し始めたのです。政府は、「国民が健全な心身を培い、豊かな人間性をはぐくむために、食育に関する施策を総合的かつ計画的に推進すること等を目的」として、平成17年7月15日に、『食育基本法』を施行しました。そして、内閣府

食品安全委員会、文部科学省、厚生労働省、農林水産省が協力し合い、「食育推進基本計画」「基本的施策」「食育推進会議」などにより、日本人の本当の食の在り方を考え直そうとしています。

最終章

代用食への考察

永山久夫(食文化史研究家)

・「令和の米騒動」

つい最近まで、日本人の主食である米がスーパーの棚からなくなり、入手困難でした。その後、米不足は解消しましたが、米価は高いままです。マスコミは「令和の米騒動」と煽り、人々を不安にさせました。

米やパン、麺類の原料となる穀物が、今までと同じようにいつでもスムーズに入手できると考えるのは、難しい時代となってきたのです。これからも、異常気象や国際情勢などによって、穀物のコストは高騰し、自由な輸入が難しくなるのは避けられないでしょう。

日本の食料自給率は38パーセントですから（2023年、農林水産省）、食物の62パーセントは海外に依存していることになります。国内にも問題が拡大しています。農業従事者の高齢化や廃業などによって、日本人の主食である米のスムーズな生産も難しくなってきているのです。

とりわけ、人類の食生活に直結する小麦は、他の三大穀類である米、トウモロコシなどと比較すると、高温に極めて弱いのです。このため、2050年までに、世界の小麦の生産高は最大で27パーセント減少する恐れがあると懸念されています。

急速に温暖化が進行した場合、小麦は高級品となり、高価になる可能性があります。パスタやうどん、パン類が、現在と同じように気安く食べられなくなるかもしれないのです。

異常気象や国際情勢を考えたら、現在、日本で進行中の贅沢極まる飽食などは、未来も続く可能性は皆無とみてよいでしょう。

凶作が多発した江戸時代のように、個人レベルでも、代用食・非常食

の種類、食用法などの知識をしっかりと身につけておかないと、イザという時に対応するのが難しい時代になっているのではないでしょうか。

・米価が高値のまま

　過去にも米不足は何度も発生していますが、気候変動や国際情勢の悪化が進んでいるという点で、今回は全く状況が異なります。

　2024年の秋、新米の値段が昨年の1.5倍にもなり、高値のままです。このためか、かさまし料としてモチ麦が人気を呼んでいます。つまり、米不足を補うために、白米のご飯ではなく代用食の「麦ご飯」にしているのです。政府が危機感を持って具体策の検討を急ぐ必要がある段階にきているのは、間違いありません。

　アメリカなどでは、将来のタンパク質不足に備えて、コオロギなどの飼育が行われていますが、昆虫食については日本のほうがはるかに先輩です。イナゴ食の文化があり、長野県を中心にした内陸部では、イナゴばかりではなく、ザザ虫やハチの子まで食べてきています。

　昆虫食が発達したということは、自然が豊かであったことの証明です。山菜もキノコ、クリやクルミ、トチの実もたくさん採取できて、人間にとっても生活しやすい土地が多かったということです。

　日本はまさに今、世界の環境問題の主流となっている「サステナブル（持続可能）」な国だったのです。

・日本の山は巨大な畑

　昔は、ワラビやゼンマイ、ウドなどを採取すると、その跡地に木灰を撒いて飼料としてきたものです。土地が痩せないようにすることも忘れませんでした。山菜採りに出かける時は、布袋に灰を入れて持参したのです。

　言ってみれば、雑木林も山も土手も、自然のままの畑だったのです。山も林も守らなければ、村の生活は成り立ちませんでした。

　『万葉集』に次の作品があります。

春日野に
　　煙立つ見ゆ　乙女らし
　　春野のうはぎ　つみて煮らしも
　　（巻10-1879）

　意味は、「春日野の丘に、あんなに煙が立つのが見える。乙女たちが春野でつんだばかりのウハギ（ヨメナのこと）を煮て食べているらしい」です。奈良時代は、若草は大切な野菜代わりにもなっていたのです。ヨメナは、今でも水田の土手などに生えており、人気の摘み草になっています。

・「救荒食」への知恵

　飽食が当たり前と考えるよりも、江戸時代の「救荒食」の知恵を参考にしたほうが、はるかに未来の役に立つのではないでしょうか。

　「救荒食」とは、飢饉の時の救助のための非常食のことで、食用野草を中心にヤマイモ、木の実、果実、キノコなどがあります。必要であればアク抜きをして、安全に食用にしてきたのです。

　江戸時代の後期は異常気象で低温が続き、凶作や飢饉が発生し、そのたびに非常食が考案されました。天明年間（1781～89）に発生した大飢饉の時には、幕府は『藁餅製法書』を作成して、全国の代官所に配布しています。

　盛岡藩の『飢饉考』には、次のような「松皮餅」の製法が紹介されています。

　「松の白皮を臼で搗き研ぎ、細末にして水にさらしてから、穀粉を加えてよく練り合わせ、餅にして蒸して食う。トチの実だんごよりは、はるかに味がよい。体にさわりもない。若木の皮よりは、古木がよい」

　松の皮には薬効もあって、「体があたたまり冷気に強くなる」といいます。そのため、ひどい所になると、街道筋の松並木はことごとく皮を引きはがされ、立ち枯れてしまうものも少なくなかったともあります。

また稲を中心に農作物が成長せずに凶作が決定的となり、いよいよ飢饉となって備蓄食を食いつくすと、人々は山に入り、木の実、山菜、草根などを手あたり次第にあさりました。人家に近い山々は、みるみる採取しつくされて裸となり、しまいには、10里（約40キロメートル）も山奥に入らなければ、手ごたえのある食料は見つからなかったと伝えられています。

　江戸時代後期、続発した飢饉対策として、医者や有識者によって、さまざまな非常食についての書物が刊行されています。それらのうちの『かてもの』、『救荒孫の杖』、『救飢製食方集書』などの中から「生き残り食」の実例をあげてみましょう。

○**胡桃**（くるみ）　凶作年に、かつお節のかわりに用いて体力がつく。
○**むしろ**　食膳の下のむしろを刻みて、煮出して飲むべし、穀気や塩気が含まれているものなり。
○**田にし**　煮て殻を除き、灰にかきまぜ、干して貯うべし。魚の不足する土地にては、塩辛にて滋味なり。
○**くこの葉**　あえもの、またはひたしもの。また、干して茶に用う。
○**あかざ**　荒地や古畑などに、たくさん生じるものなり。秋、葉と実をしごきとり、干して貯え、冬期に煮て飯に混じえて食うべし。
○**皮道具**　何品を問わず、皮道具を煮て食すれば飢えを救う。さほどに味わいがたきものにあらず。
○**からすうり**　その種子を炒りて食す。また根からはデンプンがとれるものなり。
○**よもぎ**　よもぎの葉は、灰水にてゆびきかてものとす。

・**フェイクミートの時代**
　食料資源問題、地球の環境問題を考えても、従来のように豚や牛、鶏などを食べ続けることは困難となっています。「2040年までには、私たちが消費する食肉製品の半分以上は、植物由来の代替品か培養された代

247

替肉になるだろう」とアメリカの大手コンサルティング会社が予測しているそうです。

　大豆や小麦、エンドウ豆などを用いて作られた代替肉を「フェイクミート」と呼びます。仏教の影響もあって、日本人が歴史的に肉食をしなくても長生きできたのは、畑の肉と称される大豆があったからです。

　タンパク質の含有量を見てみますと、国産大豆のほぼ35パーセントに対して、牛の赤身肉で20パーセント、豚の赤身肉で20パーセント強です。大豆のすばらしさがわかります。

　豆腐などの大豆加工フードこそ、日本が世界に誇るフェイクミートといってよいでしょう。ちなみに豆腐は、アメリカでは「ホワイト・ミート」と呼ばれています。

　日本は、肉を使用しない精進料理などの食文化が発達しました。日本の質の良いフェイクミートは、もっともっと世界にアピールしてもよいのではないでしょうか。

主な参考文献

1. 石塚左玄『通俗食物養生法——一名化学的食養体心論』博文館、1898

2. 村井弦斎『食道楽』報知社出版部、1903〜

3. 中尾佐助『栽培植物と農耕の起源』岩波書店、1966

4. ブリア＝サバラン／関根秀雄他訳『美味礼讃』岩波書店、1967

5. 中尾佐助『料理の起源』日本放送出版協会、1972

6. 桜井秀、足立勇『日本食物史』雄山閣出版、1973

7. 田中正武『栽培植物の起原』日本放送出版協会、1975

8. 春山行夫『食卓のフォークロア』柴田書店、1975

9. 大塚滋『食の文化史』中央公論社、1975

10. 栄久庵憲司、ＧＫ研究所『台所道具の歴史』柴田書店、1976

11. 越後和義『パンの研究——文化史から製法まで』柴田書店、1976

12. 中尾佐助『栽培植物の世界』中央公論社、1976

13. 本田總一郎『箸の本』柴田書店、1978

14. 石毛直道、辻静雄他『食事の文化——世界の民族』朝日新聞社、1980

15. 石毛直道編『人間・たべもの・文化——食のシンポジウム'80』平凡社、1980

16. 石毛直道他編『週刊朝日百科　世界の食べもの』朝日新聞社、1980〜1983

17. 石毛直道編『東アジアの食の文化——食のシンポジウム'81』平凡社、1981

18. 味の素食の文化センター準備室編『食文化に関する用語集〈菓子/江戸期〉』味の素食の文化センター、1982

19. 石毛直道『食事の文明論』中央公論社、1982

20. 田口重明『食の周辺——食文化論へのいざない』建帛社、1982

21. 山口貴久男『戦後にみる食の文化史』三嶺書房、1983

22. 黒田節子『食卓革命―ソフト時代の食品マーケティング』日本経済新聞社、1984
23. 錦織義宣『給食と文化―これから試みる方へのバイキング読本』同時代社、1984
24. 石毛直道編『論集 東アジアの食事文化』平凡社、1985
25. ウイルヘルム・ツィアー／中澤久監修『パンの歴史』同朋舎出版、1985
26. 全国調理師養成施設協会編『調理用語辞典』調理栄養教育公社、1986
27. 石毛直道、小崎道雄編『醸酵と食の文化』ドメス出版、1986
28. 石川栄吉、蒲生正男他編『文化人類学事典』弘文堂、1987
29. 一色八郎『日本人はなぜ箸を使うか』大月書店、1987
30. 木村尚三郎『「耕す文化」の時代―セカンド・ルネサンスの道』ダイヤモンド社、1988
31. 下中弘編『世界大百科事典』平凡社、1988
32. 川端晶子、寺元芳子編著『新版調理学』地球社、1989
33. 周達生『中国の食文化』創元社、1989
34. 石毛直道、山口昌伴編『家庭の食事空間』ドメス出版、1989
35. 加藤純一『現代食文化考現学―〝食〟から時代のトレンドを読む』三嶺書房、1989
36. 杉田浩一『調理のコツの科学―うまさを生み出す知恵を解明』講談社、1989
37. 石毛直道、井上忠司編『食事作法の思想』ドメス出版、1990
38. ポール・フィールドハウス／和仁皓明訳『食と栄養の文化人類学―ヒトは何故それを食べるか』中央法規出版、1991
39. 日本家政学会編『食生活と調理』朝倉書店、1991
40. 山路健『飽食の軌跡―食・農15話』日本経済評論社、1991
41. 福田アジオ『柳田国男の民俗学』吉川弘文館、1992
42. 金沢吉展『異文化とつき合うための心理学』誠信書房、1992

43. 飽戸弘、東京ガス都市生活研究所編『食文化の国際比較』日本経済新聞社、1992

44. 石毛直道、熊倉功夫編『食の思想』ドメス出版、1992

45. 川端晶子他『食生活論』建帛社、1992

46. 橋本慶子他編『調理科学講座7　調理と文化』朝倉書店、1993

47. 邱永漢『中国人と日本人』中央公論社、1993

48. 日本消費者連盟編『飽食日本とアジア』家の光協会、1993

49. 渡部忠世『稲の大地―「稲の道」からみる日本文化』小学館、1993

50. 柴田書店編『伝統食品の知恵』柴田書店、1993

51. 石毛直道、田村真八郎編『国際化時代の食』ドメス出版、1994

52. 山内昶『「食」の歴史人類学―比較文化論の地平』人文書院、1994

53. 長崎福三『肉食文化と魚食文化―日本列島に千年住みつづけられるために』農山漁村文化協会、1994

54. 加倉井弘『これでいいのか日本人の食卓』日本放送出版協会、1994

55. 荏開津典生『「飢餓」と「飽食」―食料問題の十二章』講談社、1994

56. 大津忠彦、藤本真由美編『古代中近東の食の歴史をめぐって』中近東文化センター、1994

57. 新調理研究会編『これからの調理』理工学社、1995

58. 徳久球雄編『食文化の地理学』学文社、1995

59. 塚田孝雄『食悦奇譚―東西味の五千年』時事通信社、1995

60. レスター・R・ブラウン、ハル・ケイン／小島慶三訳『飢餓の世紀―食糧不足と人口爆発が世界を襲う』ダイヤモンド社、1995

61. 石毛直道、鄭大声編『食文化入門』講談社、1995

62. 矢野俊正、川端晶子編著『調理工学』建帛社、1996

63. 亀井千歩子『日本の菓子―祈りと感謝と厄除けと』東京書籍、1996

64. 大塚滋、川端晶子編著『調理文化学』建帛社、1996

65. 石毛直道、熊倉功夫編『日本の食・100年〈のむ〉』ドメス出版、1996

66. ヨーゼフ・クライナー編『地域性からみた日本―多元的理解のために』新曜社、1996

67. 木村修一、山口貴久男、川端晶子編著『環境調理学』建帛社、1997

68. 石毛直道、杉田浩一編『日本の食・100年〈つくる〉』ドメス出版、1997

69. 三橋淳編著『虫を食べる人びと』平凡社、1997

70. 熊倉功夫、川端晶子編著『献立学』建帛社、1997

71. 増成隆士、川端晶子編著『美味学』建帛社、1997

72. 日本調理科学会編『総合調理科学事典』光生館、1997

73. 芳賀登、石川寛子監修『全集日本の食文化』雄山閣出版、1997〜

74. 舟田詠子『パンの文化史』朝日新聞社、1998

75. 南直人『ヨーロッパの舌はどう変わったか―十九世紀食卓革命』講談社、1998

76. 岡田哲『食の文化を知る事典』東京堂出版、1998

77. 川端晶子『調理のサイエンス―どうしておいしくなるのかな？』柴田書店、2000

78. 川端晶子他編『禅と食の対話　作る心・食べる心―女性たちの井戸端会議』ドメス出版、2001

79. 川端晶子編著『食品とテクスチャー』光琳、2003

80. 藤沢良知他『ローティーンのための食育（全4巻）』小峰書店、2005

81. 沼田勇『日本人の正しい食事―現代に生きる石塚左玄の食養・食育論』農山漁村文化協会、2005

82. 服部津貴子『だれにもわかる食育のテーマ50』学事出版、2005

岡田　哲（おかだ・てつ）

1931年9月、横浜に生まれる。1956年、東京大学農学部農芸化学科卒業。1956〜90年、日清製粉株式会社勤務。食文化史研究家。2019年逝去。
主な著書に、『コムギ粉の食文化史』（朝倉書店）、『明治洋食事始め──とんかつの誕生』（講談社学術文庫）、『ラーメンの誕生』『たべもの起源事典　日本編』『たべもの起源事典　世界編』（以上、ちくま学芸文庫）、『日本の味探究事典』『世界の味探究事典』『食の文化を知る事典』『コムギ粉料理探究事典』『コムギの食文化を知る事典』（以上、東京堂出版）など。

食文化入門　百問百答　改訂新版（しょくぶんか かにゅうもん　ひゃくもんひゃくとう　かいていしんぱん）

2025年2月10日　初版印刷
2025年2月20日　初版発行

著　　者　岡田　哲
発 行 者　名和成人
発 行 所　株式会社 東京堂出版
　　　　　〒101-0051　東京都千代田区神田神保町1-17
　　　　　電　話　(03)3233-3741
　　　　　https://www.tokyodoshuppan.com/
Ｄ　Ｔ　Ｐ　株式会社オノ・エーワン
装　　丁　小泉まどか
印刷・製本　中央精版印刷株式会社

本書は、2003年11月に小社から刊行した『食文化入門　百問百答』（四六判）をA5判に拡大し、図版を加え、レイアウトを変更するなど読みやすくして、新たな装いで刊行したものです。